何福堂家族

走在時代浪尖的風光與跌宕

○鄭宏泰 著

世家大族系列

中華書局

序

在香港的歷史上，能夠富過三代、顯赫一時的家族不少，但能憑宗教、政治網絡與資本崛起壯大，且家族成員取得歷史上多個第一，包括香港第一位華人牧師、香港第一位華人立法局議員、第一位不靠科舉而出任滿清高官、第一位同時擁有律師及醫生資格的華人、第一位擁有英國律師資格的秀才、第一位獲大英皇室爵士頭銜的華人、第一位出任中國外交部長的香港人、第一宗子女狀告母親的爭產官司等，便只有何福堂家族而已。

何福堂家族的先輩，是英國倫敦傳教會在十九世紀初到華傳教時率先皈依的一群，相信因此受到傳教士的信任與重用，宗教網絡可說是其家族崛起的支點，讓他們在接着洋人東來、西學東漸的浪潮中，獨得風氣之先。再加上不少家族成員才能出眾，在外國著名學府取得專業資格，中英語流暢，成為中西方接觸初期時極缺的人才，故不但在香港這個殖民地上獲吸納，踏上政壇，成為華人代表，就是在中華大地亦能發揮巨大的影響力，指點江山。

若說何福堂家族的第一二代是香港上層社會最矚目的新星，但三代後他們卻彷如失去所有光芒，不再受社會注視或政府重用，嗣後世代則幾乎一片空白，隱匿在人群之中。時至今日，恐怕知曉這個家族故事的人已寥寥無幾，甚至將之與何東家族混淆，誤以為何福堂是何東胞弟、何鴻燊的祖父何福的別稱。其實兩個家族毫無親屬關係，血脈與宗教信仰亦差異巨大——雖然兩家都曾在香港歷史上作出了重要的貢獻，書寫了自己的傳奇。

到底宗教、金錢與政治資本如何令何福堂家族拔地而起，家族成員在香港與內地盡佔風光？第三代以後的成員若論學識才幹，其實不遜其父輩，又是甚麼原因令他們韜光斂彩，不再走在前台與人爭鋒？當然家族周期有其成敗起伏，就如星明星黯是必然之事，但何福堂家族特別之處，是它的興衰緊扣着中國內地及香港的時代變局，故上升時鋒芒畢露，消失時卻突然而急促。此外，不少家族成員或因際遇或因個人選擇，故經歷了與別不同的獨特人生，他們的故事亦值得讀者細思。

本書採取多世代綜合分析方法，檢視不同形式的資本，以及政治環境變遷如何左右家族的起落跌宕。誠然，要將何福堂家族數代人的發展說清楚殊非易事，特別是這個家族在港英政府管治、洋務運動、孫中山革命、民國政府、南北分裂等重大歷史上，均參演了不少角色，故相關的文獻可謂浩瀚如海，我們必須蒐集充足及詳實的資料，研究家族前進過程與遭遇，同時又要作出篩選，在互相矛盾或殘缺疏漏的資料中，找出較可能的推論。此外，亦要簡而精要地將香港、中華大地，以及世界歷史的脈絡與家族發展一起舖陳，再加上信仰、政治、營商與投資等角度分析，希望能不偏不倚地還原這個家族的故事。

儘管挑戰極大，期間遇上問題頗多，但最終能順利完成，實乃獲得各界友好及機構鼎力協助所致，在此謹向他們致以最衷心感謝。

首先，要感謝我們家族企業研究團隊黃紹倫教授、孫文彬博士、周文港博士、許楨博士、王國璋博士及閻靖靖博士，儘管過去一年，受新冠肺炎疫情影響，我們鮮能如過去般聚首談天論學，但幸好在科技幫助下，大家仍能坦誠分享、交流見解、互相鼓勵，實乃研究道路上的重要助力，令人感動。

同樣地，亦要向前研究助理梁凱淇小姐，現任研究助理李明珠小姐和行政主任俞亦彤小姐表示謝忱，她們為了蒐集資料，要不斷在各地的圖書館和檔案館之間來回奔走，經常對着那些老舊的報紙或微縮片，逐點逐滴地篩選出有用的資料。正因她們耐心的工作和努力，本書的內容才能如此充實。

當然，亦要感謝香港中文大學圖書館、香港大學圖書館、香港歷史檔案館等提供資料，給予支援和協助，使本研究可克服種種困難，達至今天的成果。至於香港真光中學及鄺文慧副校長、中華基督教會合一堂香港堂及馬志民牧師、梁延敬先生等，慷慨提供多幅何福堂家族的珍貴圖片，更令本書生色不少，亦特此鳴謝。

最後，要向太太李潔萍表示衷心感謝，她是第一位閱讀文稿之人，並多次協助校對及給予不少建言，當然，她大小家事一手抓，讓我不用操心，並在我身心疲累時為我打氣，更令這項研究得以順利展開、維持和最終完成。

雖然得到各方友好和機構的大力幫助，但仍因沒法完全掌握政局的急速轉變、歷史的曲折漫長、企業的興衰傳承和人生的順逆起落而出現一些糠粃錯漏，對於某些疑而未決、模糊不清的地方，雖努力求證，但仍沒法做到完美無瑕，這雖是不願看見的，卻很難避免，但望讀者有以教我，指正批評，讓研究可以做得更扎實、更豐富。如對本書有任何意見，請致函香港新界沙田香港中文大學香港亞太研究所或電郵 vzheng@cuhk.edu.hk 聯絡。

鄭宏泰

家族世系圖（已知者）

—— 血緣
…… 婚姻

曾篤恭…何晚貴（何秋蘭）
何梅蘭
何素梅
何春蘭
（妾）葉氏…伍廷芳…何妙齡（何玫瑰）
何神祐（何祐）
何神保（何渭臣）

曾地詩（Daisy）
Alichee
伍瑞細
伍朝樞…
何瑞美
何瑞華
（妾）江芳苓…（妾）宋瓊芳…傅秉常…何瑞錫（何燕芳）
陳榮禮…何瑞鐵
杜賀拔…何瑞銅

Victor Wen…伍礪琨
盧榮康…伍礪瑜
伍礪瑛
馬惠民…伍礪瓊
何伯平…伍艷莊
陳瓊蕙…伍慶培
鄭鏡宇（Sylvia）…伍競仁
洪慕潔…伍繼先

Marian
Ignatius
Gerard
Brian…Linda
Verna…Ken
Felicia…Carson
Loretta
伍浩平 George
Patrick
William Li…Audrey
Peter Lau…Jane
Christopher
Laurie…Lawrence

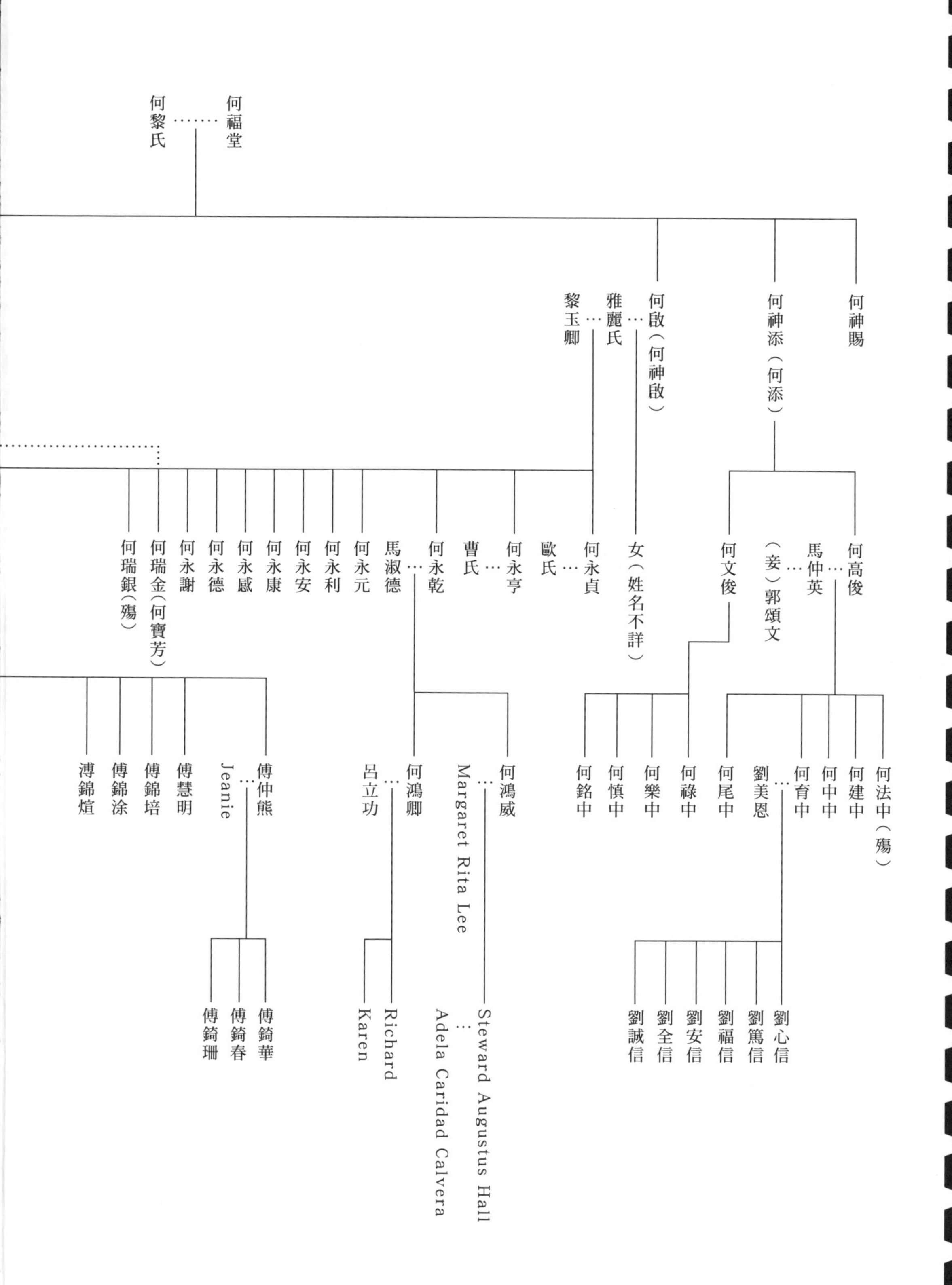
何福堂……何黎氏
何神賜
何神添（何添）
何啟（何神啟）…雅麗氏…黎玉卿
何高俊…馬仲英…（妾）郭頌文
何文俊
女（姓名不詳）
何永貞…歐氏
何永亨…曹氏
何永乾…馬淑德
何永元
何永利
何永安
何永康
何永感
何永德
何永謝
何瑞金（何寶芳）
何瑞銀（殤）
何法中（殤）
何建中
何中中
何育中…劉美恩
何尾中
何祿中
何樂中
何慎中
何銘中
何鴻威…Margaret Rita Lee
何鴻卿…呂立功
傅仲熊…Jeanie
傅慧明
傅錦培
傅錦涂
溥錦煊
劉心信
劉篤信
劉福信
劉安信
劉全信
劉誠信
Steward Augustus Hall…Adela Caridad Calvera
Richard
Karen
傅錡華
傅錡春
傅錡珊

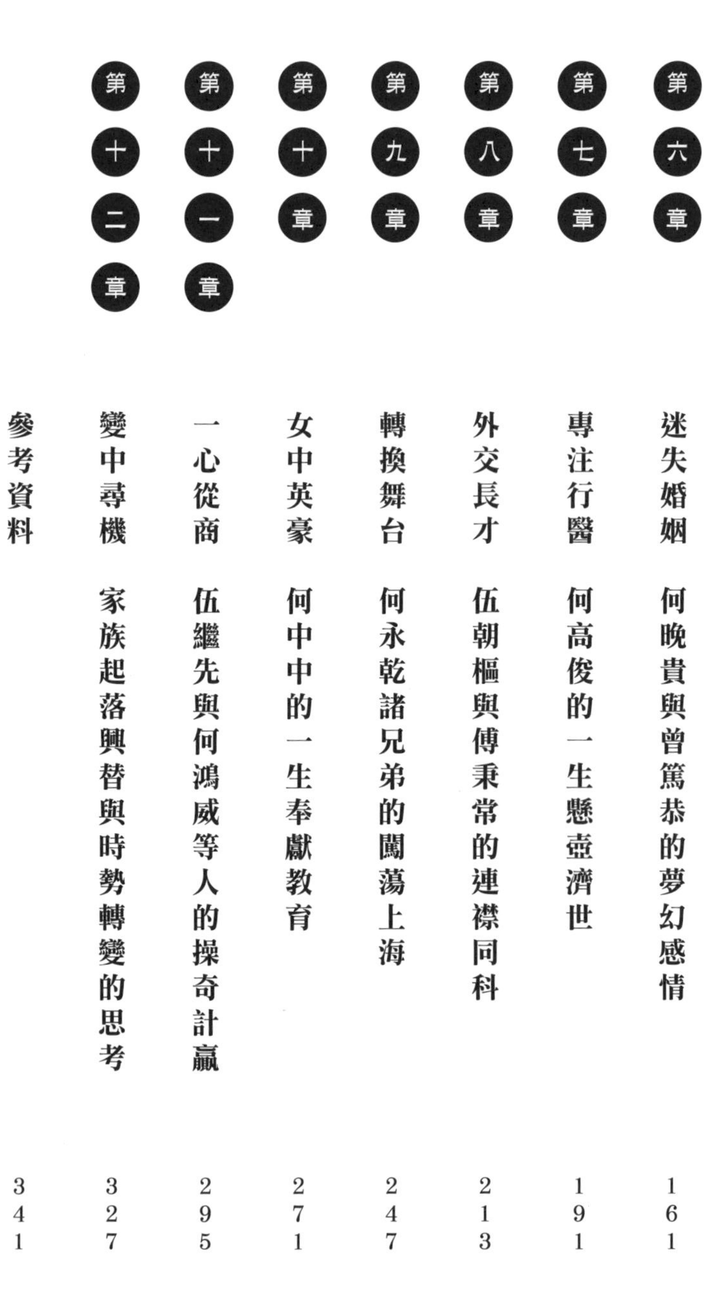

目錄

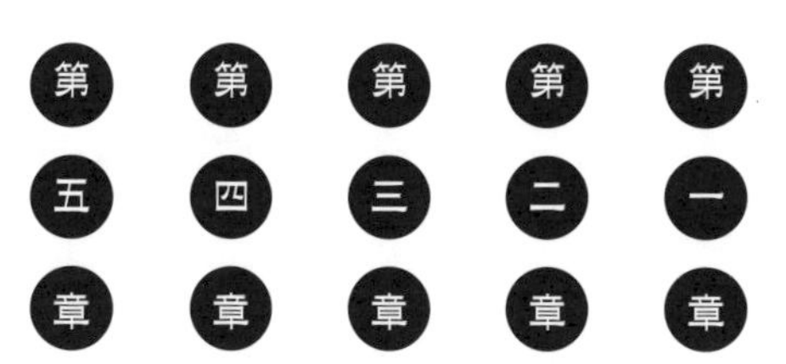

第一章　文明碰撞

中西時局變遷下的危與機

引言

不同文明或國家的接觸交往，既帶來機會，亦產生挑戰，中華大地與歐洲之間的往來互動亦是如此。遠的不說，十九世紀當大英帝國全面掌控包括印度、緬甸、斯里蘭卡在內在的南亞等地後，又進一步把勢力伸展至東南亞，以及被歐洲人視為遠東的東方大國——中國，並因當時的滿清皇朝覺得自身可以自給自足，不假外求，加上對商業貿易一向不太重視，所以寧可閉關鎖國，不願與之接觸，加強交往，惟這種反應卻引來熱切渴望拓殖通商者的不滿，產生了激烈衝突，最後導致對方不惜採取武力、兵戎相見。至於這個文明碰撞的過程，既令無數家族顛沛流離，走向消亡，亦令不少家族可以乘勢而起，書寫傳奇，本書深入探討的家族，正是後者的佼佼者。

對文明碰撞問題闡述得清楚透徹，在國際社會備受關注的，首推美國政治學大師亨廷頓（Samuel P. Huntington），他的系統分析指出，在急速變遷的社會中，不同國家或文明（文化）之間，由於宗教、制度、價值等差異，很難不因各為利益而發生衝突（Huntington, 2011）。當前伊斯蘭世界和基督教世界衝突頻頻，甚至衍生極端恐怖襲擊等，便屬常常被引用的例子。若放在十九世紀的國際形勢下，滿清與英國或者是歐美列強之間，在不同層面的差異，最終激化為連串衝突，其中英國商人在華進行鴉片走私活動時趨猖獗，受到滿清打擊後則不惜發起戰爭，然後在大敗清兵後迫令對方簽訂不平等條約，割地賠款、開放通商口岸，則迫使滿清不得不打開國門——哪怕那時內心極不情願，彼此間充滿懷疑猜忌，互信了解十分薄弱。正因雙方文明存在着巨大隔閡和差異，互信和了解極度不足，如何促進溝通，提升互信，無疑乃有意進一步發展雙邊及多邊關係的關鍵所在，那些能在這方面發揮作用，扮演重要角色者，自然能夠突圍而出，甚至可成為造王者。

文明的邊界與跨越

文明或者具體地說文化雖屬肉眼看不到且十分抽象的東西，但卻十分具體地形塑或決定了社會運作邏輯、制度設計及社會關係，同時亦左右了人民的生活習慣、行為模式與道德倫理等等。退一步看，文化的孕育與形塑，與自然氣候、山川地理及宗教信仰緊密相連，亦互相配合。例如位處熱帶氣候與寒帶氣候者，必然有截然不同的生活模式、行為準則，亦會孕育不同宗教信仰。按此類推，位處遼闊平原者，必然與處於高山峻嶺或丘陵海島者，有截然不同的生活信仰模式；位處四季如春、土壤肥沃地方者，又必然與位處荒涼沙漠、氣候極端者，呈現不同運作邏輯，產生不同信仰與文化。

具體地說，因為地球東西南北經緯及海陸山川河流走向等不同，造成了宏觀自然生活環境的差異，因此使人類在這個地球村上有了為着應對各自地理氣候環境，締造各自生活空間的不同生活習慣、社會制度、行為模式、價值信仰、工作倫理等等。若只集中於被視為世界五大文明古國的文明邊界與特點看，則不難發現，由於他們所處的地理環境和氣候不同，因此發展出不同文化與社會制度。舉例說，位處巴爾幹半島，面向愛琴海，具地中海氣候的古希臘，所孕育的文明，便呈現了城邦林立、各有競爭的特點。位處北非乾旱大陸，面向地中海，受尼羅河哺育的古埃及，又呈現了社會制度、建築、曆法及文字等不同風格。其他如位處西亞美索不達米亞兩河（幼發拉底河和底格里斯河）流域的古巴比倫，位於南亞次大陸恆河流域降雨充裕的印度，以及位於東亞黃河和長江流域的中國，均因彼此截然不同的地理與氣候，孕育了各有特色的制度、文化和思想藝術。

一個不爭的事實是，當人類社會沒有踏上現代道路之前，不同文明或文化之間的差異，其實不過是各自各精彩而已，基本上是老死不相往來，既甚少出現跨文化的接觸交往，所衍生的問題亦甚有局限，衝擊自然不會太大。事實上，受山川海洋沙漠等天然環境阻隔，交通工具則十分落後影響，不同文化的一些接觸交往，往往只是零星分散、點到即止，接觸度亦十分有限，就以中華文明與其他文明的接觸交往為例，早在漢朝時便有張騫通西域，唐朝時有玄奘、法顯到印度取經，元朝時更有馬可孛羅（Macro Polo）自歐東來，這些跨文化接觸，雖曾吸引社會注視，產生影響，但論衝擊的層面或規模，則並不十分巨大。

然而，自進入現代社會之後，不同文明或文化之間接觸交往的深度、廣度、頻度、程度等，則出現了前所未見的巨大變化，山川海洋不再成為阻隔，文明文化的邊界可以輕易跨越。簡單地說，由於歐洲率先孕育了改變人類千百年生活的科學技術，尤其掀起了全球航行、啟動了工業革命，以及由此引來的連串其他劃時代如政治制度、經濟思想及社會價值觀念等變遷（參考另一節討論），令其儘管幅員人口不多，卻迅速崛起成為世界霸權，主導世界秩序（郭少棠，1993），不但掀起了全球化的浪潮，亦展開了開疆拓殖的競爭，令那些仍停留在傳統社會階段的國家與民族，在入侵者面前顯得如摧枯拉朽般不堪一擊，因此只能淪為歐洲強國的殖民地或半殖民地

（王曾才，1989）。

在那個前所未見的重大歷史巨變時期，無數仍停留在傳統社會的國家或民族被征服，淪為殖民地或半殖民地，以自然地理為疆域的阻隔被克服，但以文明、文化差異為樊籬的阻隔則並沒因此被消弭泯滅，所以仍有不少因為語言、信仰、制度及生活習慣等差異的障礙難以克服，需要從跨文化接觸交往中逐步消除隔閡，增加彼此了解，建立互信與共融。另一方面，某些能夠抗拒侵略的國家或民族，在與歐西文明的接觸碰撞中，逐步明白到自身與對方的強弱優劣，因而作出調適與吸收，最終因為能夠從取長補短中提升本身的發展動力和文化的內涵，既能擺脫落後捱打的局面，亦能如歐西國家般走向現代化。

與同屬世界文明古國又人口眾多的印度相比，中華文明在與歐西現代強國接觸交往中，雖沒像印度般淪為殖民地，但亦經歷了一個十分崎嶇曲折、極為艱險的歷程。簡單來說，當歐西文明已經發展成現代化強國，並且隨着其殖民擴張支配了全球秩序時，以歐洲為中心，且被稱為「遠東」的中國，初期不但不受侵擾，更能從國際貿易中獲得「出超」的成果，惟那個局面卻因英國商人輸入鴉片而逆轉，最後是滿清皇朝因不能再容忍鴉片毒害人民，採取強硬手段禁止鴉片走私入口，傷及英國利益，於是觸發了十九世紀四十年代的第一次鴉片戰爭，然後有了戰場中敗北的不平等條約，出現一個被一代名臣李鴻章形容為「千年未見大變局」。

雖然地理阻隔被跨越，中華大地不少地方淪為歐西殖民地或半殖民地，但文化差異所形成的阻隔則仍然明顯。一個前所未見的特殊現象是，大量洋人、洋貨夾雜着洋教、洋風等等湧到，所到之處更可謂望風披靡，而那些能夠溝通華洋，減少文化及語言等阻隔者，一時間成為炙手可熱的「搶手」人物，令社會出現了一個能中能洋、亦東亦西的特殊群體，蔚為奇觀。

宗教的傳播與挑戰

宗教中的神（崇拜對象）——社會共同持有的一套信仰和慣例，並具有引導人們相信存在着某種神聖超自然王國的思想——在法國社會大師涂爾幹（Emile Durkheim）眼中，只不過是經過改裝和用符號來表達的社會。換言之，涂爾幹認為，人們崇拜的神，只不過是他們自己的社會。他進而指出，一切宗教都對神聖和世俗加以區分，藉此提升對神的崇拜與敬仰，因此能夠達至維持整體社會穩定、團結與持續發展的目的。

人類在地球村上的足跡儘管為期不短，但自有文明以來則並不太長，不同種類的宗教信仰，例如超自然主義、萬物有靈論、有神論（多神或單神）等等，在社會不斷前進的道路上一直相伴相隨（Robertson, 1987）。太遠古的歷史因不是本文討論焦點且不說，若只集中於我們今天所說的歐美西方社會與中國社會在信仰上的差異，則不難發現歐美西方社會所信仰單神論的基督宗教，與奉儒家思想為圭臬的中國實在截然不同——雖然包括一代社會學巨匠韋伯（Max Weber）在內的不少西方人，均誤稱儒家思想為宗教。

一個不可不知的現象是，相對於自然主義、萬物有靈論或多神論者，單神論者擁有一套更令人信服的宗教理論，對諸如人的來歷，受苦和死亡這樣的塵世間存在的重大問題，作出使人感情上得到滿足的解釋。更為重要的是，這種信仰具有一種只有自己信仰的神，才是世界上唯一真神的特點。由此衍生出來的，是認定其他信仰均屬異端，所崇拜的只是偶像，並會採取積極傳教、爭取信徒，勸人皈依，脫離信仰那些被視為異端、偶像的信仰。更具歷史發展關鍵的問題是，率先走向現代化的歐西國家，基本上均屬信奉單神論，當他們憑着其船堅炮利向全球拓殖擴張時，其宗教信仰自然亦在傳教士們四出傳道的努力下在全球每個角落傳播開去。

一個眾所周知的現實是，與歐西殖民地擴張者並肩前進的傳教士，總會持着一種向被統治人民傳授基督教文明是「白人的責任」觀念，並會在殖民地定居下來展開連串興建教堂、傳播福音的工作（Latourette, 1937-1947）。這些傳教士無疑是誠心誠意的。然而，他們努力的效果，卻常常因為文化和信仰差異產生了破壞傳統，動搖原來部落的社會結構和風俗習慣（如配偶制度）等問題，至於引進了西方重視勞動以種累財富、推遲享樂及強調個人自由等價值標準，雖有幫助這些民族擺脫傳統制度桎梏、改善生活水平的一面，但亦有明顯讓他們變成為殖民地主幹活，受到更嚴重剝削的另一面（蘇精，2005）。

儘管歐西國家不少人誤把儒家思想視作宗教，但他們對儒家思想具包容性、不排斥其他信仰的特點十分了解，加上中國人口眾多、幅員遼闊等問題，屬於龐大的「信仰市場」，所以一直渴望把他們的宗教傳到中國。事實上，早在唐初之時，景教（即東方教會，屬於基督宗教的一個分派）已傳入，但因其與儒家信奉祖先崇拜的核心相逆，所以信仰者一直很少。就算經歷宋元兩朝，亦未見流行。到了明代，有天主教傳教士雖改穿華服，並以華語傳教，甚至不惜藉結識士大夫及朝廷官員，以及介紹天文科學等知識傳教，但仍是效果不彰，尤其沒法如其預期般能夠大面積地傳播開去。

在儒學大師梁漱溟（1963）眼中，中國人重視團體生活多於個人生活，文化早熟，以道德代替宗教，所以沒有熱切追求宗教信仰與皈依的心態。事實上，儒家思想有別於宗教，思想中既沒單神論的內涵，亦對鬼神不置可否，重視血脈與強調祖先崇拜，渴望後代能將自己永遠記住，並會時常祭祀他們，這種信仰的特點是令他們能對不幸和死亡處之泰然，所以不需尋求其他信仰的慰藉，單神論宗教尤其難在中華大地流行或普及起來。

當歐西國家已經崛起成為世界霸主，主導了全球秩序，山川河流的地理阻隔又已被完全克服，像中國這樣被視為屬於人口眾多的「未開化民族」，人民全屬「異教徒」，自然成為「必爭之地」（蘇精，2005）。用今天市場學的術語說，中國的信仰「市場」無疑極為龐大，人民基本上尚未有堅定的信仰，可以說是具有極為巨大的潛能，有待全面發掘開拓。

雖然早在十六世紀中葉天主教會已立足澳門，向中華大地傳播宗教，但一直規模有限、信眾不多。到了十九世紀，早已取代其他歐洲霸權成為世界霸主的英國，自然渴望把他們的福音傳到中國，其中以「在異教徒與其他未開化民族中傳布基督教」為目的的倫敦傳道會（London Missionary Society），便把他們的傳教目光投到了中國那個人口全球最多的國家（蘇精，2005：5）。可是，當他們在中華大地傳教時，卻遭遇了滿清政府諸多嚴格限制，令他們舉步維艱，無從發揮。

相對於國力衰弱的葡萄牙，國力如日方中的世界霸主大英帝國，無疑無法接受傳教貿易等行為受到嚴格限制，尤其在乾隆和嘉慶兩朝不同層面接觸後，了解到滿清皇朝國防力量的虛有其表，所以對於滿清當時種種遏抑他們在華活動的法規，自然表現得憤怒不滿、不能接受，在明在暗間向該國政府建議或要求採取強硬手段打開中國國門，讓其可以落實他們的目標，實在不難想像。

然而，就算是打開中國國門，甚至侵佔了中國領土，開闢了殖民地或半殖民地（租界），並可如入無人之境般自由傳教後，由於文化差異仍在，傳統習俗未改，傳教工作依然並沒如某些傳教士的想像般容易，哪怕無論教會或（殖民地或半殖民地）政府投入了龐大資源，亦做了大量修橋築路、興辦教育及救苦扶弱工作，歐西國家更有無數先進科技和「摩登」事物，卻因為「文化早熟」、「理性早啟」之故（梁瀨溟，1963），加上那種秉承祖先崇拜與念記祖先祭祀的傳統，歐西國家想將中華大地的百姓改為他們的信徒，始終還是困難重重，挑戰不少。

由傳統到現代的社會變遷

人類社會由傳說時期走向有文字記錄時期，然後又進入傳統舊社會，之後在科技發明與思想啟蒙等過程中走向現代社會，並在十九世紀八九十年代進入全球化，生活空間由只限於一隅逐步擴大，因此難免因為爭逐資源和生存空間而發生碰撞衝突，揭示人類前進的路途其實一點也不和平，而是充滿血腥，弱肉強食，甚至是戰火廝殺不斷，無數未能應對侵略挑戰、適應歷史潮流的民族、文化和宗教信仰等等，則遭到吞併消滅，只有那些能夠克服內外挑戰，莊敬自強，並能擺脫落後，由傳統走向現代化者，才能不致於被開除「球籍」，消失在這個星球上。

傳統社會時期，由於生產只依靠人力、畜力，交通工具只有馬匹或依靠風力或人力的車船等，行軍打仗的武器只是刀劍矛戟弓箭，社會發展速度相對緩慢。自科技發明迅速湧現，並廣泛應用到生產、交通及生活的各個層面後，生產力及生產效率大升，社會發展速度自然大幅提升，當中又以「工業革命」給人類社會帶來了前所未見的巨大衝擊。

更準確地說，工業革命不但牽涉工業生產（工業化），亦包括人民生活模式、居住環境、區域和階層流動，社群凝聚、健康娛樂、工作倫理、人生價值等等（Dalton, 1974），令那些能夠走上工業化的國家或社會，無論在政治、經濟及社會等不同結構上，均能呈現巨大轉變，綜合力量大增，有學者因此把工業化形容為「歷史的大洪水，徹底改造了人類社會」（郭少棠，1993：77）。

一個特殊現象是，工業化的大量生產，令不少鄉鎮人民向城市遷移，城市的規模則隨着產業不斷發展而壯大，帶來了城市化。另一方面，工業化的大量生產又產生了兩股重大力量：一方面是必須尋求低廉的生產原材料，另一方面是需要製成品的龐大消費市場，兩者又與開疆拓殖的擴張意欲相結合，掀起了全球化浪潮（Toffler,

1990; Friedman, 2010）。至於歐西事物，亦從這個全球化浪潮中向全球散播，有學者曾指出歐洲的不斷向外擴長，令全球日漸歐化（王曾才，1989），哪怕不同文化發展腳步不一，歐西事物其實不能全盤套用，但那些仍然停留在傳統階段，未能走上工業化或現代化的社會，各方面的實力自然給比了下去，相形見絀。

相對於葡萄牙人在明朝東來，英國人在清朝時出現，無疑有了截然不同的時代巨變效果或力量，核心問題是英國人自踏上工業化和現代化後，綜合國力已經不可同日而語，至於昧於時局，未能洞悉大勢，且仍停留在舊社會傳統農耕狀態的中華大地，則在這波全球化浪潮中成為任人魚肉的龐大獵物，落得被動捱打，結果自然是任人宰割、予取予攜，香港正是英軍以現代化武器連番打敗以傳統裝備應戰的清兵後，迫令其簽訂不平等條約，割讓為英國殖民地的局面。

危機關頭，滿清皇室及士大夫階層如夢初醒，急急尋求擺脫困局方法，推行變革、學習洋人事物，渴望自己亦能走上工業化、現代化。可是，正如前文提及，由於山川河流、地理氣候，以及文化信仰等等巨大差異，一場「中學為體、西學為用」的變法自強運動，卻未能立即將幅員龐大、人口眾多的中華大地，由傳統落後推上現代化台階，反而是運動過程中遭遇的內外不同因素侵擾，暴露了自身難以一步到位的文化與制度障礙。

毫無疑問，歐西國家率先孕育現代化種子，然後開花結果，脫胎換骨，走上現代化，令自身可以由傳統走向現代化，綜合實力大增，所以能先後成為全球霸權，向世界開疆闢土，掠奪資源，攫取殖民地，而西化或現代化事物則在那個全球化滾滾向前的大潮中向世界不同角落散播，過去的山川海洋等阻礙，則在科技不斷更新進步的情況下大幅消減。對於那些仍停留在傳統社會發展水平的國家或民族，由此產生的危與機，自然至為明顯。若然不能及時察覺大勢改變，作出相應的變革自強，必然會在滾滾歷史巨流中被吞噬、淘汰。

作為文明古國，歷史、文化和價值觀念等均極為深厚，中國要在那個危機關頭由傳統走向現代化，實在極不容易，路途之崎嶇，付出代價之沉重，更並非一般人所能想像。面對那個「千年未見之大變局」，國家民族的興亡自屬難料，個人與家族的命運更是無從臆測，唯一能夠把握的，只能是在紛紜變動的時局中作出自己力所能及的應對，而結果必然是那些能夠站對方向、緊近大勢者，才有機會突圍而出，書寫傳奇。

溝通中外的位置與角色

中國與歐西文明之間在近代歷史上的接觸碰撞，令澳門和香港這兩個彈丸之地先後出現在中國及世界的近現代歷史上，備受注目。1557 年，明皇朝同意關出中華大地偏南一隅的一角之地澳門，讓葡萄牙人在那裏落腳生活，並可享有一定管治權。大約 300 年後的 1842 年，第一次鴉片戰爭中大敗的滿清皇朝，被迫與英國簽訂不平等條約，割讓同樣在中華大地偏南一隅與澳門相距只有一水之隔的香港島，作為英國殖民地。也即是說，香港與澳門一樣，成為連結華洋中外的管道。

進一步說，雖然港澳落入洋人管治的時間先後長短不一，但兩者同樣呈現了「處於」華洋中西（甚至是海洋與陸地）的「中間位置」或「過渡位置」（liminality），亦扮演了連結或溝通華洋的角色。這種特殊位置，在中國或西方的角度看，其實是「邊緣」，肩負這種角色的，則總會被視為「邊緣人」，無論地方或這地方上扮演連結兩方的人群，他們既有可以「一腳踏兩船」，獲得兩邊好處的優勢，同時亦有能理解兩邊思想邏輯和行為模式的特點，當然亦會招來「內外兩張臉」、「兩面不是人」及「雙重效忠／不忠」等指責。

放在中英強烈碰撞而華洋接觸交往從此又有增無減的背景下，淪為英國殖民地的香港，地位及角色特別吃重乃不難理解。但是，硬件易造，軟件難為，所以就算港英政府在登陸香港島後立即拍賣島上的土地，讓商人設立生意據點，並馬上修築碼頭、貨倉及馬路等設施，但因軟件如制度、信譽、營商環境等尚未建立，治安不靖，前景未明，相關角色和地位自然不易發揮，其中的語言、信仰、文化及生活習慣等差異，加上溝通互動渠道尚未有效建立和運作，令開埠初期的香港無可避免地經歷一段跌跌撞撞的摸索前進時期。

在眾多軟件中，缺乏精通華洋雙語與文化人才可說是當時最為尖銳、特殊但卻鮮為人知的問題。眾所周知，要在港澳這種在「中間位置」社會促進跨種族、跨文化接觸交往，必然要依靠那些能夠掌握華洋兩種語言，甚至了解雙方歷史文化的人才充當翻譯或中介——這種中介人則可說具備了「雙重中間性」（double liminalities），因為當時無論華人或洋人，均對對方的語言與文化等缺乏認識，沒法直接溝通，所以只能高度依賴那些翻譯者居間協助、傳達。更為甚者是，在十九世紀——尤其在爆發兩次鴉片戰爭前後，中英關係一度十分緊張，仇恨疑忌情緒瀰漫，因此產生了不只是精通華洋雙語與文化人才嚴重不足的問題，還有翻譯者或中介者能否同時得到雙方信任的問題，因此亦窒礙了香港作為溝通中外地位的發展。

華洋跨種族、跨文化接觸溝通不斷增加，令社會出現翻譯人才嚴重缺乏的特殊現象，現象背後其實是滿清政府過去採取禁止國人學習洋文洋語，或是洋人學習華文華語政策的結果（Choa, 2000）。扼要地說，跨種族、跨文化的人文及貿易接觸往來，自宋以還均有一定限制，滿清朝廷沿襲舊制，到乾隆時則收緊各項管制，主要是封鎖全國沿海對外口岸，只留廣州一處作為對外管道，至於「十三行」——即十三家作為指定對外貿易商行的統稱——則成為獲授權能與洋人洋商貿易交往的半商半官組織，主要在於嚴格限定洋人洋商在華（主要是廣州及澳門）營商、作業、傳教、生活等活動，甚至是禁止洋人學習華文華語及華人學習洋文洋語（彭澤益，1957；梁嘉彬，1999）。

到嘉慶皇帝時，對洋人洋商——尤其傳教士——的在華活動限制進一步收緊，特別頒佈聖諭，嚴限傳教士在華傳教，規定若有洋人私自刊印經卷，會遭到「絞決」的嚴刑，如洋人秘密印製書籍，設立傳教機關，更是「立斬」無赦，此舉不但令不少傳教士轉移據點，亦進一步影響了華人或洋人學習異國語言文字的情況。可以這樣說，在朝廷的嚴格限制下，當時社會上只有極少人學習異國語言文字，情況實在不難理解。

綜合而言，在那個年代，冒險學習異國語言文字者，往往具有一定特殊背景和目的。例如與十三行有深厚關係者、傳教士，以及那些在海外謀生活動的華人。他們有些為了便利貿易交往，有些渴望在華傳播福音，有些因為與當地人或洋人有不同層面接觸交往之故。這些極少數學懂了華洋雙語的人士，則在香港開埠後華洋接觸交往大量增加之時，搖身一變成為炙手可熱的重要人物，擔起了溝通華洋內外的中介者角色。

由此帶出另一必須補充的特殊現象是，為了逃避洋人在華學習華文華語或華人學習洋文洋語的限制，有洋人傳教士改為在海外——例如南洋（即東南亞）那些洋人勢力範圍或殖民地，以現代教育方式興辦學校，教授華洋雙語，讓渴望學習華文華語的洋人，或渴望學習洋文洋語的華人學習，其中最具代表性的，則是由倫敦傳道會會士馬禮遜（Robert Morrison）和米憐（William Milne）等人在 1818 年創設於馬六甲的英華書院（Anglo-Chinese College）。當然，這家學校不止教授華洋雙語，同時亦有進行經書翻譯與印刷經文等工作，乃早年極為重要的傳教機關（蘇精，2005）。

香港開埠不久，英華書院旋即由馬六甲遷移到港，該校師生及相關人員亦一同到來。由於他們均精通中英雙語，因此成為當時華洋溝通互動一股重要力量。尤其值得注意的是，在這家學校中教書或學習的人士，均屬皈依基督的信徒，具有不容低估的宗教資本，因此更能在那個華洋社會之間缺乏互信的背景下獲得重用，發揮更大作用。至於挑選作為本書深入研究個案的何福堂家族，不但與英華書院淵源深厚，在傳教上亦身先士卒，同時亦在華洋接觸交往中肩負着既是中介又是先導的角色。

回頭看，何福堂家族能在香港開埠後迅速崛起壯大，積累巨大財富，日後又能叱吒香港、中華大地，甚至全世界，在近代歷史上留下不少傳奇足跡，實在因其能在那個重大歷史變遷時刻，在香港這個溝通華洋中外的位置上，找到了能夠發揮所長的支點或舞台，尤其能憑着本身掌握華洋雙語，又擁有雄厚宗教資本的突出優勢，既能取得港英殖民地政府的信任，又可獲得滿清朝廷，甚至是推翻滿清後的中華民國領導者重用，成為文明碰撞、宗教傳播與社會巨大變遷的得益者、先導者和見證者。

家族傳奇的案例分析

如果說個人乃社會細胞，家族乃社會最基本組成單位，那麼，了解個人及家族成長、遭遇等特點，甚至是關鍵時期的應變，必然能折射社會前進的軌跡，尤其可以揭示社會內涵如何從碰撞時期的混沌、激蕩逐步走向沉澱、凝聚的過程。正因個人與家族傳奇具有這種「小中見大」的特點，本書以此作為研究目的，主要方法是藉着一個家族在跨種族、跨文化接觸交往關鍵時期，因為宗教信仰的改變，產生了人生命運的截然不同際遇，一來說明信仰轉折如何左右他們家族數代人的前進路途，二來反映中國與西方文化文明碰撞下的危與機，進而揭示決定家族起落盛衰和國家民族蛻變的核心所在。

在研究跨世代家族傳奇的問題上，最大的挑戰往往是資料匱乏與零星分散。為此，很多研究者最直觀簡便的方法，是渴望與相關家族中人聯絡，一來是希望藉此獲得家族收藏的私人檔案資料，例如日記、信函，二來是希望能與家族後人做面對面的訪談。但是，一個總會讓他們大失所望的現實是：家族成員絕大多數不願接受訪問，就算願意接受訪問，所告知的往往是家族沒有保留甚麼檔案資料，在講到家族發展故事時，總是因為年代久遠，他們其實所知不多，能夠分享的又總是早已有文字記錄的，而且很多時會「報喜不報憂」，談一些有利自己家族的「威水事」(光榮事跡)，避談那些負面或對家族不利者。

由是之故，本研究仍會一如既往地採取檔案研究的方法，沿着花精力於大小檔案館及舊報章中蒐集資的路徑前進，因為筆者相信，對於那些世家大族，他們由小而大、亦政亦商、由盛而衰的進程，必然在不同文獻紀錄中留下不少足跡，只要我們能花多些心力時間於不同檔案中尋覓、鈎沉，必然會有所收穫。當然，這種以檔案資料為基礎的研究方法，實在有其不足之處，最明顯的當然是有些發展或決定沒有留下紀錄，有些則是紀錄刪剪遺失，更有些是紀錄可能只是最終決定，當中不少討論未能包括在內，或者是另有一些內情沒有提及。

儘管如此，利用對檔案資料的抽絲剝繭、系統分析，卻總是能夠粗略勾勒出相關家族在社會變遷過程中的發展圖像，並可作出多維度及較為客觀中肯的分析，進而可以找出歷史發展一些鮮為人知的問題，補充學術界和社會對相關家族所知不多或不夠全面的問題，令這種研究方法近年日漸受到重視和肯定，相關研究成果亦陸續湧現。

必須承認的是，有關何福堂家族的檔案資料，原則上說應該為數不少——因為這個家族在很多方面都開了風氣之先，同時亦一度極為顯赫，但卻因為那些資料甚為分散、沒有集中，所以需要大花精力於多地檔案館及各種資料上，才能粗略整理出家族的發展脈絡，揭示其興衰起落的原因所在。

具體地說，本研究的資料主要來源於四個層面。其一是香港、上海和倫敦等地檔案館的檔案。其二是各地的公司商業登記文件、土地交易紀錄、生死註冊文件、法庭訴訟紀錄、捐獻紀錄及遺囑等。其三是相關人物的傳記、回憶錄、喪葬訃聞，乃至於他們曾直接參與組織或機構（如教會、學校、醫院等）的歷史文獻。其四是中外大小報章不同時期的新聞報道，以及其他各種資料。

順作補充的是，針對過去不少有關家族研究只把焦點集中於個別最為顯赫家族成員身上，或是只關注公共領域的成就，忽略其他家族成員——尤其女性——問題，本研究採取一個跨世代綜合分析的方法，即是既重點分析不同世代家族核心人物，亦兼顧女性及其他成員在不同年代與社會變遷的人生抉擇和調適，尤其會努力發掘那些居於幕後與走向平淡家族成員的故事，探討當中的問題與特點，從而更立體多面地剖析家族在不同時代的發展狀況，折射他們所面對的各種機遇和挑戰。

結語

歷史有如江河水滾滾向前，奔流不息。個人也好，家族也好，就算是社會或國家也好，在歷史前進巨輪下，可以做的，只能是逆來順受，檢討過去得失，吸取教訓，讓其在應對當下、籌劃未來時有所借鑑，至於實際上能夠發揮多大作用，總結出多少有用或有助處理問題的經驗，則因人、因時、因事而異，難以一概而論，當然亦難以排除當中的偶然性或不確定性，同時亦非放諸四海皆準與一成不變。

撇除歷史吊詭、不可複製與不可預測等面向，若只聚焦在中外文明碰撞所產生的危與機問題上，一個最為突出的現象，是中國文化其實比我們很多人想像的強韌，亦具有很大的包容性、調適性、開放性和積極性，與不少地方或國家的文化一樣，具有可以成為任何個人、家族，甚至是國家走向富強的助力，而非某些學術或半學術分析所指的阻力。在以下的章節中，讓筆者以何福堂家族數代人的經歷和故事，作出一個系統的分析和說明。

第二章　華人牧師

何福堂的傳道不忘生財

引言

不少世家大族的始祖——即是那些帶領家族由貧而富走向發展、由寂寂無聞而壯大起來甚至名揚天下，或是由一個地方轉到另一地方開闢新天地的起始人物，總有其過人才華，更有披荊斬棘、勤勞打拼的鬥志，同時又有能緊抓時代機會乘勢而起等特點。本章聚焦的人物——何福堂——基本上亦擁有以上特點。他天生聰敏，具語言天分，年幼由家鄉遠赴南洋，後來轉到香港，從此扎下根來，為子孫後代的興旺顯赫打下重要基礎。至於無論是他本人，或是子孫後代能夠在不同層面上盡展所長，說到底又與中英碰撞、香港開埠的重大時代變遷有關。

在本章中，筆者想集中探討的主要問題是：何福堂出生與成長的時代背景到底出現了甚麼重大變遷？他離鄉別井、踏足南洋的人生旅途上有何重大遭遇？香港開埠又給他帶來哪些事業發展上的機會？他能夠在開埠初期那個波譎雲詭環境中突圍而出的重大原因在哪裏？有何特點？這些因素日後又如何扶助了他一眾子女們在華洋社會的揚名立萬、馳騁政商各界——哪怕他本人在子女尚未出身時已去世？且讓筆者在下文逐一作出分析和說明。

在大國碰撞的時代誕生與成長

1818年，何福堂在家鄉廣東省佛山市南海區西樵山出生（Smith, 2005），原名何養或何潤養，日後皈依基督後改名何傳善，別號福堂。[1] 就在那一年，被倫敦傳道會派遣到中國傳播基督宗教福音的會士馬禮遜（Robert Morrison）與另一會士米憐（William Milne），在馬六甲創立英華書院。這兩件看似風馬牛不相及之事，想不到卻在約 16 年後異地相遇。因為何福堂在父親安排下，離開西樵山，乘船南下，抵達那個當時被稱為南洋的地方，掀開了人生的新篇章。

放在大歷史的視野看，何福堂離鄉別井、踏出人生重大步伐的時代，其實是東方傳統農業大國與西方現代工業大國跨種族、跨文化接觸已經走到無法調和，必然兵戎相見地步。用歷史學家的名詞，是掉進了「修昔底德陷阱」（Thucydides Trap）。從歷史資料上看，據估計，截至清道光皇帝在位之時，中國的農業產量仍相當龐大，約佔全世界的三分之一（Maddison, 2008），可見當時經濟實力仍強。另一邊廂，那時的英國不但海軍天下無敵，殖民地更是遍及全球，工業生產亦是獨步世界（Kennedy, 1989）。這便呈現一種新興大國挑戰傳統大國，建立或強化世界霸主地位的色彩。

自進入十九世紀以還，由於英國綜合國力不斷膨脹，到中國尋找原材料和開拓市場的意欲日趨強烈。可是，地大物博、人口眾多的中國卻一如故我，因為自給自足、不假外求而堅持閉關鎖國。雖然神女有心、襄王無夢的局面容易引來問題，但當時兩國間的商貿往來事宜，在官方認可的單一組織壟斷把持下——英國一方是東印

1　亦有說法指何福堂生於 1817 年（葉深銘，2014）。對於早年不少人物生平的分析，由於缺乏確實出生紀錄文件，很多時只憑去世時訃聞或其他十分間接的資料作推斷，出生年份常有一些出入，本書談及的不少人物，亦有這種情況。

度公司，中國一方是十三行，各種問題、關係與矛盾仍受到一定有效管理和控制。不過，由於貿易逆差及中國開放進展極緩，英商看着快到嘴邊的「肥肉」始終不到口，故不滿與怨懟在持續積聚。

與何福堂人生際遇相關的社會環境在這時期持續變化，除貿易外，西方的宗教對中國的影響亦開始出現。由於當時清朝是一個擁有世界三分一人口的大國，西方教會自然渴望到中國宣揚基督信仰，讓福音傳遍全球每個角落（Latourette, 1937-1947; Neill, 1986），令更多異教徒歸依基督。不過，與英商的處境一樣，清廷對傳教士的態度也是拒諸門外，不但禁止傳教士傳教，甚至多次驅趕傳教士及殺害教徒。在 1805 年，嘉慶皇帝更明令禁止刻印經書及傳教，馬禮遜就是在這樣的情勢下，在 1807 年被倫敦傳道會派遣到華。

年輕的馬禮遜一心渴望向海外的異教徒傳播福音，在他給父親的書信中就曾經表示，「主耶穌要為世人贖罪，因此將福音傳給世界萬民，是主耶穌給他的差事」（Morrison, 1839: 56）。但當他一踏足中華大地，便發覺傳教之路極難行，不但活動地方受到諸多限制，亦不能學習華文華語，與人接觸交往亦欠缺自由，更遑論可以刊印聖經或是設立傳教機關（蘇精，2005）。

到了 1811 年，內閣刑部再向全國頒佈，若洋人私自刊刻經卷，甚至向旗人傳教，均會定為絞決。翌年嘉慶皇帝再頒諭旨，如有洋人秘密印刷書籍或設立傳教機關立斬。鑑於在中國傳道已不再可行，馬禮遜只好到馬六甲、爪哇、檳榔嶼等地建立據點。而馬六甲的華人數目眾多，馬禮遜於是計劃在當地建立一所訓練傳道人和提供知識訓練的學院，作為向中國傳道的跳板。

為了更好開展傳教事業，馬禮遜到達馬六甲不久的1812年，已上書倫敦會希望在當地設立一所專門培訓歐洲和本土人的機構，而且要有印刷機等設備，「因為福音的成功傳達需要本土傳教士和聖經」（Morrison, 1839: 355）。終於在1818年，他和米憐創立了英華書院，開始廣招華洋學生。

書院除教授學生中英雙語、科學歷史等知識，還積極開展翻譯聖經及印刷經書等工作。當中的印刷部門，聘請了一名華人雕版技工，他便是名字不詳的何福堂父親。由於印刷聖經及福音等宣傳單張屬清廷嚴禁的行為，若被捉拿可判「立斬」，雖說馬六甲與中國相距千里，正所謂山高皇帝遠，但何福堂的父親身為大清子民，加上家人親戚都在中國，他的參與其實是冒了相當大的風險，也應承受了華人社會的一定壓力。故較可能的推斷是他本身是基督徒，有深厚的信仰依靠，才願意接下相關工作。從書院願意信賴他，聘用他印製「違禁品」，亦進一步反映他與教會關係匪淺。

到底何福堂父親是何時到馬六甲的？又為何會在英華書院擔任印刷工作？坊間至今沒有任何準確資料。由於何福堂於1818年在西樵山出生，其父較可能是在他出生後，為了養妻活兒，才輾轉到了馬六甲英華書院擔任雕版技工的工作。在父親大部分時間缺席下，何福堂的童年一直在家鄉渡過，其生活大小開支，相信主要依賴父親將薪水匯款回鄉支撐。從何家那段時間一直衣食無缺，而何福堂年紀稍長後又能夠入校就讀，學習中國傳統經典（Smith, 1977; 2005），可推斷何福堂父親的收入應當不錯，這與他從事「高風險」又有技術性工作的原因基本一致。此外，相信他們在家鄉亦有一些田地資產，雖非大富大貴之家，但亦非如普通農民家庭一窮二白。

當何福堂父親在馬六甲努力工作，何福堂逐步成長之時，英國對華政策開始發生變化。1834 年，英國結束東印度公司對華貿易的壟斷地位，因貿易而起的問題變得更尖銳，特別是令鴉片走私活動更猖獗。由於英國對華貿易長期入超，為了扭轉頹勢，英商於十八世紀末開始向華輸入鴉片，剛開始時數量尚不算多，如在 1765 年前，輸華鴉片每年不過 200 箱（每箱 120 斤），但由於鴉片利潤豐厚，走私活動屢遏不止，至東印度公司失去壟斷地位後，不同行商乃大舉走私鴉片到華，至 1838 年，入口鴉片竟超過四萬箱（莊國土，1995）。鴉片貿易不但導致中國白銀外流，更嚴重影響國民健康，破壞家族及社會穩定（Costin, 1937; Wesley-Smith, 1998; Blue, 2000; 劉詩平，2010）。

就在東印度公司結束的那一年，將其一生奉獻於中國傳教事業的馬禮遜去世，終年 52 歲。其傳教事業由其子馬儒翰（John R. Morrison）接手。至於英華書院方面，自 1818 年創校後，書院以既教導在華歐美人中文，又教導華人英文，以雙方可以更好溝通為目標，雖然發展條件艱苦，但仍緩緩前進。首任校長米憐於 1822 年去世，其職位先後由宏富禮（James Humphreys）、高大衛（David Collie）、紀德（Samuel Kidd）、湯雅各（Jacob Tomlin）和伊文士（John Evans）等人接替（Harrison, 1979）。

在英華書院當雕版技工的何福堂父親，據說約在 1837 年吩咐已年近雙十的何福堂由家鄉轉赴馬六甲，希望父子團聚固然是原因之一，但更重要的，相信是希望讓年紀漸長的何福堂接受西式教育，為他未來的事業和人生鋪路。何福堂顯然亦對海外事物和國際形勢有一定的了解，覺得向外闖發展機會較留在家鄉大，故欣然接受父親安排遠赴南洋。這個決定，不但掀開了何福堂人生的新篇章，也改寫了家族的發展歷史。

據 Marilyn L. Bowman 的研究，何福堂抵達馬六甲後，未有在當地入學或工作，只逗留了一段短時間便被父親送到印度的加爾各答，並在當地的一間藥店做幫工，同時學習英文。在加爾各答期間，何福堂曾與英華書院校長伊文士的兒子一起在 Bishop's College 上課，接受現代教育，課程相信涵蓋神學及宗教（Bowman, 2016: 107-108 & 470-471）。蔡永業指何福堂於 1839 年受洗，皈依基督（Choa, 2000: 13）。從要求兒子離鄉到馬六甲，再轉到加爾各答接受英文和神學教育等種種安排，反映何福堂父親顯然希望培養兒子信仰上的知識與內涵，甚至期望他日後能成為弘道宣教生力軍的色彩。從何福堂能與校長的兒子一起學習，亦反映何福堂的父親與伊文士關係甚深，獲伊文士的信賴。

遇上理雅各的人生重大轉變

從資料上看，何福堂在加爾各答半工半讀生活了接近三年時間，到了 1840 年，年已 23 歲的他，在父親安排下回到馬六甲，並到英華書院負責印刷的工作，同時亦繼續學習英語。正當何福堂在馬六甲重整生活節奏之時，英國終於向滿清皇朝發動第一次鴉片戰爭。

正如上一節中提及，自結束東印度公司在華貿易特權後，英商走私鴉片到華更趨猖獗，而鴉片泛濫自然帶來吸食者日眾、社會問題進一步惡化等問題。滿清最終採取了嚴禁鴉片輸入，並查辦走私販子的強硬政策。惟此舉卻損害了那些鴉片販子——例如渣甸洋行——的利益，他們遂向英國政府告狀，要求代為出兵，維護利益（Blake, 1999；劉詩平，2010）。英國政府過去早已對滿清堅持不肯開放通商極為不滿，最終決定以此為藉口，向中華大地發動了侵略戰爭，是為第一次鴉片戰爭。

這場戰爭由於處於千里之外，故英華書院雖是倫敦會對中國宣教的橋頭堡，但顯然未受影響，繼續自己的前進步伐。該年，書院校長改由理雅各（James Legge）出任。理雅各是近代著名漢學家，他 1815 年生於蘇格蘭鴨巴甸郡（Aberdeenshire），精通中英雙語，中文更有深厚的基礎（Wong, 1986）。1838 年，理雅各 24 歲時受倫敦傳道會差遣到馬六甲，初時擔任英華書院校長助理，但他與伊文士之間因性格等問題常常發生爭執，一度鬧得很不愉快，影響學校發展。後伊文士因病去世，校長一職懸空，倫敦傳道會乃任命理雅各填補該職，由他帶領英華書院繼續前進（Bowman, 2016；黃文江，2018）。

接上重任後的理雅各，亦如一眾前任般一邊着手辦學傳教，一邊埋首翻譯聖經事宜，惟缺乏資源與人手一直是令他最感頭痛的問題（Bowman, 2016）。這時，他遇見早前被其父由加爾各答召回馬六甲的何福堂，雙方一見如故。由於 1818 年出生的何福堂與理雅各年齡相近，兩個滿懷抱負的年輕人走在一起自然覺得惺惺相惜，理雅各更形容何福堂為他「東方的第一位朋友」（my first friend in the East），足見二人交情深厚（Bowman, 2016: 251）。

事實上，理雅各作為中國近代著名漢學家，曾投放大量心力將中國古代經典翻譯為英文，對中華文化有極大的興趣，而何福堂童年時在家鄉接受多年傳統書塾教育，對古籍經典有一定的認識，踏足加爾各答後又接受了半工半讀的訓練，中英雙語應有相當的能力，故能與理雅各流暢交流分享，令理雅各對他另眼相看。再加上理雅各認為何福堂有上進心，天聰敏銳，尤有語言天分，因此令一直急欲尋覓具中英雙語能力助手、協助翻譯傳道工作的理雅各如獲至寶，決定傾囊相傳、大力栽培。

基於這種考慮，理雅各採取了極為進取且能「教學相長」的方法，他一面向何福堂學習中國傳統儒家典籍，例如十三經註疏，甚至是廣東方言及地方文化等；同時他又親自教授何福堂西方知識，包括歷史、幾何，以及希臘文、希伯來文等。當然還有透過與何福堂的每日相處，言教身教地向他宣揚聖經福音（Bowman, 2016: 93）。

經過兩年時間學習，何福堂已能看懂希臘文的舊約聖經和希伯來文的新約聖經，並開始協助傳道。事實上，何福堂的語言天分不只是能夠迅速學懂不同語言，還有對不同語言的精準掌握和靈活運用，以及弘道講經時風趣淺白，吸引教眾注意。就以中文為例，理雅各指他能擺脫古文的艱澀難懂，用平民百姓容易吸收的話語表達出來，傳遞福音（Bowman, 2016: 106-107 & 564）。正因何福堂具有各種優點，理雅各對他一直十分倚重和欣賞，大家亦師亦友的感情亦在不斷提升。

不過，當何福堂與理雅各相處共事期間，曾發生一件小風波，影響到二人的關係。至於這一項令理雅各甚為不快的事件，據 Bowman 的說法屬於「戀愛事件」（amorous event），施其樂則指是「道德不檢點」(moral indiscretion)問題。在今時今日的社會中，無論是「戀愛事件」或「道德不檢點」，其實均屬小事一宗，沒甚麼大不了，但在那個年代，尤其在個人道德情操要求極高的理雅各眼中，實屬不能等閒視之的嚴重過錯。

到底那是一件甚麼事呢？據說正值壯年的何福堂，與當地一名華人已婚女子發展不恰當的私人親密關係，那名婦女雖聲稱乃基督徒，但被指欠缺基督徒的品格，曾與不同男人有染，犯了通姦罪。何福堂與那名婦女有曖昧行為，自然讓重視男女純潔關係的理雅各及其信眾難以接受，一時間社區上流言沸沸，出現各種對何福堂有違信仰和道德行為的指責，理雅各覺得事件「令他心如刀割」(as if a knife pierced my heart)，不但影響了何福堂在他心目中的形象，亦破壞了何福堂和信眾們的關係(Bowman, 2016: 108)。

不過，在深入了解後，理雅各認為何福堂是受到引誘，而非他去引誘別人，再者那位婦女過去也有引誘其他男人的前科，在考慮過後，理雅各對何福堂實行了短期放逐的懲罰，讓他面壁思過。何福堂亦明白到自己犯了大錯，深表懊悔，在經過一段被放逐和懺悔的「懲罰」後重返社區，並獲得了理雅各和教眾的接納(Bowman, 2016: 108)。

重獲理雅各接納後的何福堂，更加投入於翻譯和傳道工作，因此亦重獲理雅各的欣賞和肯定。到了1841年，理雅各將何福堂擢升為「助理傳教士」(Assistant Missionary)，並進一步開展更深入的翻譯合作，讓何福堂在不同崗位上有更多發揮。其中一項重大成績，是協助理雅各於1841年在馬六甲出版了一本中英日常用語及俗語的

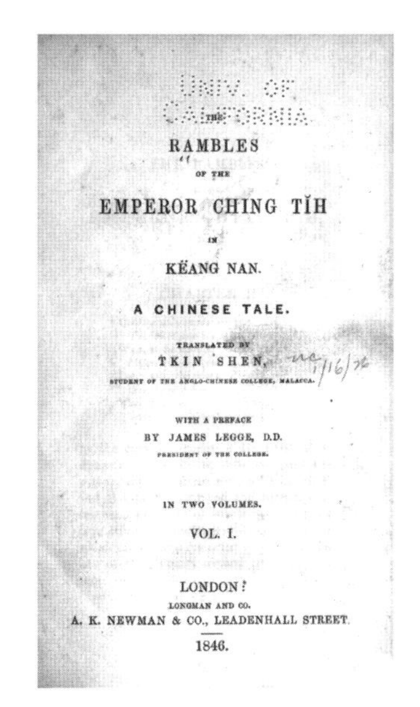

THE
RAMBLES
OF THE
EMPEROR CHING TĬH
IN
KËANG NAN.
A CHINESE TALE.
TRANSLATED BY
TKIN SHEN,
STUDENT OF THE ANGLO-CHINESE COLLEGE, MALACCA.
WITH A PREFACE
BY JAMES LEGGE, D.D.
PRESIDENT OF THE COLLEGE.
IN TWO VOLUMES.
VOL. I.
LONDON:
LONGMAN AND CO.
A. K. NEWMAN & CO., LEADENHALL STREET.
1846.

由何福堂的獨自翻譯的《繡像正德皇遊江南》（*The Rambles of the Emperor Ching Tih in Keang Nan*）書名頁剪影。

詞典——*A Lexilogus of the English, Malaya, and Chinese Languages: Comprehending the Vernacular Idioms of the Hok-keen and Canton Dialect*，而何福堂的翻譯才能，亦在參與這個項目中充分地表露出來（Bowman, 2016: 108）。

之後，為了考驗何福堂獨自翻譯的能力，理雅各要求何福堂翻譯了一本屬於遊記小說的典籍——《繡像正德皇遊江南》（*The Rambles of the Emperor Ching Tih in Keang Nan*），何福堂亦順利完成理雅各交託的任務，該書後來（1843 年）由倫敦 Longman, Brown, Green & Congmans 出版，譯者英文署名是 Tkin Shen，此名相信是何福堂皈依後取名「傳善」的廣東話語音拼音，而名字下方更有「英華書院學生」（Student of the Anglo-Chinese College）及「理雅各作序」（with preface by James Legge）的說明。

何福堂和理雅各翻譯合作不斷取得突破之時，第一次鴉片戰爭有了定局。具體地說，有備而來的英國海軍，以其強大軍力於 1840 年 6 月在廣州揭開戰幔，然後兵分多路沿岸北上，威脅京師；清兵於廈門、舟山、大沽等防線節節潰敗，清政府只好急急謀求談判。討價還價期間的 1841 年 1 月 20 日，在尚沒簽署任何協議之時，英軍已急不及待登陸香港島，宣佈該島已正式成為英國殖民地，此舉卻引來兩國朝廷震怒（Costin, 1937; Wesley-Smith, 1998）。

滿清一方覺得割讓未經皇帝批准，不可接受；英國一方覺得攫取的利益太小，同樣不能接受，於是後者再動干戈，於 1841 年中發動更大規模的軍事進攻，華南華東各主要港口再次成為英軍攻打目標。雖然清兵武器不及英軍，仍是負隅抵抗，惟最終仍是敗陣，滿清朝廷被迫於 1842 年與大軍壓境的英國簽訂了近代史上的第一條不平等條約——《南京條約》，除了割讓香港島，還要作出巨額賠款及開放五口通商，自明朝以還由十三行統管一切對外貿易，而歐商東來由東印度公司統管的局面亦正式終止（梁嘉彬，1999；Blake, 1999）。

中英兩國簽署《南京條約》那年，何福堂作別理雅各，由馬六甲返回家鄉完婚，結束王老五生涯（Bowman, 2016: 470-471）。正如前文提及，何福堂曾經為「情」而差點失去支持、地位及工作，加上 1842 年時他已屆 25 歲，年紀不輕了，故父母要他早日成家立室實不難理解。據說，他的妻子黎氏與他同鄉，雙方自小已指腹為婚。不過，二人婚前亦曾鬧出一段小插曲，原來何福堂返鄉前要求婚禮採取基督教儀式，但當他返抵家門卻發現正籌辦的婚禮還是中國傳統模式，他甚至氣憤得一度拒絕成婚。父母無奈下只好按他要求以基督教儀式舉辦婚禮。雖然二人婚前有點小不快，不過婚後兩夫妻相處融洽恩愛，他更教導妻子讀書識字（Bowman, 2016）。顯然，他並不認同傳統「女子無才便是德」的觀念，亦揭示了他那時的進步思想。

轉到香港的扎根和發展

鴉片戰爭以滿清戰敗，簽下不平等條約結束，是中國近代屈辱史的開端。但對戰勝國的商人和傳教士而言，卻猶如打開了一個缺口，讓他們可以名正言順進入中國，擁有在五個城市通商、居住的自由。其實，當英軍於 1841 年單方面宣佈佔領香港島時，理雅各相信曾考慮把英華書院搬到當地，因為香港與中華大地一衣帶水，便利他們傳播福音。但由於當時戰火仍未止息，而香港的地位尚未真正確立才未成事。到 1843 年 4 月 5 日英國維多利亞女皇（Queen Victoria）簽發了《英皇制誥》（Letters Patent），算是正式成立「香港殖民地」（劉智鵬、劉蜀永，2019）。察覺到香港大局底定，加上理雅各早已與倫敦傳道會有充分溝通，[2] 即於那年 5 月拔營搬寨，將英華書院及全體人員由馬六甲轉移到香港。

2　早在 1841 年，在鴉片戰爭中扮演重要角色的馬禮遜兒子馬儒翰，因其與英軍領導關係緊密，知道英國必攫取香港之故，建議倫敦傳道會把傳教基地轉到香港，並已於 1842 年 11 月把本來設於澳門的馬禮遜學校搬到香港。可惜，被視為香港開埠初期管治核心，並獲任命為首屆行政局議員的馬儒翰，於 1843 年 8 月突然染病去世，此舉無疑影響了倫敦傳道會，甚至是理雅各和何福堂日後在香港的發展格局。

據估計，理雅各踏足香港之時（1843 年），全港大約只有英資企業 22 家，印資企業 6 家，總人口相信只有 1.5 萬人左右（*Historical & Statistical Abstract of the Colony of Hong Kong 1841-1930,* 1932）。儘管開埠初期吸引不少人湧入，但多屬三教九流、品流複雜、不怕犯險、一心只想搵快錢之輩，故傳教人士成為當中一股清流，屬於較可信的群體。

毋庸置疑的事實是，香港開埠初期，基本條件欠佳，不但沒有甚麼天然資源，平地與人口亦不多，惟因英國宣佈其為自由貿易港之故，吸引了不少外商陸續流入，背後原因自然是着眼於香港背後有巨大市場和無窮盡資源的中國。對於傳教士而言，他們一直想在人口眾多的中國傳播福音、吸納信徒，香港既鄰近中國，現在又成為了自己人的「地盤」，自然是建立據點的上佳地方。

從資料上看，仍在家鄉的何福堂收到理雅各轉到香港的消息，亦決定辭別新婚妻子，在 1843 年到香港與之會合，繼續為翻譯傳道作出貢獻（Bowman, 2016）。他和理雅各的首要工作，是要安頓好大批由馬六甲來港的傳教士、職工，以及覓地籌建居所及校舍。資料顯示，理雅各抵港後先後入住馬禮遜學校[3] 及德忌立街。後來，他成功在荷李活道覓得合適地皮，興建傳道會及宿舍，而那裏亦成為倫敦傳道會的印刷總部。據黃文江介紹：

3　學校為紀念馬禮遜對華宣教之貢獻，於 1836 年在葡屬澳門創立，1842 年遷至香港，校址位於灣仔摩利臣山，乃香港第一所西式學校。

> ……理雅各與合信醫生（Dr. Benjamin Hobson）在1844年1月購入位於荷李活道、士丹頓街、鴨巴甸街和伊利近街交界的兩幅38,247平方呎相連地皮。在這地皮之上，理雅各先興建了傳教士的宿舍、圖書館、英華書院神學部、其預備學校的教室、學生宿舍、印刷部廠房、印刷品貨倉、工人及助手的宿舍等。年底，理雅各旋即遷入建好的宿舍。1845年，理雅各再透過公開籌募集資興建愉寧堂。建屋期間，理雅各與家人暫時租住別處，另購入鄰近中環街市的另一單位，讓其他倫敦傳道會的傳道同工和助手居住。（黃文江，2018：9）

何福堂作為理雅各依重的左右手，相信有一段時間需陪同理雅各東奔西跑，為了籌建居所及校舍等事大費周章，亦曾居住在荷李活道與士丹頓街交界的新蓋房屋之中。在這個覓地建樓的過程中，何福堂除了解並掌握了與政府官員及商人打交道的門路和手續，更察覺到香港地產火熱的特殊發展狀況。具商業觸角的他明白到土地可作為投資工具的秘訣與竅門，而這領悟對於何福堂人生及家族的發展可謂至關重要。

原來，由於香港島過去只屬小漁村，商貿並不活躍，公共設施基本欠奉，殖民地成立後必須投入大筆資源修築碼頭、貨倉、馬路等基礎設施。對於政府而言，一個有效且能直接擴充庫房收入的方法，就是推出土地拍賣，故港英政府早在1841年的6月及10月兩次藉拍賣土地「套現」——哪怕當時的香港其實尚未正式割讓。正因土地乃殖民地政府最能用作增闢政府收入的重要工具，加上當時不少人有香港開埠必然「商機無限」的心理預期，地皮炒賣甚為熾熱，地價大起大落，政府甚至在1842年5月宣佈要停止一切地產拍賣和轉售。

儘管何福堂認為地產買賣的生意潛力無限，但他始終是初來報到，仍需時間發掘具潛力的優質地皮，同時亦需時間累積資金。故抵港後他先專注教會工作，宣講耶穌基督的福音，同時亦如在馬六甲時期一樣，協助翻譯聖經。由於生活漸漸安定，故在 1844 年他將妻子接到香港生活，兩年後，長女何玫瑰（又名何妙齡）出生，[4] 令小家庭添了更多温馨和喜悅。

1846 年相信是何福堂喜事多多的一年，除長女誕生外，他同時又獲按授牧師之職，成為香港第一位華人牧師。[5] 由於何福堂中英雙語皆精通，講道時能深入淺出、生動有趣，理雅各一直對他甚為欣賞，加上理雅各相信對華人傳教，更好的方法是培訓更多有堅定理念及熱情的年輕人，「……由他們自己民族的傳教士完成——就像兄弟對兄弟那樣對他們的同胞宣講……」（段懷清，2005：58-59）。何福堂的能力及對教會多年的事奉，自然符合理雅各的理想，故讓何福堂成為正式的牧師。是次的升遷備受華洋社會注視，按授儀式也十分莊嚴隆重（Bowman, 2016: 179）。

除了事業家庭兩得意外，這年何福堂亦做了一項重要投資舉動——以 150 元的價格買入位於文咸街的一塊地皮（Choa, 2000），據資料顯示，在這一年維多利亞城的地皮全數賣出，完成了第一階段的建城工作（劉智鵬、劉蜀永，2019）。相信何福堂是看準地皮位置優越，具升值潛力，故搶及最後機會參與投資。這是他人生第一

4　亦有說法指何妙齡生於 1847 年（張雲樵，1987；Pomerantz-Zheng, 1992）。

5　以華人計，則是第二人，第一人是馬禮遜門徒梁發。

次買地，顯然在過去數年間他積累了一定財富，也反映他對投資地皮物業的興趣和認識。而且，維多利亞城建城後不久政府便察覺土地已不敷應用，需填海造地，亦證實了他的投資眼光準繩。何福堂對地產投資的興趣與能耐，可說是家族日後發展的重要基礎。

生財有道的不斷積累財產

對地產投資有經驗的人都會知道，買賣地皮物業獲利的其中一個最重要秘訣，是地理位置，尤其在供應小、需求大、人流多的黃金地段，則最有回報保障，價值不菲。何福堂人生的第一宗地皮交易，便選擇在香港開埠之時闢為市集的下市場（Lower Bazaar）那個人流如鯽、具商業活力的地方，反映他具敏銳的投資目光與生意觸角。事實上，何福堂雖然擁有香港第一位華人牧師的身份或名銜，但其人生事跡最讓人津津樂道的，還是生財有道與一生積累的巨大財富（Bowman, 2016）。

不過，在深入了解何福堂的投資本領前，或許不少人都會疑惑他的錢從何來，因為他能積累「第一桶金」的時間不多，由 1840 年他到馬六甲協助理雅各起計至 1846 年，只有短短六年，而且按道理，教會不會給予傳教士高薪厚祿，[6] 據說他獲按授為牧師後的薪酬

6　馬禮遜初到中國時，倫敦會給予他每年 200 鎊的薪水。據馬禮遜所言，折合西班牙銀元 800 元。而租用兩房連膳食就已佔去 750 銀元，另外僱用僕傭需要 100 銀元，洗衣費 70 銀元，生活要節衣縮食，相當窘迫（Morrison, 1839: 155）。

待遇只及商界給他的五分之一（Bowman, 2016: 470），加上一開始時他的身份近似學徒，應不會有任何收入，期間他還花了一筆金錢於結婚生女，就算他生活再節儉，也難以在三數年間積下大筆財富。若缺了這「第一桶金」，哪怕他投資眼光再準確，也沒有能力參與這個金錢遊戲，更不可能一擊即中，為家族的財力打下扎實的基礎。

對於何福堂錢從何來這問題，較為合理的推斷可能來自三方面：其一是家族或父親留下的，其二是妻子外家的饋贈，其三是他一手賺回來的。但相信以第二、三點的可能性較大。因為正如前文提及，何福堂父親乃印刷技工，薪酬儘管略高，但要積儲大筆金錢買田買地，相信仍有一定困難。妻子外家饋贈有一定可能，因為家族內部的一個說法是何福堂外父在家鄉擁有一定財富（Pomerantz-Zhang, 1992），暗示何福堂獲得豐厚嫁妝。至於個人賺回來一點，他除了正職，有證據顯示他可能亦有從事兼職。作為一個傳道人，他有哪方面的「兼職」可做呢？這便必須從當時社會環境與何福堂個人特長的方向思考。

據文基賢（Christopher Munn）分析，香港開埠之初，殖民地政府及整體社會均極為缺乏精通中英雙語的人才，有些能講，但不能閱和寫；有些能閱和寫，但不能講。曾官至撫華道（即日後的華民政務司）的高和爾（Richard D. Caldwell）便是其中能講但不能閱和寫中文的例子之一（鄭宏泰、鄭心翹，2019），前文提及的馬儒翰能夠獲得重用，核心原因是他精通中英雙語，尤其能在簽署《南京條約》一事上為英國爭取巨大利益（Munn, 2001）。

從對掌握中英文的能力的角度看，何福堂明顯較高和爾等人更為優勝，故他肯定是當時社會中極為難得的語言人才。政府或商業機構要請人翻譯，他絕對是很好的選擇。事實上，曾有不少商業機構向他招手，只是他以傳教翻譯為志向，立心事奉教會而不願接受而已（Bowman, 2016: 166）。到底翻譯工作的薪金有多高？可看看第二任總督戴維斯（John Francis Davis）的例子。戴維斯曾隨馬禮遜學習中文多年，中文造詣甚高，而他學習期間曾作為兼職傳譯員，每年收入平均近 700 英鎊，可見相關人才在社會上確實十分搶手，有價有市。

另一點不容忽略的是，由於當時不少人是抱着搵快錢的心態而來香港，華洋社會彼此猜忌狐疑、互信薄弱，重要的工作自然只會找可以信賴，能確保其忠誠的人士承擔。由於何福堂已皈依基督，又是倫敦傳道會的傳教人員，尤其有馬儒翰和理雅各等人脈關係與網絡，故被英國人接納；同時他又是華人，與本地人同聲同氣，在華人眼中亦較「紅鬚綠眼」可信賴，所以他在華洋團體眼中均屬值得信賴之人。即是說，在當時社會環境下，具有精通中英雙語、可以信賴兩大特點的何福堂應炙手可熱，「兼職」機會紛紛湧至。

沿着這一角度分析，何福堂在「正職」的翻譯、傳道之餘，若以其所長為政府或商業機構擔任一些翻譯「兼職」，自然能獲豐厚回報，「豬籠入水」，財源滾滾自不待言。故何福堂到港不久便有財力養妻活兒，然後又可買入地皮，做起地主來，以其中英雙語專才，深得華洋社會信賴，憑「兼職」賺取額外收入，相信也是其中一個較合理的推斷。

當然，擁有較高的收入並不代表能積累巨額財富，懂得投資，才可令財富如雪球般愈滾愈大，何福堂深諳其中道理。如上文提及他在積累一定財富後，便開始涉足物業地產，在 1846 年以 150 元買入下市場一塊地皮，他選擇於當時入市，除地皮位處黃金地段外，亦應與當時地產市道低迷有關。[7] 而他曾協助理雅各購入多幅地皮，認識了不少相關人物，掌握買賣土地的竅門，所以一旦相準機會即能出手。可以這樣說，何福堂能夠積累「第一桶金」，相信來自「兼職」，而財富能不斷膨脹，顯然又與他掌握一定財技，且能遊走華洋政商之間有關。

除投資地產，何福堂還從事借貸等生意。有資料指，買入首幅物業地皮的兩年後（即 1848 年），何福堂曾以月息 4% 向人放貸 400 元，為期 2 個月，對方以下市場一個地皮物業作抵押。除此之外，何福堂曾於 1862 年以 26.325 兩銀的價錢，從倫敦傳道會手中買入一塊地皮，此舉一來揭示倫敦傳道會應該知悉他在地產方面有巨大投資，二來則反映何福堂手上財富實在不少（Evans, 1979）。

另外，據蔡永業引述何福堂其中一名孫兒 Arnold Hall 持有何福堂生前留下的契約文件顯示，何福堂在家鄉南海西樵山也有生意和投資。例如在 1857 至 1871 年間，他曾買入價值達 200 兩銀的耕地、物業和地皮。他亦曾放貸予鄉民，而且利息極高，例如他曾借人七兩銀，為期兩年，每月收息 20%，一年收取四次利息（Choa, 2000: 11）。

對於何福堂的生財有道，相信無論理雅各或倫敦傳道會均知

7 受 1846 年經濟環境變差而治安惡劣的影響，該年的香港總人口由 1845 年的 24,157 人大幅下降至 21,835 人（*Hong Kong Blue Book*, various years），房地產的價格很可能因此大跌。

之甚詳。就如前文提及，何福堂甚至曾從倫敦傳道會手中收購其地皮，足見倫敦傳道會一來知道何福堂財力雄厚，二來亦默許他的個人投資。儘管如此，無論是當時社會，或是日後的研究者，總會對何福堂身家豐厚一事嘖嘖稱奇，甚至評頭品足一番，似乎覺得傳道人與財富之間，有着某種不匹配或不協調的地方，彷彿帶有《聖經》馬太福音那種「你們不能事奉神又事奉瑪門」的色彩。

事實上，與何福堂亦師亦友亦上司的理雅各，顯然亦曾被人質疑何福堂的財富來源，以及積累如此豐厚身家是否有違上帝教誨等問題，而他曾作出以下的回應：

> **我不覺得任何人為改善俗世生活有何不妥，只要其做法誠實磊落，我會傾向相信無論是做為海外傳教士或本地牧師，其所作所為均是合法的。這樣做是否道德上能夠接受，則應由他自己決定，（到最後）只有上帝為我們所有人作出裁決。**（Bowman, 2016: 471）

對於身為牧師卻坐擁巨富，當事人何福堂顯然亦遭不少批評甚至當面質問，據 Bowman（2016: 471）所言，他曾作出以下回應：「我不知道，但不知倫敦會怎樣做或回應如果我留下的大家族要其照料？」（I don't know, but what would the LMS have done and said if I had left my large family to its care?）。Bowman 補充說，在儒家思想影響下的中國，照料好家人生活，乃大家長的責任，何福堂只是履行了他的責任。若從其人生發展軌跡上看，幸好他能未雨綢繆，努力積累豐厚的財富，否則當他突然去世後，其妻及十名子女可能會落得貧苦無依的境地。

英年早逝但留下可貴資本

在港扎下根後，妻子黎氏除了在 1846 年誕下一女何妙齡，之後還再生了五子五女，五子依次為何神賜、何神添（又名何添）、[8] 何神啟（又名何啟）、何神保（又名何渭臣，另說是何衛臣）及何神祐（又名何祐）；而女兒的名字（譯音）依次為何春蘭、何素梅、何梅蘭、何秋蘭（其中一人可能又名何晚貴，參考第五章深入討論），[9] 另一女兒名字不詳，可能早夭（鄭宏泰、黃紹倫，2014）。即是說，何福堂和妻子黎氏一共育有 11 名子女，一門上下實在人丁不少，在當時的香港屬於大家族了。

雖然何福堂一家已在香港落地生根，並在香港的不同場合講道宣教，但他認為更重要的宣教事工，還是在中華大地，有記載他曾和湛約翰、黃亞木、梁文盛等到惠州等不同地方傳教（劉紹麟，2003；葉深銘，2014）。他當然希望自己的同鄉及其附近城鎮居民能接受基督的福音，所以他雖然已移居香港，但一直與家鄉維持着極緊密關係，這亦解釋了前文提及他在家鄉買田買地，甚至從事借貸生意的原因。

8 何神賜和何神添出生年份不詳，兩人可能較何妙齡年長。若以何福堂在 1842 年結婚論，在 1846 年出生的何妙齡之前，何福堂已育有何神賜和何神添兩子，絕對有可能，而何神賜則常指為大哥，惟乏確實證明，本書且跟隨此長幼次序。

9 須指出的是，遺囑以英文書寫，字體潦草不易看，加上檔案文件的難以閱讀，在分辨一眾女兒的名字容易出錯，敬請垂注。據葉深銘（2014：133）所述，何福堂其中兩女的名字為「何秋蘭」和「何美蘭」，這看來與遺囑的名字吻合。

具體地說，雖然香港的傳教事業逐步展開，但人口眾多的內地傳教事業畢竟更為重要，可惜成績一直未見突破。當理雅各於 1867 年帶同王韜等返回英國後，何福堂相信把較多時間投放到家鄉、鶴山及廣州等地的傳道工作上。據 Bowman 記述，為了便利傳教，在十九世紀六十年代末，他曾出資在鶴山買地，籌劃在家鄉興建小教堂（chapel），[10] 這便是 1870 年落成開幕的鶴山小教堂（Bowman, 2016；劉紹麟，2003）。

綜合各種資料看，鶴山教堂的籌建相信耗費了何福堂不少精力，碰到的問題亦令何福堂大為頭痛。在那個民智未開的年代，在中華大地上傳教其實充滿風險，哪怕只是興建小教堂，亦會成為攻擊的目標。如當時鄉民普遍認為教堂會破壞風水，常常招來極大的不滿及衝突。在籌建小教堂的過程中，何福堂相信費了不少唇舌向村民解釋，吃了不少苦頭。儘管如此，鍥而不捨的何福堂一直堅持到底，令小教堂於 1870 年峻工，可以開幕投入服務。

剛巧理雅各於 1870 年中由英國返港，何福堂聞訊自然前往迎接，並想請理雅各到鶴山主持新教堂落成開幕儀式。二人在碼頭碰面時，理雅各驚覺闊別只有三年多的何福堂，雖然年紀比自己輕，但樣子看起來老了很多，才得知原來在籌建小教堂期間，何福堂的健康每況愈下，1870 年初更曾輕微中風，反映興建小教堂的工作令他費盡心力。

10　據葉深銘（2014：189-191）的記述，該小教堂早在 1866 年已籌建，地點在佛山走馬路，即現在的福寧路，1870 年進行擴建，主要是為了應付信眾漸見增多的需要。

雖然理雅各亦想前往鶴山主持新教堂開幕儀式，並看看那座凝聚何福堂心血的小教堂，但因「天津教案」發生後，[11] 各地主要通商城市均有反洋仇教情緒，華洋關係緊張，他只好婉拒何福堂的邀請，並建議由一直駐廣州，主持該區教務的湛約翰（John Chalmers）擔任開幕主持。

1870 年 9 月 21 日上午，由何福堂一手籌劃的鶴山小教堂在湛約翰主持下順利開幕，氣氛祥和。可是，當湛約翰離開了鶴山不久，教堂即被一群暴民肆意破壞，更有暴民追打何福堂及其信徒，何福堂幸有信眾及早通風報信，又協助他爬上屋頂逃走，避過一劫，只受輕傷，但事件中仍有三名信徒被打至重傷。之後，暴徒還放火將教堂焚毀，令何福堂的心血付之一炬（葉深銘，2014；Bowman, 2016）。

對於自己貫注了無數精力才建成的教堂遭逢此劫，更有信徒受重傷，何福堂自然十分難過及氣憤，即時向英國駐廣州大使提出抗議（petition），指英國大使館保護不力，要求其代向滿清政府交涉，要嚴懲暴徒，並賠償 572 英鎊（葉深銘，2014）。初時，駐廣州英國領使認為是何福堂等沒有政治觸角，敏感度不足，在「天津教案」餘波未息時舉行小教堂開幕及慶祝活動，實乃自招麻煩，所以不肯代為出頭。惟經連番交涉後，態度卻出現了一百八十度轉變，願意出

11 所謂「天津教案」是指 1870 年發生在天津一場因為民眾懷疑法國天主教教士設立的育嬰堂有殺嬰舉動，引起群情洶湧，甚至火燒多家外國教堂，結果引來英、法、美等國家軍艦兵臨天津，要求查辦，而滿清政府最終懲處涉案者，並賠償損失了事。

面向地方政府交涉。最後不但捉拿了肇事者，亦獲當地政府首肯保護教堂的安全，而且更獲得了令人意外的可觀賠償，令日後可以興建一座規模更大——可容納 300 名信眾聽道，又有能容納 100 人的會議廳，並有一個偌大庭園——的「小教堂」（Bowman, 2016: 467-471），並取名「福寧堂」（葉深銘，2014：194），未知此名中的「福」字，與何福堂有否關係，但這已是何福堂去世後的事了。

何福堂牧師紀念像贊。（鳴謝：中華基督教會合一堂香港堂）

受到這次事件的打擊，何福堂健康日壞。到了 1871 年 2 月，家人把他送到廣州接受治療，但已藥石罔效了。理雅各等親友在接獲消息後紛紛趕到廣州探望，他們與不少教友一直在何福堂病床前陪伴，為他禱告。據說何福堂臨終前向理雅各等教友「託孤」，希望他們關懷照料自己多名未成年子女。到了 4 月 3 日，何福堂走完了人生道路，息勞歸主，享年只有 53 歲（Bowman, 2016: 469）。

對於何福堂平凡中綻放不平凡亮光的一生，他的名字並沒有隨着其去世而灰飛煙滅，時至今日，香港仍有不少以何福堂命名的學校或會堂。其中在屯門何福堂學校禮堂內，豎有一「何福堂牧師遺照題碑」，內容概括了他一生的重大經歷功績：

英華高足，始溯何公；擢升教職，善迪童蒙；擅長詞令，說教材豐；

首膺華牧，衛道精忠；文章名世，品德端崇；唐山取寶，邏輯宏通；

福音註釋，感力尤克；[12] 啟發後進，功績靡窮；猝遭窘迫，創痛五中；

之死不貳，盡瘁鞠躬；遺芳教史，吾校之雄：泐碑留影，景仰高風。

雖然這段題碑沒有提及何福堂生財有道的能耐，但正如前文提及，他一生善於投資，故死後留下了巨額遺產（主要為物業），總值多達 15 萬元（Smith, 2005: 129; Bowman, 2016: 471），到底這筆財產有多驚人？可以當年政府收入作比較。在 1871 年，港英政府全年總收入約有 84.4 萬元計，即何福堂個人遺產約佔政府全年總收入的 17.8%，這個比例若以今天社會的政府總收入佔比計算，絕對是一個天文數字。身為一介華人牧師，並沒參與甚麼商業貿易活動，何福堂卻能憑地產投資積累巨大財富，無疑是令同時代人艷羨不已，亦可見其投資收獲的豐厚。

12 「克」字既不押韻，又意思不明，可能是「光」字的誤刻。

換另一個比較的角度。當時一名留宿華人家庭傭工每年工資 4.1 英鎊（*Hong Kong Blue Book,* 1871），再按當年匯兌 1 英鎊兌 4.8 港元計算（Munn, 2001），則約為年薪 19.7 港元。在那個年代，15 萬元約可支付 7,614 名華人家庭傭工一年的薪金。若以 2020 年每名外籍家庭傭工以最低工資每年為 55,560 港元，不包括保險、兩年一趟來回機票及約滿年金等保守估計，7,614 名家庭傭工一年工資的總值，則約值 4.1 億元，何福堂遺產之龐大可見一斑。

為了好好分配其豐厚的身家，何福堂臨終前一直在旁的理雅各勸他要訂立遺囑，他最後亦如其所議，並請理雅各代為起草。那時何福堂有十名仍在生的子女（子女各五名，年紀最長的約有 25 歲，年紀最幼的只有 5 歲），理雅各建議何福堂及黎氏將遺產的五分三給五名兒子；五分二給五名女兒。黎氏起初反對相關安排，因她覺得女兒不應獲任何遺產。後來她在理雅各的勸說下讓步，但仍堅持應給兒子多些。最後，何福堂將十分七的遺產留給五名兒子，餘下十分三給五名女兒（Bowman, 2016: 471）。儘管子女之間獲分遺產的比例仍有差距，但在那個「傳子不傳女」思想根深蒂固的年代，五名女兒能夠獲得一定遺產實在已屬很大突破了。

然而，這份看似開風氣之先的簡單遺囑，日後卻引起連番子女控告母親的官司，家人對簿公堂，轟動社會（第五章）。為了讓讀者清楚遺囑的內容，對日後官司訴訟有基本了解，現將原文（英文）引述如下，讓讀者逐字逐句咀嚼琢磨：

> I, Ho Tsun Shin, of the London Missionary Society, Clerk, appoint this to be my last will and Testament.

I give all my estate real and personal whatever to my beloved wife Ho Lai Shi to be administered by her as she may think best in behalf of herself, my sons Shan Tse, Shan Tim, Shan Po, Shan Kai, Shan Yow, and my daughters Mui Kwai, Chun Lan, So Mui, Mui Lan, and Tsau Lan.

I appoint my wife Ho Lai Shi aforesaid, to be the sole executrix of this my last will and Testament.

本人何傳善為倫敦傳教會文員，現訂立此本人之最後遺囑。

我將我名下所有物業及個人資產遺贈吾愛妻何黎氏管理，由她按最符合她本人、吾兒神賜、神添、神保、神啟、神祐，[13] 以及吾女玫瑰、春蘭、素梅、美蘭、秋蘭利益的方法處理與決定。[14]

我指派前述我妻何黎氏為本人這份最後遺囑的唯一執行人。

（Probate Jurisdiction, Will File No. 822 of 1871, 1871）

遺囑的見證人為湛約翰（John Chalmers）及何景苗（Ho King Miu 之譯音），兩人應為何福堂多年教友。

何福堂英年早逝，去世時不少子女更尚在求學階段，未有工作能力，加上人丁眾多，若果不是有他豐厚的遺產作保障，可以想像

13 在遺囑中，何神保（即何渭臣）的名字在何神啟（何啟）之前，所以亦有指何渭臣乃何啟之兄，惟在其求學及事業發展上，看來則是何渭臣應是何啟之弟，其實按一般講法：賜、添、啟、保、祐，似乎亦較賜、添、保、啟、祐合適。

14 有趣的是，無論子為女，他們名字在遺囑中的排列，看來並非完全按長幼之序，例如秋蘭看來不是最年幼，但卻放在諸女兒名字之最後（見第五及第六章）。還有，諸子女長大後，往往會自行改名，如何神保改名何渭臣，何玫瑰改名何妙齡等。

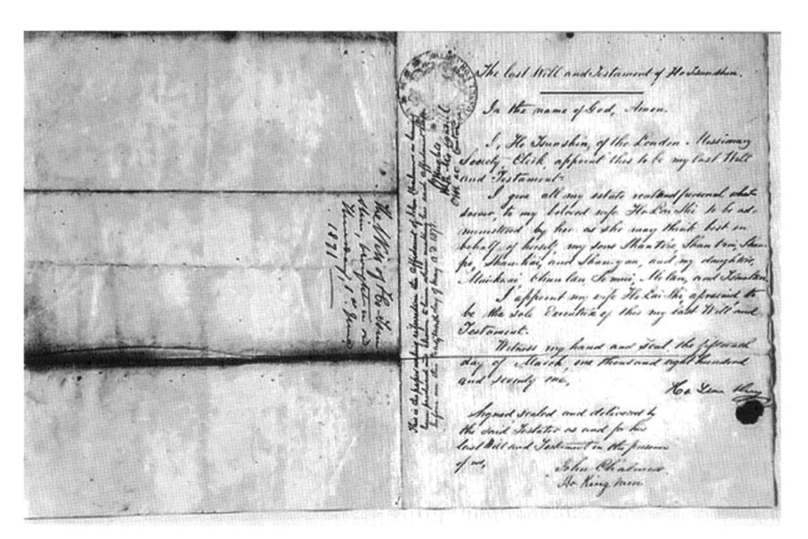
The last Will and Testament of Ho Tsunshin.

In the name of God, Amen.

I, Ho Tsunshin, of the London Missionary Society, Clerk, appoint this to be my last Will and Testament.

I give all my estate real and personal whatsoever, to my beloved wife Ho Lai Shi to be administered by her as she may think best in behalf of herself, my sons Shantsz, Shantong, Shanfo, Shankai, and Shanyan, and my daughters, Muikwai, Chunlan, Somui, Milan, and Kimlan.

I appoint my wife Ho Lai Shi aforesaid to be the sole Executrix of this my last Will and Testament.

Witness my hand and Seal the fifteenth day of March, one thousand eight hundred and seventy one.

Ho Tsun Shin

Signed sealed and delivered by the said Testator as and for his last Will and Testament in the presence of us,

John Chalmers
Ho King man

The Will of Ho Tsunshin, ... 1871

何福堂遺囑。

家人的生活必然十分困苦，甚至需要依賴教會長期救濟扶持。幸好何福堂生前生財有道，投資了不少物業地產，而這些遺產既可讓一眾子女過着充裕的生活，亦能接受良好的教育，甚至支持他們負笈海外，讓家族能在香港的舞台上發光發亮。

若深入分析，何福堂為子女留下的不止是物質上的財富，其實還有豐厚的宗教及人脈關係遺產，尤其是那份值得殖民地統治者信賴的政治忠誠。正因如此，在何福堂離世後，家族並沒走向沒落，反而更上層樓，既富又貴，寫下了家族在香港社會的耀目篇章（Choa, 2000）。

結語

無論是中英出現激烈碰撞之時，或是香港開埠社會混沌未止之時，甚少能夠掌握中英雙語者，深得各方信賴者更稀。能肩負溝通中西的吃重角色，自然會有不少一展所長的機會，從而獲得可觀的報酬。而本來寂寂無聞的何福堂，能夠在那個「千年未遇變局」中脫穎而出，幹出人生事業上的一番成就，令個人及家族的名字鐫刻在香港、甚至近代中國的歷史上，實在不能不說是「時代造英雄」。

不過，真正令何福堂的名字變得響亮，甚至至今仍為民眾提及的原因，並非單單由於他的教會工作或積累巨大財富的能力，而是他的家族在他過身後，出現了一眾掌握中英雙語、能在溝通華洋方面扮演重大角色的子女及女婿們，尤其是女婿伍廷芳、兒子何啟，以及孫婿伍朝樞和傅秉常等。至於何福堂留給子孫後代的，實在不只是身家財產，反而是更重要的宗教資本，以及由此引伸出來的華洋社會人脈關係與深得各方信賴的可靠忠誠。

不過，何福堂積下的巨額財產一方面成為後代發展的資本，但不幸地也成為家族亂事之源。他以一份簡單的遺囑交代財產安排，想來一方面是他立遺囑時已病入膏肓，未必有時間咬文嚼字堵塞每一個漏洞；也可能是他以為家族人口結構簡單，只有妻子及親生子女，但想不到日後卻產生連串家族內部矛盾與爭產官司，相信令他以及遺囑的撰寫人理雅各也始料未及。

第三章　白頭相守

何妙齡與伍廷芳的同進共退

引言

何福堂於1871年去世時，香港已開埠30年。經歷了一段摸索前進後，逐步建立起社會制度和商貿網絡，人口規模亦有相當增長，達12萬人左右。在殖民地政府進入第二個十年之時，滿清政府再於第二次鴉片戰爭敗北，簽訂了《北京條約》且割讓九龍半島，令香港的幅員及人口大幅擴張。至太平天國民變期間，華南地區一些大家族或有識之士開始絡繹不絕移居香港，令社會基礎和組織丕變，香港居民已不再全是三山五嶽之輩或亡命之徒了。可以這樣說，各種因素的交互並進，令香港社會結構較開埠之初有了相對穩定和健康的發展（Welsh, 1993；蔡榮芳，1997）。由於華洋商業和日常交往接觸等有增無減，對於那些能夠掌握中英雙語、溝通華洋的人才，自然需求日見殷切。

正如上一章中提及，何福堂去世時，部分子女年紀尚幼，未曾出身，按常理必然會給家族帶來巨大衝擊，難再興旺。幸好，何福堂生前不但生財有道，亦待人真誠、熱心傳教，所以為子孫留下了三大重要資本——經濟資本、網絡資本和宗教資本，因此不但可以確保家人物質生活與教育等無缺，更能讓子女們無論在負笈海外、踏入社會，甚至交友婚姻等，均能得到各方助力。不過，前人種樹，後人能有多少收成，始終取決於各人努力、個性及際遇。在接下來的四章，將聚焦於何福堂眾子女的故事，包括何妙齡與女婿伍廷芳（第三章）、何啟（第四章）、其他諸子（第五章），以及幼女何晚貴與幼女婿曾篤恭（第六章）。從他們的不同經歷深入說明，了解家族的起落盛衰與時代巨變之間，有禍福與共、命運一體的關係。

何妙齡的一心為夫

1846 年在香港出生的何妙齡是何福堂的長女，也是一位極富傳奇、特立獨行但卻較少有人注意的女性，她的事跡也只隱約散見於歷史的字裏行間。原因是她沒有走上台前，在政治或商業舞台上馳騁，打拼個人事業，基本上緊守「在家從父、出嫁從夫、夫死從子」的儒家傳統，生活的重心就只是留在家中相夫教子。不過，她顯然遺傳了父親生財有道、善於理財等能力，由於她投資有法，積累了巨大財富，不但能令家人過着豐裕生活，也幫助了丈夫和兒子事業的發展。更難能可貴的，是她的視野沒有困在一門一戶之內，並心懷眾生，願意在傳教與慈善上作出巨大貢獻（鄭宏泰、黃紹倫，2014）。

由於過往對女性研究的缺失及長期忽略，學術界和社會大眾對何妙齡童年生活與教育等的認知近乎一片空白。但從她人生經歷和作為看來，由於她的祖及父均屬虔誠教徒，父親更是香港首名華人牧師，相信她應在較西化及具男女平等開明思想的環境下成長，因此較少受「女子無才便是德」等迂腐教條所限，能接受一些非正規的家庭教育，讀書識字。同時她亦能從與家人及華洋教徒的交往中了解世界大勢。儘管如此，她畢竟是在華人社會成長，母親亦顯然深受中國傳統影響，故可以這樣說，她是在傳統文化、基督宗教及西方思想三股不同的觀念與文化相互影響下成長的，因此必然孕育或陶冶出甚為獨特的個性、價值觀念與人生追求。

受父權社會「男主外、女主內」教條思想的制約，「男怕入錯行，女怕嫁錯郎」自然成為相關教條的實質折射。對於無論是何妙齡、或是其胞妹何晚貴（詳見第六章討論），甚至是一般女性而言，這一民間智慧無疑擲地有聲，反映一般女性的人生在出嫁後才見真章。而她們丈夫的專業或事業抉擇，則直接決定了家族的前途和她們的命運。因此，有關何妙齡的經歷，要由 1864 年她約 18 歲時與年屆 22 歲的伍廷芳在香港結婚說起。伍廷芳的背景、事業發展、他們組成的家庭有何特殊遭遇，以及何妙齡又曾在哪方面發揮重大作用等，將在下文探討。

眾所周知，伍廷芳乃近代中國其中一個顯赫人物，在洋務運動與滿清覆亡、民國成立時更曾指點江山、叱吒政壇。正因如此，學術界對於他的研究其實為數不少，而且中英著作出版甚豐（伍廷光，1922；張雲樵，1987；Pomerantz-Zhang, 1992），近年內地尤其有不少研究，所以湧現一些簡體版本著作（丁賢俊、喻作鳳，1993 及 2005；張禮恒，2002 及 2008；張富強，2008），惟這些研究或出版，較多從公共領域的政治、變革、外交或法律層面入手。下文只會略述其公共領域的經歷，讓讀者有一概括印象，反而將側重其私領域，即是較為聚焦於婚姻、家族等層面的討論。

綜合各方究研資料顯示，伍廷芳，本名敘，又名才，字文爵，1842 年 7 月生於馬六甲，[1] 乃父親伍榮彰（字社常），母余娜（Lean Neo）的第三子。單從這個十分簡單的出生於馬六甲的地點推斷，伍廷芳的父母與何福堂之間，很可能早已認識或有某種程度的接觸。

1 另一說法指他生於新加坡（Pomerantz-Zhang, 1992；丁賢俊、喻作鳳，1993）。

至於從伍社常與妻子在1842年前已在馬六甲或新加坡生活，並在當地誕下伍廷芳這點看，伍家相信有一定財力和經濟基礎，因為在那個年代，貧苦家族飄洋海外的多是孤身一人，以「豬仔」的形式到當地當苦力，生活條件艱苦。伍社常能帶同妻子移居、或能接觸當地社區並有當地女子願意下嫁，說明他財力不薄（陳翰笙，1980-1985）。

一如不少名人的出生背景般，伍廷芳父母的背景亦眾說紛紜。其一是父親的背景。有說指其父來自廣東新會西墩芳村，屬一般農民家庭；亦有說指他乃十三行名商伍秉鑑家族的一員（Folsom, 1968: 141），即是有顯赫家勢、豐厚家財。但有學者則以伍秉鑑來自福建，而伍社常來自新會，二人祖籍不同提出反對（Pomerantz-Zhang, 1992），指伍廷芳應該來自一般飄洋海外但幸運地取得一定成績的小商人家族而已。

其二是有關他母親的背景。有說指她是客家人，亦有說是華人與當地馬來人所生的混血兒，而較為一致的說法是她乃一虔誠基督徒，尤其指她「常到 Mr. Keasberry's Malay Chapel 守禮拜」（*The China Express and Telegraph,* 29 June 1922, 引自張雲樵，1987：33）。這裏提及的 Mr. Keasberry's Malay Chapel，其實是倫敦傳道會在新加坡的教堂（Ellis, 1844; *The Baptist Magazine for 1848,* 1848），故有理由相信宗教信仰是何、伍兩家結成秦晉之好的重要媒介。順作補充的是，在葉深銘（2014：133）的研究中指出，伍廷芳母親日後在香港道濟會堂受洗。

其三是有關兄弟的背景。甚為一致的資料是，伍廷芳兄弟人數不少，他們都在十九世紀四十年代末葉被父母送回家鄉接受教育。如在伍廷芳去世後一篇介紹他生平的報道中提及，伍社常和余娜生了多名子女，除了伍廷芳，還有另一子名叫伍阿臣（Ng A Chan），到兒子略大後，為了教育緣故，乃舉家離開新加坡或馬六甲，返回家鄉（*The China Express and Telegraph,* 29 June 1922）。施其樂則指在香港法院當傳譯的伍阿發（Ng A Fat）、伍阿輔（Ng A Foo），都是伍廷芳的兄弟（Smith, 2005: 147-148），不過亦有研究認為上述兩人與伍廷芳並沒任何聯繫（Pomerantz-Zhang, 1992）

伍廷芳天生聰敏過人，能過目不忘，也與何福堂一樣具語言天分。不過其早年求學時期的表現卻不理想，主要是因他對八股的死記硬背學習方式毫無興趣，課堂上時常會與老師「駁嘴」，成為老師眼中「不受教」學生。這時，發生了一件事故，令伍廷芳的命運有了重大轉變。原來，他一度被綁匪綁架，命懸一線，幸好他能憑智慧逃離虎口（伍廷光，1922）。家人為他的安全着想，安排他在大約 14 歲那年（1856 年）隨同親戚陳藹亭轉到香港（張雲樵，1987）。當然這安排可能亦有讓他得到更適合的學習環境及將來有更好的發展等目的。

在香港安頓下來後，伍廷芳入讀聖保羅書院，[2] 並在學校要求下信奉了基督，這點相信造就了日後和何妙齡的婚姻。相對於家鄉

2 該校於 1843 年由史丹頓牧師（Rev. Vincent Stanton）牽頭籌建，但位於己連拿利的校舍到 1850 年才落成，1851 年開始招生，學生只有九人（聖保羅書院同學會，2016），伍廷芳那時遠道而來，相信與家族在香港有一定關係。

1914 年，伍廷芳出版英文著作 *America Through the Spectacles of an Oriental Diplomat*（1915 年再譯為《美國視察記》），收錄了伍廷芳在不同時期對美國社會文化、商業及日常生活等觀察。

的八股教學，在聖保羅書院的西式學習方法，顯然讓伍廷芳大開眼界，並大大提升他的學習興趣，其英文成績更是表現突出。不能忽略的是，儘管中國傳統教育有其死記硬背的一面，但相關的基礎訓練，令伍廷芳的中文打下堅實底子，讓他能夠掌握中英雙語——能聽、能講、能讀、能寫，[3] 成為當時少有的中英均精通的人才。[4]

3　有關伍廷芳的語文能力，可參考 1914 年他出版的英文著作 *America Through the Spectacles of an Oriental Diplomat*（1915 年再譯為《美國視察記》），該書收錄了伍廷芳在不同時期對美國社會文化、商業及日常生活等觀察。

4　一個有趣的現象是，若然孩子年紀小時不學中文，只學英文，到年紀大了再學中文，甚少能夠學好中文，講或者不是問題，但讀和寫則問題極大，何氏家族後代便是很好的說明，具體情況參考本書其他章節。

經過五年辛勤努力學習，[5] 到 1861 年，年屆 19 歲的伍廷芳踏出校門，初時在「臬署」（即現今的高等法院）充當翻譯工作。從法庭這個要求極精準用語的地方，竟會聘用剛畢業的中學生，最能說明當時翻譯人才的缺乏。在求學時期，伍廷芳已有翻譯西方資訊以供稿《中外新報》的兼職，賺取外快，他擔任高等法院翻譯期間，相信仍有繼續這份兼職以多儲些錢。到了 1864 年，即伍廷芳踏出社會三年後，他與何妙齡共諧連理，婚禮相信採用了基督教儀式（張雲樵，1987；丁賢俊、喻作鳳，1993；Pomerantz-Zhang, 1992）。

雖然接受西式教育，但伍廷芳與何妙齡的婚姻，相信並非自由戀愛結合，因伍廷芳本人曾說中國傳統婚姻安排——即父母之命媒妁之言的指配婚姻——屬不錯的制度，揭示他並不抗拒，樂意把人生大事交由父母作主。至於他們父母為子女選擇配偶的考量，除兩家的家勢財力外，宗教信仰相信亦是重要條件之一。因為不少基督徒都抱有不能與非基督徒結婚的觀念，而這樣的堅持，源自於保羅說：「你們和不信的原不相配，不要同負一軛」（哥林多後書 6 章 14 節），而何福堂身為牧師，相信會更希望能將自己的子女交付給有相同信仰的人手中。其時香港華人社會圈子不大，已屆適婚年齡又有宗教信仰的良家子女相信更是少之又少（鄭宏泰、黃紹倫，2010）。

5　據張雲樵記述，求學期間的伍廷芳，可能透過陳藹亭與《孖剌西報》（*The Hong Kong Daily Press*）的關係結識了該報社長孖剌（Yorick J. Murrow，華人社會亦以社長之名稱呼該報），建議他應針對當時香港沒有中文報紙（當時雖有《遐邇貫珍》，但屬月刊，並非日報），而該報則為政府出版政府公告中文版的優勢，出版中文報紙。建議獲得接納，令《中外新報》於 1858 年面世，成為香港乃至中國的第一份中文報紙，伍廷芳則「課餘公餘的時間迻譯西報，以供《中外新報》資料」（張雲樵，1987：39），而此點則揭示年紀輕輕的伍廷芳，不但具有敏銳的商業觸角，亦對西方資訊甚為渴求，尤其希望讓自己的國民能夠有所了解知悉。

兩家能結為秦晉之好，很大可能是早於馬六甲時期已有接觸交往，雙方都清楚對方背景有關。

伍廷芳和何妙齡結婚後，仍繼續其在高等法院的正職與閒時為《中外新報》翻譯的兼職。不過由於成家後的生活開支有增無減，伍廷芳當時還兼職為學生補習英文，其中一位補習學生便是日後成為何啟摯友的胡禮垣（胡禮垣，1920；張雲樵，1987），這種身兼多職的生活持續至 1870 年，伍廷芳獲升任為「巡理廳」（Police Magistracy, 類似現今的裁判司署）的首席翻譯，薪金提升了不少。隨着工作量及責任的增加，他亦更專注新崗位的工作，表現十分勤奮（伍朝樞，1922）。

1871 年，何福堂去世，名下巨額遺產理應按其遺願分配給五子五女。但從日後家族的連串爭產官司看來，這筆遺產並沒有落入子女手中，而是由其母黎氏管理及控制，由她支配並決定如何使用。由於何福堂死後一家沒其他收入，加上當時仍有子女未成年，黎氏相信採取了最保守的理財策略：不再作任何有風險的投資、在不動用本金的情況下靠收租過活。由於未能取得遺產，兩夫婦的生活條件應沒有大提升。

不過，伍廷芳顯然不是一個甘於平淡，長期屈居人下而無所作為的人，他應有更強烈的事業野心與抱負，而何妙齡亦覺得丈夫的前途應有更大發展空間，故他們做了一個極重要的決定：伍廷芳辭職重返學堂，遠赴英國深造，攻讀當時尚未有華人在英國修讀過的法律專業（張雲樵，1987）。他們在那個時刻有此決定，相信與何福堂的遺產，以及何妙齡胞弟何啟亦踏上了自費留學英國之路有關（參考下一章討論）。

如前文所述，伍廷芳與何妙齡婚後的財政狀況一直未算寬裕，伍廷芳甚至一度要打三份工以維持家計，至他升任首席翻譯生活才有所改善。但由1870年至他離港負笈英倫的1874年，短短幾年間基本上沒可能積累到足夠的學費及生活費。故很大可能是何妙齡獲悉自己可分得部分遺產後，主動與母親情商，願意用自己名下可得的財產支持丈夫放洋海外，請母親讓她先提取部分金錢。可能是何妙齡游說有方，而黎氏亦認同伍廷芳的才幹，加上之前黎氏亦願意出資讓何啟留學，反映她認同讀書或學位的重要性，最終答允出資，故有資料指伍廷芳留學獲何黎氏大力支持（Pomerantz-Zhang, 1992）。

值得一提的是，滿清皇朝自連吃兩次鴉片戰爭敗仗並需簽訂不平等條約後，於十九世紀六十年代在痛定思痛下，推行了「洋務運動」，藉學習「西洋之長技」以自強。可是，由於當時社會極為缺乏精通中英雙語並有現代知識的人才，洋人充當翻譯或中介者又多不可信，欠缺政治忠誠，身為領軍人的滿清重臣李鴻章接納了中國首名耶魯大學畢業生容閎的建議，以公費作支持，於1872年起逐批派出「留美幼童」赴美國接受教育，學習西方知識（錢鋼、胡勁草，2003；鄭宏泰、周振威，2006）。

由於選拔「留美幼童」的年齡有上限，那時已屆30歲的伍廷芳自然因年紀太大而不合資格。但他及何妙齡顯然覺得到海外「浸鹹水」，取得專業資格，有助事業的發展，可以更上層樓，所以仍決定自費留英。事實上，這確實是一項十分正確而一舉多得的投資，日後伍廷芳事業的扶搖直上，與這次留學深造所積累的人力與社會資本關係極大。受資料所限，我們無法確定何妙齡有否一同赴英，但她一心為夫，把私己投資到丈夫專業教育之上，這份濃情厚意無疑相當難得，也令伍氏極為感動，故兩夫婦的感情因此更加穩固，就算日後碰上巨大困難或不幸，二人亦能互相尊重互相扶持，歷久而彌堅。

丈夫學成返港的事業迅速上揚

由於本身聰慧過人，又精通英語，加上在法院的多年工作經驗，伍廷芳到英後成功通過基本考核，獲倫敦著名的林肯法律學院（Lincoln's Inn）取錄，開始了嚴格刻苦的法律專業訓練（伍朝樞，1922）。由於自覺年紀已不輕，失敗再沒回頭路，伍廷芳認真把握這次讀書機會，故他較一般年輕人更有拼勁、分秒必爭，時刻不敢怠慢。由於他的能力，加上刻苦堅毅的學習態度，因此他的專業學識不斷增長。而課餘生活讓他有接觸英國人和事的機會，亦令他對於西方的社會制度、經濟發展和民族興衰等問題有更深刻體會。

在法律學院就讀期間，滿清駐英公使郭嵩燾得知伍廷芳精通中英雙語，正攻讀法律專業又成績理想，故特別邀約他會面，表面上是了解他的學習情況，實質是進行「摸底」。在言談中。郭嵩燾覺得伍廷芳具真材實學，一心想將他納於門下，為朝廷所用。不過，由於郭氏所能給予的職位和待遇並不十分吸引，故伍廷芳婉拒了這份工作。二人雖未能共事，但這次會面讓他認識了滿清第一位外交官，對他日後事業有一定助力。

Wu Tingfang (1842-1922): Reform and Modernization in Modern Chinese History 封面，封面照攝於 1880 年，伍廷芳身穿大律師服。

寒窗苦讀約三年後的 1877 年，35 歲的伍廷芳通過了連番嚴格的法律考試後，成為首名獲得英國大律師資格的中國人，此消息在英國的精英階層受到廣泛關注。不過伍廷芳沒有久留，在取得這一榮譽後隨即收拾行裝，離英返港，與闊別多年的妻子何妙齡相聚。據說在返港的輪船上，伍廷芳更遇到了剛獲任命為第六任香港總督的軒尼詩（John Pope Hennessy, 任期 1877-1882），二人一拍即合，在漫長的航程中經常作深入交談，滿懷抱負想在香港大展拳腳的軒尼詩，應該相當欣賞伍廷芳的才幹與志向，之後更打破傳統，任命伍廷芳為香港首位華人立法會議員（張雲樵，1987），開創了香港華人參政的歷史。

據不同研究分析，軒尼詩由於為愛爾蘭籍而非大英帝國主體的英格蘭籍，長時期感覺受到歧視排擠，對殖民地統治的種族主義政策感同身受，所以較同情被統治的普羅華人，更認為對他們排擠、歧視無助政府的高效管治。另一方面，自進入十九世紀七十年代，隨着香港人口和經濟的急速成長，華人社會對經濟發展方面的貢獻逐步突顯出來，過去的高壓強硬政策顯然已不合時宜，必須調整（Pomerantz-Zhang, 1992）。至於軒尼詩與伍廷芳巧遇，配合天時、地利等因素，故二人能夠一拍即合，令殖民統治政策出現重大轉變。然而，為甚麼歷史會選中伍廷芳？這是過去研究中甚少提及的人和因素。若深入分析，會發現他能獲軒尼詩重用，除了個人能力外，更重要的，是他的政治忠誠能獲殖民地政府甚至殖民地部的肯定，而他之所以能獲信賴，當然與他身為基督徒及何福堂長婿這兩項人和因素有關。

事實上，當時殖民地政府的高層領導與教會領袖多有往來，亦對之較為倚重，因為一來傳教士多通中英雙語，可作殖民地政府與華人社會的中間人；其二覺得宗教宣揚福音，有助維持社會穩定。伍廷芳的外父何福堂與不少教會領袖如理雅各、史丹頓、湛約翰等相交，加上何福堂身為牧師，為傳教盡心盡力，甚至為建教堂一事積勞成疾，英年早逝，那些教會領袖難免會對其子女後代多加提攜眷顧，伍廷芳自然亦受惠於外父深厚的宗教資本。而他本人早已皈依基督，又有亮麗學歷，種種重要的人和因素加起來，令他可以在那個關鍵年代突圍而出，獲殖民地統治者的接納，將名字刻鏤在香港歷史上。

殖民地政府對吸納華人精英進入建制其實有一套嚴格的規限：

首先要確定他們精通雙語，然後內部會對相關人士的學識資歷及背景資料進行審查，尤其重視他們是否可靠忠誠。通過後會將一些初階的工作任務交託他們，如讓他們出任一些較不重要的公職，當其表現符合預期後，再把更大更重要的工作交到他們手上（鄭宏泰，2020），伍廷芳在港參政的道路顯然亦是如此拾級而上。資料顯示，1877 年，伍廷芳返港後即正式註冊為大律師並開始執業（Norton-Kyshe, 1971:261-262），殖民地政府亦於同年委任他為「考試委員」，負責協助政府部門聘請公務員，特別是那些牽涉華人的崗位。由此可見，雖然軒尼詩覺得他乃難得人才，亦只能先安置他到較低層階的位置。

伍廷芳任「考試委員」不久，他的父親去世，他便因要回鄉奔喪而暫停工作。不過，這波折並沒有影響他的仕途，或許是他在考試委員崗位上的表現十分突出，又或是其背景令政府十分滿意，一年後（1878 年），他再獲任命為太平紳士（Justice of Peace），乃第一位華人獲得此項銜頭，這亦標誌着經過嚴格考核後，殖民地政府覺得他可以信賴，將對他交託更多重任。不過，仍有一道玻璃天花是華人不能越過的，如在 1879 年，時任律政司（律政部門首長）因事返英時，據說軒尼詩曾將伍廷芳放入遴選署任的名單中，惟此舉引起在港英人大力反對，擔憂華人進入管治核心會影響施政，軒尼詩最後只好作罷。

到了 1880 年，當裁判司署主管位置臨時出缺時，軒尼詩再次以伍廷芳性格隨和，才華豐富，在華人社會深得敬重的理由，向殖民地部提出由伍廷芳署任的要求，這次可能由於職位相對較低，再沒招來強烈反對。不久，定例局（後來易名立法局，現今稱立法會）有議席臨時出缺，軒尼詩先委任伍氏署任，同樣反對聲音不多，後更獲英國方面批准，將署任變成常任（CO 129/204, 1880; CO 129/169, 1880）。以華人為主的香港社會，總算有了一名「代表」被挑選入立法局，不過由於勢單力弱，加上伍廷芳視野和取態恐怕不會太貼近普羅市民，故他在立法局的作用相信是裝飾多於實效。

從軒尼詩的信函看，早年的港督寶靈（John Bowring, 任期 1854-1859）曾獲殖民地部承諾，若然在華人社會中能尋得值得信任而深具才學者，可以委任入裁判司署，甚至吸納到殖民地政府的管治中，可見軒尼詩委任伍廷芳一事先已得到殖民地部大臣默許（CO 129/169, 1880）。無論如何，伍廷芳能在那時成為香港首位華人立法局議員，此一香港歷史性突破發展，自然在華洋社會引起了巨大迴響（張雲樵，1987；丁賢俊、喻作鳳，1993 及 2005；Norton-Kyshe, 1971:297; Pomerantz-Zhang, 1992）。

可以說，伍廷芳能進入立法局，獲得更多參與殖民地政治的機會，既有本身的優勢，亦有社會發展的現實需要。無論如何，有了伍廷芳以「華人代表」身份進入立法議會殿堂之後，儘管殖民地管治和決策模式基本上沒甚麼轉變，感覺上雖予人較為開明、願意聽取華人聲音的印象，至於實際能發揮的作用則存疑。不過，更令人大感意外的是，伍廷芳甚至沒有時間證明華人議員的作用，便在任期中段突然離港及辭職，結束其只有兩年左右的議員生涯。對於伍廷芳在事業如日中天之際忽然「消失」，自然引起不少猜疑，及後有消息傳出應與其夫妻和小舅何添的投資失利有關。

改變跑道的另闢人生舞台

自 1877 年取得大律師資格開始在港執業後，事業迅速上揚的伍廷芳，成為當時華洋社會炙手可熱重要人物，何福堂家族自然亦與有榮焉。可是，就在他事業扶搖直上之時，香港房地產泡沫突然爆破，而他應受到極沉重的打擊，甚至影響他對事業的規劃。最後，在無可奈何下他只好改變跑道，與妻子何妙齡離開香港，轉到中國，投靠洋務運動領軍人李鴻章門下。

在了解伍廷芳與何妙齡接續發展前，在此先略述香港房地產市道急跌的因由，以及他們如何牽涉其中。由於香港島乃彈丸之地，山多平地少，殖民地政府又長期壓抑土地供應，加上華洋居住區有諸多有限制等，太平山（即現今的上環一帶）房地產炒賣一直甚為熾烈，之前何福堂能積累巨額財富，相信便與炒賣或投資房地產有關。但亦有人因此由富轉貧，例如開埠初年的大地主盧亞貴，便曾因地產泡沫爆破而走上破產之路（鄭宏泰、鄭心翹，2018）。可見當年參與地產投資的風險之高。

何福堂去世後，雖說遺產大部分由黎氏掌握，但相信何神賜和何妙齡等子女可能均獲得一點資金，而他們似乎亦遺傳了何福堂的投資喜好，鍾情地產買賣。而伍廷芳執業當大律師並加入立法局後，相信收入亦隨身份上升而水漲船高，甚至有人會主動親近，借助其名氣增加自己的商業信譽。無論伍氏夫婦的資金是從何而來，均有資料顯示他們積極參與房地產市場的買賣。

經歷開埠二十年的摸索前進後，在第三個十年時，香港經濟開始錄得持久而較大幅度的增長，加上移民人口湧入的速度加快，房地產市場因需求大增導致價格持續攀升，不少新富華人華商由於察覺到香港地少人稠、經濟前景看好等因素，認定房地產市場仍會只升不跌，不少人均狂熱地投入其中，大有「不怕買貴，只怕買不到」的狀況。

這時房地產買賣的特殊現象是，出售一方多為洋人洋商，買入一方多為華人華商。另一特點是，由於地皮物業價值大，買賣時一般不是一次過付款，銀行亦沒有今時今日般的大額借貸，只能是友好或生意夥伴的合資，集眾人之力共同炒賣。然而，就在樓價節節上揚之際，有消息指英國政府將會派專家到港，調查公共衛生狀況，並可能會清拆那些不符合西方標準的華人屋宇。受到這一消息刺激，物業地產價格應聲急跌，令參與炒賣者蒙受巨大損失。何妙齡和伍廷芳、[6] 以及何妙齡兄弟何添相信亦同遭滑鐵盧，甚至有機會欠下巨債，令伍廷芳於 1882 年被迫放棄立法局議席，黯然離港，與何妙齡轉到上海生活（鄭宏泰、黃紹倫，2006）。

為何投資失利的伍廷芳在當時會想到北上另找出路？原來早自英國學成返港時，他已與統領洋務運動滿清重臣李鴻章有過一些接觸，而伍廷芳對西方法律和社會的深厚認識，讓李鴻章大為欣賞，覺得乃洋務運動用人之際不可多得的人才，多次想招攬他為幕僚，提供法律與對外交涉等專業意見，只是伍廷芳覺得李氏提供的職位

6　由於伍廷芳本身執業事務繁忙，公職不少，相信他直接參與投資的機會不多，反而尚未生育的何妙齡則一直只在家中做少奶奶，所以相信有關投資買賣由她主持打理。

伍廷芳肖像。

及待遇未見吸引，不為所動，寧可選擇在香港執業。但當他們夫婦在地產投資嚴重損手，為免出現債主臨門身敗名裂的醜態，伍廷芳不得不改變主意，北上投靠李鴻章。

從資料上看，伍廷芳於1882年北上後，立即獲李鴻章收納為門下幕僚。這一破格任命，其實意義重大，因為這是首次有人不用參加科舉，便能在滿清朝廷為官（張雲樵，1987），讓伍廷芳人生履歷中添加多一個「第一」（或「突破」）。他的官階則是前所未有的「南洋大臣和北洋大臣的法律顧問」（Legal adviser to the Superintendencies of Trade for the Northern and Southern Ports），同時又是「天津衙門秘書」。雖然這個位置與伍廷芳心目中所要求的目標仍有距離，但亦算不錯了，畢竟他已沒更佳出路，只好騎牛搵馬，暫且為之了（張雲樵，1987：101-102）。

由於所學所長確實乃當時洋務運動所需，伍廷芳在這個新舞台上自然有了更大的發揮。如在 1883 年，法國政府因越南問題挑起事端時，[7] 他協助李鴻章認清國際及外交形勢，令李氏能更順利與法國政府周旋，維護了大清的利益。另一重要例子是 1885 年，當李鴻章與日本伊藤博文談判朝鮮問題時，擔任翻譯工作的伍廷芳原來與伊藤為英國求學時期的同窗，彼此間早有交往，所以能事先了解到對方的意圖和底線，協助李鴻章爭取較好條件簽訂《會議專條》（又稱《天津條約》或《朝鮮撤兵條約》）（張雲樵，1987；丁賢俊、喻作鳳，2005；張禮恒，2008；Pomerantz-Zhang, 1992）。由於伍廷芳的專業才能及實質貢獻，令李鴻章對他的信賴和欣賞也日增。

無法生育的人生憾事

伍廷芳在李鴻章麾下的事業不斷發展，陸續幹出成績的同時，他卻因一事感到十分焦慮，那就是他與何妙齡結婚已近 20 年，但仍未誕下血脈，膝下猶虛。面對無後的困擾，伍廷芳自然會覺得相當沮喪擔憂。據說他曾向好友王韜吐苦水，而王韜曾勸告他以納妾解決這個問題（Pomerantz-Zhang, 1992: 76），因為在當時，絕大多數官

7　據說伍廷芳精通法文（張雲樵，1987），此點很可能亦有利他與法國官員的溝通與斡旋。

員都是三妻四妾，以納妾解決無後問題亦符合傳統倫理觀。不過，伍廷芳沒有採納這一建議，原因相信與何妙齡反對，以及二人均為基督徒有關。由於基督信仰認為婚姻是神聖的，是神設立的，承諾夫婦甘苦與共，無論環境順逆、疾病健康，終生不渝，並須恪守一夫一妻的原則。[8] 而且，何妙齡願意拿出私己支持丈夫負笈英倫，伍廷芳在情在理都不能罔顧妻子感受，強行納妾。

對何妙齡而言，婚後無所出一事，相信她較丈夫更感憂心和恐慌，也更受煎熬。因為她一方面成長於較西化的家庭，長時間受宗教思想薰陶；但另一方面她又受傳統三從四德、無後為大等思想影響，兩種完全相反的觀念在她腦內交戰。同一時間，她亦會擔心萬一丈夫真的納妾，她會落得「只見新人笑，不見舊人哭」的下場。故她應曾想盡方法，以求為丈夫延續血脈，但一直未能成功。直至她年屆 40 歲，確定無法親自懷孕生育時，為了丈夫繼後問題，相信絕望的她只能妥協讓步。

從資料看，在 1887 年 6 月 10 日，伍廷芳長子伍朝樞在天津出生，由於當時何妙齡已 41 歲，以當時的醫療條件，應該不會是她的親生子。有說伍朝樞是伍廷芳與一葉姓女子所生（Pomerantz-Zhang,

8　1913 年，有人發起成立的「中華民國家庭改良會」，在其章程中規定要「厲行一夫一妻制」，該會得到了孫中山、蔡元培、袁世凱等人支持，而伍廷芳亦是其中一位改良會的支持者。

1992: 76; 參考第八章討論），再交由何妙齡撫養，作為其兒子，[9] 而葉氏應是伍廷芳的妾侍或外室，因為據傳秉常所言，葉氏被稱為「伍少奶奶」（黃振威，2018：104-105）。惟伍廷芳納妾一事甚低調，外界知之者甚少。可能是伍廷芳為了顧及何妙齡的感受，又或是何妙齡堅持的交換條件，故在不知情者眼中，何妙齡仍是伍廷芳唯一的妻子。無論如何，伍朝樞的出生解決了伍廷芳無後之困，而何妙齡也放下心結，盡心撫養過繼到她名下的伍朝樞，將他視如己出。

伍廷芳不再為家務事煩心後，相信更專注工作，在政壇上的角色亦日見吃重，仕途有較大突破。在伍朝樞出生那年，他奉旨修築天津至塘沽的「津沽鐵路」，並出任中國鐵路公司總辦。修築鐵路乃洋務運動其中一個「發展重點」，伍廷芳獲派該職前對鐵路工程毫無認識，剛接手時難免有點忐忑。但後來他發覺自己的主要任務為籌集資金（貸款），引進技術，即是集中與列強談判、斡旋與交涉，由於這些都是他專長精通之事，故應對上仍游刃有餘。

1889 年，當伍廷芳為修築鐵路之事四出奔走，何妙齡專心在家照顧子女時，卻傳來伍廷芳母親余娜過身的噩耗，兩夫婦立即帶同子女返回家鄉新會親手打理喪事，伍廷芳更須按傳統辭去官職，留在家鄉守制三年（廿七個月），以盡孝道。在這段時間，兩夫妻沒有交際應酬，脫離繁華城市，在寧靜與傷悲中相守過日子，一家人也

9　日後，葉氏相信還為伍廷芳誕一或兩名女兒，分別為伍瑞細（英文名可能是 Daisse）及 Alichee（*South China Morning Post,* 11 April 1908），二人同樣交由何妙齡撫養，所以何妙齡名下有一子二女。

伍廷芳母親余娜之墓。（鳴謝：丁新豹教授）

有較多時間相處，以及照料和教導襁褓中的伍朝樞。

伍廷芳完成三年丁憂守制後，在 1893 年重返官場，並獲擢升為「北洋官鐵路局」總辦。不過，在當他埋首鐵路建設、努力完善管理規章時，滿清與日本的關係卻急速惡化。原來實行「明治維新」而改革成功的日本，由於綜合國力急升，有了向外擴張的野心，並欲染指滿清的藩屬國朝鮮，與滿清起了連串衝突，最終觸發了 1894 年的「甲午戰爭」。伍廷芳亦奉詔參與，主要負責後勤的軍火、軍餉及兵員運輸等事宜（丁賢俊、喻作鳳，2005）。

雖然當時滿清的艦隊實力不弱，但卻因軍紀敗壞及槍炮彈藥裝備不全之故被日軍打敗（陳偉芳，1959；郭廷以，1979；戚其章，1990），結果不只被迫簽下更為嚴苛的不平等條約——《馬關條約》，割地賠款，更標誌了洋務運動的失敗告終，滿清國力乃進一步滑落。在那場戰敗被迫屈辱求和的條約談判過程中，與伊藤博文有私交的伍廷芳，嘗試再次充當了斡旋溝通角色，與時任駐美公使張蔭桓和湖南巡撫邵友濂一同赴日，惟伊藤博文這次再沒給他面子，不但列出條件極其苛刻，姿態亦極盡欺凌（張雲樵，1987；張禮恒，2008）。經此一役，國人對滿清政府的腐敗無能自然極為不滿，反政府的思潮亦開始湧現。

進入晚年的仕途拾級而上

對於甲午戰爭之後的新時局，滿清朝野由起初的大為震驚，質疑洋務動成效，隨後則變得自卑，不少國人更視傳統文化如敝屣，要求推行全面西化的變革。與此同時，由於《馬關條約》給予日本太多利益，歐美俄等國家紛紛要求看齊，爭相向中國進行更熾烈的利益攫取，國家主權利權進一步遭踐踏。從某種意義上說，甲午戰爭後，時局出現了變化，伍廷芳及其家族的命運亦隨之改變，再一次證明家與國乃命運共同體的事實。

面對列強步步進迫，滿清朝廷清楚地認識到必須強化外交，了解不同國家之間利害關係，才能採取正確策略讓其互相牽制。由於伍廷芳在過去對外交涉中有突出表現，所學所長均又切合所需，加上他對西歐國家有深入認識，故在1896年，清政府任命他為出使美國、西班牙（屬地）、秘魯等國大臣，並賞給四品卿銜。即是說，伍廷芳獲擢升為駐美國和中南美洲多國公使（簡稱駐美公使）。

能夠獲朝廷重用，深感榮幸的伍廷芳在走馬上任前，於1897年2月攜同親人回新會省親祭祖。這次他們衣錦還鄉，自然在家鄉造成一場轟動，鄉親都奔走相告熱情接待。之後，伍廷芳夫婦回到香港這個第二家鄉，亦同樣獲得親友、港英殖民地政府官員及社會各界的熱烈歡迎，伍廷芳當年求學的聖保羅書院及一眾舊生們更大張旗鼓，設宴招待，場面盛大（*The Hong Kong Telegraph,* 27 February 1897；張雲樵，1987）。

一個相信沒太多人注意的問題是，妻憑夫貴的何妙齡，在伍廷芳赴美擔任公使期間，到底有否隨同旅居美國呢？正如前文曾提及，由於何妙齡長期保持低調，亦總是留在家庭這個私領域，沒有如一些名流太太們喜歡遊走於鎂光燈下，吸引傳媒眼球，所以極缺相關資料。但從一些片言隻字的報道，相信她應該有隨夫赴美，如有報章在介紹她時，指她「與夫經常外遊，足跡遍及海外」（travelled extensively abroad with her illustrious husband）（*South China Morning Post,* 21 June 1937）。而她伴隨伍廷芳離國出任大使夫人期間，雖沒站上前台做些「太太外交」，但肯定在日常生活中悉心照料丈夫起居，也在心靈上為丈夫作最強支援，讓伍廷芳能無後顧之憂。

擔任駐美公使期間，伍廷芳曾為在美國及中南美洲等地謀生的華人爭取公平待遇，減輕當地人對華工歧視，以保障他們的基本權益；同時，他又積極推廣清政府推行的政策，如曾為光緒皇帝與康有為的「戊戌變法」向當地政商界及社會作解說，尋求支持等。他其中一項深獲肯定的政績，是於1899年能與墨西哥簽訂一份較平等的條約，而非如自1842年以還其他各項條約般，喪權辱國、任人魚肉（張禮恒，2008）。

作為駐外公使，重點工作除了爭取得到別國的平等對待、保護僑民、向外推廣商貿往來外，他也致力宣揚中國文化，增加外國人對中國文化的了解和認識，提升他們對華人的好感及信任。故伍廷芳經常在不同場合公開演講，親述中國的風土人情及文化特質，又曾在大小媒體報章上撰文，解釋滿清政府的一些政治立場與主張。例如義和團事件發生後，西方對中國人民與中華文化的反感大增，他即努力向美國政界及人民解釋事情爆發的始末：中國人因為面對極多欺凌，才會產生強烈的抵制情緒。伍廷芳的演說講稿、對美國社會的觀察及其撰述的文章，最後更結集成書出版（Wu, 1914；伍廷芳，1915），從中可見他雖是弱國的外交官員，但仍在艱難中以不亢不卑的態度，奮力為國家爭取最大利益。

到了1902年，伍廷芳任期屆滿且已年過60，他與家人一起返國，並獲清廷授為鴻臚寺卿，兼商部左侍郎，以肯定他對外公使的工作表現。而慈禧太后自義和團事件招來八國聯軍火燒圓明園後，終於痛定思痛，願意親自推動變革，希望挽滿清皇朝的狂瀾於既倒。其中，法制改革是極重要範疇，身為法律專業，深具外交經驗的伍廷芳則再獲交託重任，與同屬法律專家的沈家本獲任命為修律大臣，主持法律改革。[10]

10　除了肩負繁重的修訂法律工作，伍廷芳還在1904年獲兼任外務部右侍郎，並曾以此身份出任國際保和會公斷議員，在國際政壇發揮影響力。

推動修訂法律期間，伍廷芳一方面因應國家法律人才缺乏的關鍵問題，於 1905 年奏請設立法律學堂，培養法律人才，獲朝廷接納，此點為日後落實法律改革發揮極重要作用；另一方面又奏請朝廷，廢除那些過於嚴厲且極不人道的法律，以更切合文明社會的需要（*The Hong Kong Telegraph,* 16 May 1905）。經過連番努力，由伍廷芳與沈家本牽頭編修的《大清新編法典》及《大清現行刑律》於 1906 年完成，這兩部法律典籍，為中國走向現代法律體制奠下極重要基礎，至於二人在中國法制發展上的地位或貢獻，亦因此深得各界肯定（楊鴻烈，1930；瞿同祖，1996）。

正因主持修律一事表現突出，伍廷芳於 1906 年獲調任刑部右侍郎，官至正二品。翌年再獲派充出任美、墨、秘、古四國公使之職，因此要再次攜同家眷踏出國門前赴美國（*South China Morning Post,* 5 November 1907；伍廷芳，1915；張雲樵，1987；張禮恒，2008）。與上次出任公使的行程相若，伍廷芳這次亦是先回到家鄉省親祭祖，之後再踏足香港，與這裏的親友和昔日同窗知交等聚首，至於聖保羅書院、何啟、何東和港英殖民地官員等也先後設宴款待（*South China Morning Post,* 13 November 1906）。

同樣地，有關何妙齡等家屬隨行赴美一事，文字紀錄極缺，惟其中一則新聞簡略報道則揭示了隨行其實「人多勢眾」。據《南華早報》報道，伍廷芳的隨行人員多達 72 人，當中除了駐紐約、三藩市、墨西哥和哈雅那等中國大使，還有3名姪甥、[11] 3名秘書、7名隨從，以及22名被挑選到當地留學的學生，報道還補充指伍廷芳夫人（何妙齡）、兒子伍朝樞和兩名養女（Daisee and Alichee）則會在華盛頓和伍廷芳會合（*South China Morning Post,* 11 April 1908）。由此可見，雖然何妙齡及子女等沒有與伍廷芳同行，但他們應有到美國與之會合，一起生活。這亦符合前文提及何妙齡「與夫經常外遊，足跡遍及海外」的敘述。

由於這次已是第二次出使美國及中南美洲了，不但在當地擁有不少人脈關係網絡，亦對外交工作十分熟識的伍廷芳，自然更能揮灑自如。在任期間，伍廷芳在保護當地華僑及爭取中國平等地位方面取得一定成績，例如於1909年與秘魯採取排華政策作果斷交涉，促使對方改轅易轍，雙方簽訂了《中秘廢除苛例證明書》，維護了中國人的尊嚴和地位（張禮恒，2008）。

到了1910年，伍廷芳任期屆滿離美，取道歐洲再經香港返國。他之所以要繞地球近一個圈，一來是到歐洲訪友聚舊，二來是妻子何妙齡早前在香港出資捐建的「何妙齡醫院」，於1906年落成並由時任港督彌敦（Mathew Nathan, 任期1904-1907）主持開幕儀式，投入服務後（*The Hong Kong Daily Press,* 21 July 1906），他未曾踏足，那時重回香港，自然專程前往參觀，了解運作情況，以示支持（*South China Morning Post,* 21 May 1910）。

11　其中一人相信是何妙齡胞弟何祐。

伍廷芳在香港停留不久即北上，不過，相信是察覺到當時滿清皇朝已危如纍卵，他進京銷差的同時稱病請假，然後回到上海休養。期間，據說自稱「觀渡蘆老人」，沉醉於靈學研究，主張「集旅滬中外明哲之士，立天人明道會，冶儒佛耶回諸教精義於一爐」（張禮恒，2008：353）。他甚至加入了「天人明道會」，致力於靈學與通神學之研究與推廣。這與他早年信奉基督的信仰明顯有異，亦與一直是虔誠基督徒的何妙齡截然不同。

為何伍廷芳的信仰會在晚年出現如此大的轉變？研究者各有主張。但無可否認，沉醉靈學研究與稱病離職一樣，為他提供了一個合理原因可以跳離滿清皇朝這艘快將沉沒的破船。他在潛居期間，曾向朝廷上奏，抨擊朝廷抱殘守缺，言論和舉動無疑有傾向反清革命力量的色彩，亦可說表達了對革命黨人的同情與支持。1911 年 10 月 10 日，辛亥革命的槍聲在武昌響起，其他各省各地隨即響應，宣佈脫離滿清統治，滿清無力鎮壓迅速崩亡。

在清朝為官時的伍廷芳，其實一直並不支持革命黨人的作為，甚至曾配合清政府追捕革命黨人（張雲樵，1987；Pomerantz-Zhang, 1992），但到光緒和慈禧去世、溥儀上台後，他的想法顯然有所改變，而這改變可能與何妙齡的弟弟有關。原來革命黨領軍人孫中山與伍廷芳的妻弟何啟亦師亦友（參考下一章討論），關係深厚，伍廷芳與孫中山應早有往來。到滿清氣數將盡時，他表現出同情並支持革命黨人的態度，相信應早與孫中山暗通款曲並獲接納其投誠。

伍廷芳能洞悉先機，故在關鍵時刻能夠華麗轉身，在革命黨尚未取得全國控制權時，他已無需再「養病」，於 1911 年 11 月初出任滬軍都督府外交總長，這亦進一步揭示他與革命黨人早有聯繫。當然這亦反映其才能與識見在同代人中甚為罕有特出，故新政權才會不計較他是舊朝權貴，仍然委以重任。再踏政壇的伍廷芳第一項重要任務，便是代表南方政治力量（以孫中山為首）主持了歷史上的「南北議和」會議，與北方政治力量（以袁世凱為首）代表人物唐紹儀談判，爭取對方支持革命，結束滿清帝制統治。另一方面，伍廷芳則利用本身與英美等國的深厚關係，以英文在外國媒體上發表文章，爭取歐美等國家支持革命黨人的革命事業。不但如此，他自己還上書朝廷，力勸清帝及早退位，減少流血衝突，而結果則是一如所願的有了溥儀退位的結局，滿清皇朝覆亡，中華民國成立（郭廷以，1979；張禮恒，2008）。

總結而言，進入晚年階段，當個人仕途不斷上揚之時，滿清朝廷卻因連番變革無法擺脫困局而迅速滑落，至於眼光銳利的伍廷芳顯然察覺到巨變在即，於是及早採取了行動，逃離將要沉沒的滿清皇朝，投身氣勢如虹的革命隊伍。一般情況下，要作政治立場上的改轅易轍極不容易，風險亦極為巨大。伍廷芳能夠在那個關鍵時刻成功完美轉身，令他可以避過滿清皇朝崩潰帶給個人及家族的衝擊，也能在新政權建立之時充當重要角色，讓個人事業可以再發光芒，家族亦能保持發展活力。

民國草創的續發亮光

自 1882 年左右在清廷為官，到 1912 年清室覆亡、中華民國創立，吃了滿清 30 年俸祿的伍廷芳，那時已年過七十了。在那個「人生七十古來稀」的年代，告老還鄉，順勢退下火線應是十分自然之事，年紀較伍廷芳小近 20 歲的周壽臣，便是在那個歷史時刻選擇告老返鄉，回到香港（鄭宏泰、周振威，2006）。然而，伍廷芳自覺身體仍然十分健康，又擁有不容低估的政治能量，最後沒有選擇淡出政壇，而是在那個政局紛亂的時刻，決定再下一城，憑個人政治與社會地位繼續發光發熱，令仕途更上層樓。

1912 年 1 月，國民黨在南京成立臨時政府，伍廷芳因其法律專家的名望獲任命為司法總長，惟他在此職位只待了三個月左右，到 4 月時便掛冠而去，有說法指與輪船招商局改組引來爭拗有關（張金超，2014）。而他的應對策略是再次隱居上海，把時間投入於早年已觸及的靈學研究（*South China Morning Post,* 2 December 1909; 13 July 1922），但他顯然仍甚為關心政局發展，其對外言論不時流露對孫中山領導的不滿。事實上，中華民國草創之時，不同勢力各懷鬼胎，手握軍權的袁世凱尤其野心勃勃，最後孫中山讓出總統大位於袁世凱，以爭取他支持革命迫令溥儀遜位，結束滿清統治（郭廷以，1979）。

不過，登上總統寶座的袁世凱很快便露出了稱帝的野心，一心想復辟帝制，故不斷在明在暗間整肅革命黨人，並於 1915 年 12 月 12 日宣佈恢復帝制，建立家天下的帝國，改元洪憲。以孫中山為首的革命黨人自然極為憤怒，群起圍攻。在這段政壇爭鬥激烈的時刻，伍廷芳由於沒有官職在身，並沒有捲進其中。他每天埋首案頭著書立說，並在 1914 至 1915 年間先後出版了《中華民國圖治初議》及《美國視察記》等書，前者以中文書寫，提出個人治理國家的構想；後者以英文書寫（後有中文翻譯版），介紹美國社會之餘亦比較中美的文化差異。儘管如此，伍廷芳對袁世凱開歷史倒車之舉畢竟十分不滿，所以曾在 1916 年 4 月致函袁世凱勸告他出國，把權力交還革命黨人（張禮恒，2008）。同年 6 月 6 日，袁世凱病逝，洪憲帝制也早在 3 月底壽終正寢，中國皇朝帝制至此劃上了真正的句號。

袁世凱一死，革命黨人與袁世凱追隨者展開了另一波的政權爭奪戰，伍廷芳在這樣的政治環境下於 1916 年底獲任為中華民國外交總長，並隨即上任。可是次年，因時任大總統黎元洪與國務總理段祺瑞政治角力升級，更爆發了俗稱「府院之爭」事件（郭廷以，1979），伍氏乃辭去外交總長之職。同年 5 月，他獲委任為代理國務院總理，掌管全國政務。惟這一代理職務同樣為期不長，並在 6 月中因反對張勳復辟再次辭去職務，同時憑其影響力致函國際媒體與領事館，要求國際社會不承認張勳領導的北洋政府，所以哪怕稍後他再獲任命為外交總長，亦沒有赴任（丁賢俊、喻作鳳，2005；張金超，2014）。

針對當時政治鬥爭惡化，北洋政府又肆意踐踏早前訂立的《臨時約法》，孫中山於 1917 年 7 月發動護法運動，組成了中華民國護法軍政府（郭廷以，1979），伍廷芳亦是其中一員。他於同年 7 月獲任命為護法軍政府政務總裁，後又兼任財政部長及廣東省長之職，可謂集權一身，責任重大。當然，由於那段時期地方軍閥割據嚴重，政令極難下達，能夠幹出成績的空間自然極為有限。

1919 年，歐洲舉辦第一次世界大戰結束後的巴黎和會，北洋政府派出了陸徵祥等赴會，南方護法軍政府則派出了伍廷芳兒子伍朝樞為代表，爭取表達護法軍政府的立場。中國代表在和會上雖據理力爭，可惜未能成功為中國爭取應有的戰勝國地位和待遇，原本戰敗的德國應將山東半島的利益歸還中國，但在英美等國偏袒下卻轉讓予日本，引起了國人強烈憤怒，觸發一場波瀾壯闊的運動——「五四運動」（郭廷以，1979）。作為資深外交官，伍廷芳一直認為對德日的交涉必須據理力爭，堅持到底，不能退讓。

中華民國草創期的政局無疑極為混亂，手握軍權者為着一己野心而明爭暗鬥，廝殺不斷。在南方，就算組成了護法軍政府，但不同勢力之間同樣刀來劍往，面和心不和。舉例說，桂系的岑春煊和陸榮廷等表面附和孫中山，實際圖謀割地自立，伍廷芳便曾公然批評他們為偽護法、真獨裁。為了處理各種陽奉陰違或只顧一己、不理大局的勢力，伍廷芳於 1920 年親赴上海，與孫中山等政要會晤商討後發表聯名宣言，指西南軍政府為非法政府。11 月底，孫伍等人一起由滬轉粵，籌劃重組護法軍政府（張禮恒，2008）。

到了 1921 年 5 月，孫中山在廣州召開非常國會，組織中華民國政府取代護法軍政府，他本人則獲選為「非常大總統」，而伍廷芳則獲任命為外交部正部長，並兼任財政部長。此外，早前在法國巴黎和會表現突出的伍朝樞，亦獲外交部次部長之職，父子同掌外交部一事自然成為美談。伍廷芳更在孫中山離穗時署任其位，行使總統權力，反映他權力之大（郭廷以，1979）。

1922 年 2 月，針對日本佔領山東半島一事，伍廷芳通電國內外傳媒表示反對，表達了維護國土的堅決立場。同年 3 月，伍廷芳獲

中華民國十三年十二月廿一號　時報圖畫週刊

國民軍副司令之近影

國民軍副司令兼第三軍長孫岳之最近攝影

伍廷芳博士國葬典禮之攝影

留日女學生之榮譽

上圖右王季生女士左侯玉芝女士現肄業於日本京都同志社高等女學校本月八日日皇后親臨該校兩女士在御前誦讀日本名著「出於象牙塔」一文并解釋羅丹藝術論三段深受日皇后之讚美日本報紙均成盛載其事云

伍廷芳博士國葬典禮之攝影。（圖片來源：《時報圖畫週刊》，1924 年 12 月 21 日）

兼任廣東省長。到了 6 月初，黎元洪曾邀請伍廷芳入內閣，但遭拒絕。同月，一直對孫中山陽奉陰違，甚至意欲推翻孫中山領導的陳炯明，發動政變，孫中山避走珠江口的永豐艦，伍廷芳知悉後立即前往探望，商討對策。就在政局混亂之時，伍廷芳於 6 月 18 日突因肺炎入院，高燒不退，延至 23 日不治去世，享年 80 歲（*South China*

Morning Post, 26-27 June 1922）。

由於伍廷芳在中華民國的草創時作出了巨大貢獻，當時南方中華民國政府為他舉辦了極高規格的國葬喪禮，中外人士致祭者眾。遺體火化後骨灰一直寄存家中，至 1924 年 12 月正式落葬於廣州東郊的一望崗，與黃花崗七十二烈士墓園遙遙相對。此墓不但規模恢宏，更有伍廷芳的座像及孫中山所寫的墓誌銘，可謂極盡哀榮（*South China Morning Post,* 25 June 1924; 8 December 1924; 張禮恒，2008）。[12]

伍廷芳的人生無疑是波濤起伏，十分傳奇。生於馬六甲（或新加坡），童年長於家鄉新會，之後轉到香港求學，成家立室，婚後再獲妻子財政資助，負笈英倫，學成返港後一度投入香港政壇，叱吒一時，雖因財務問題敗走香港，卻又能憑法律專業與精通中英雙語的能力而在中華大地這個更為遼闊的政治舞台上發光發熱，無論在洋務運動、晚清外交或改革中，扮演着極重要的角色，甚至在滿清倒台後，他仍能以 70 高齡而獲起用，參與了中華民國的成立、南北議和、二次革命與南方軍政府等等重大歷史事件，令其個人及家族的名字深深地鐫刻在中國現代史上。

12 到了上世紀八十年代，由於原墓地一帶進行大型工程，該墓只好於 1988 年遷移至廣州越秀山中山紀念碑東面山坡（黃淼章、鄺桂榮。2011）。

夫及子去世後的退隱香港

伍廷芳一生的成就，除了個人努力及時勢使然，一直在背後默默支持的何妙齡肯定亦居功不少。但由於她由始至終都隱藏在家庭這個「私領域」，扮演着傳統妻子的角色，故外人極難察覺其作用。不過，從少量資料中看到何妙齡的行事安排，可以確定她絕非一名唯唯諾諾的傳統女子，她自有其能力、識見與胸懷。正因她這些不平凡的舉動，令她的名字至今仍未被香港歷史遺忘。

1922 年，面對結髮 58 年的丈夫伍廷芳突然離世，何妙齡自然十分傷心。喪禮過後，可能由於不願觸景傷情，加上獨子伍朝樞身為外交官員，需要經常往返各國，所以她沒有選擇「夫死從子」，留在國內養老，而是決定回到她出生成長的香港安度晚年。當時她已年逾 76 歲，返港後居於其弟何啟於九龍灣填海發展的住宅項目啟德濱（*South China Morning Post,* 27 June 1922; 18 June 1937）。雖然她晚年一如既往深居簡出，低調作風不變，極少在公眾場合出現，但其名字仍常見於報章，主要是因為她熱心公益，經常以個人名義捐出巨款有關。

伍廷芳自英國學成返港，除 1882 年疑因財務問題要北上另謀出路外，事業基本上是節節上升，加上在 1884 年獲分發何福堂遺產後（參考第五章何妙齡母親與子女官司部分），相信兩夫妻生活過得相當寬裕。何妙齡或許眼見父親積極進取的理財策略能成功保障家人，故她同樣並不會單純將錢財鎖進夾萬，反而會進行各類投資，讓錢生錢，故到了晚年，她應積累了一筆相當可觀的財富可供她隨心所欲去運用。她除了用於照顧家人外，亦選擇行善貢獻社會，支持社會公益。如在1929年，她捐贈了一筆金錢，幫助倫敦傳道會擴建位於般咸道的雅麗氏醫院（*South China Morning Post,* 5 February 1929），同時，又捐款支持中國基督教青年會（YMCA）在九龍窩打老道興建會所（*South China Morning Post,* 25 February 1929）。兩次善舉均吸引傳媒報道，故受到社會稱譽。對於何妙齡樂善好施，頻頻慷慨捐輸的舉動，劉粵聲有如下的讚頌：

> （何妙齡）捐資為善，計曾助香港合一堂建築費，英華書院學額費，大衿痳瘋院開辦費，其餘民生書院，灣仔福音堂，及重修那打素醫院等，皆捐巨資以勷厥成，其生平捐輸達二十萬有奇，可謂善用物力，積財於天者矣。（劉粵聲，1941：283）

到了1934年1月，何妙齡獨子伍朝樞去世，享壽未滿47歲（參考第八章討論），何妙齡白頭人送黑頭人，痛極之餘，相信對人生亦有更深刻的體味，更令她想到自己已年邁，要及早妥善安排名下財產。資料顯示，何妙齡於1934年8月10日立下主體遺囑，由Peter H. Sin & Co律師樓代勞，並指派孫婿何伯平、孫女伍礪瓊和男孫伍競仁三人為執行人與信託人，共同負責處理其名下物業及股票的資產。她以遺囑而非傳統方式分配財產，做法與其父親及早逝的胞妹何晚貴（參考第六章）一樣。但較特別之處，是除了遺贈大量財產給內外孫等，還慷慨捐出部分用於宗教及慈善公益事業上，所以劉粵聲（1941：283）補充指：「臨終遺囑，仍以產業收益，分濟貧乏，及資助各方醫院學校，一如平時。」

1934年8月23日，即主體遺囑定後十多天，何妙齡再透過Peter H. Sin律師樓為遺囑多加一項附件，內容主要說明她於丈夫伍廷芳、胞弟何啟及友人韋玉等 1888 年的一項土地投資（Memorial No. 15,974）[13] 中佔有一個比例的權益，並指示將那些屬於她本人的權益一同撥入其遺產之中。

至 1935 年 1 月 16 日，何妙齡再訂立另一份遺囑附件，這次的重點在於委派伍礪瓊夫婿馬惠文代為處理一個位於九龍城啟仁道的物業，見證人為楊杏喬和何麗微。而她這次是以中文書寫，並不是如前兩次交由律師樓代勞。再之後的 1936 年 7 月 19 日，何妙齡又以中文書寫形式訂立第三個遺囑附件，見證人為孫婿何伯平和姪兒何高俊，內容則在於說明丈夫生前遺留了四個物業，按其夫生前指示，她擁有三分一的權益，而這筆財產亦撥入她的遺產之中。當中較值得注意的，是她提及她本人在上海擁有「屋業共拾捌間」，[14] 並將之分配給伍競仁、伍慶培及伍繼先三名男孫（Probate Jurisdiction — Will Files, No. 401 of 1937, 1937）。

對於何妙齡在遺囑中提及的香港物業（不包括上海物業），港英殖民地政府的「遺產徵稅專員」（Estate Duty Commissioner）列出了一份清單，並作了估值（見表 1）。

13　此即啟德濱的龐大填海造地物業發展項目的其中部分，該項目後來「爛尾」收場，不少填海造地所得的地皮及財產被變賣，但仍有部分財產留了下來，何妙齡因而提及那些她應該擁有的權利；至於啟德濱的發展項目，日後則成為了啟德機場（Choa, 2000）。

14　何妙齡在上海物業的位置如下：孟立拉路 1423 號、1425 號、1429 號、1431 號、1433 號、1437 號、1439 號、1441 號及 1443 號共九間；愛多亞里丁 2 號、4 號、5 號、6 號、7 號及 8 號共六間；愛多利亞里 250 號、252 號及 24 共三間（Probate Jurisdiction — Will Files, No. 401 of 1937）。

表 1：何妙齡在遺囑中提及個人在香港的遺產 *

遺產細目	當時估值（元）
以何妙齡個人名義持有	
現金及流動財產	945.0
股票	
青洲英泥（160 股）	2,416.0
中華印刷及出版（40 股）	2,253.6
君德印刷（40 股）	1,000.0
國家商業儲蓄銀行（100 股）	250.0
元安蒸氣輪船（10 股）	200.0
物業	
永樂街 88 號及德輔道中 296 號屋	45,000.0
荷李活道 180 號及 182 號屋	20,000.0
蘇杭街 13 號及 15 號屋	30,000.0
啟仁道 95 號屋	20,000.0
以丈夫伍廷芳名義持有而何妙齡佔一定權益	
物業及地皮	
上海街 256 號及 258 號屋	36,000.0
廟街 107 號屋	7,700.0
廟街 125 號屋	6,000.0
新界第 1 區 2002 號、2205 號及 2206 號地段	3,000.0
啟德合作項目所佔權益	
光明街 3 號屋	11,100.0

* 以遺產總值計算，本表所列在香港的財產總值為 185,864 港元。但據《南華早報》於 1938 年 1 月 1 日的報道指，其總值約為 16.6 萬元（*South China Morning Post,* 1 January 1938）。無論哪一數字準確，其數目在那個年代而言，已實屬不少了。

資料來源：Probate Jurisdiction — Will Files, No. 401 of 1937, 1937。

1937 年 6 月 17 日，即何妙齡將名下財產仔細分配妥當的一年後，她在九龍啟德濱 1 號大宅中安祥去世，享年 91 歲。除其親屬友好甚為傷感外，她所屬的教會及曾受其捐助的組織亦致以深切哀

伍廷芳夫人妙齡何女士像贊。（鳴謝：中華基督教會合一堂香港堂）

悼。由於獨子伍朝樞在三年前已去世，喪葬儀式由三孫伍繼先、伍競仁、伍慶培負責，何高俊、何永元等親人協助，並由何琛瑜（Ho Sum Yu 譯音）牧師主持，中外賢達及社會大眾前往致祭者眾，極盡哀榮。完成各項儀式後，她的遺體在跑馬地錫克教火化場火化，真真正正地劃上了人生的句號（*South China Morning Post,* 21 June 1937）。

結語

無論從何角度，在那個變幻年代，生於香港的何妙齡，確實屬於時代新女性類別，原因不只是早染洋風、信仰基督，更有本身自幼讀書識字，走出了「女子無才便是德」的窠臼，並能獲得父親分配遺產，有了經濟上的獨立自主，加上她懂得投資，尤其是早年投放到丈夫負笈海外的專業教育上，又生財有道，能夠不斷積聚財富，於是可以「才財兼收」，讓自己可以掌握個人命運，活得精彩——儘管她的人生其實亦有遇到挫折與不幸。

尤其值得指出的是，對於個人一生積累的「身外之物」，何妙齡除了遺贈子孫親屬，還捐出不少部分作為宗教慈善之用，回饋社會，後者的行為，在那個民智未開的社會而言，無疑屬於高風亮節、極為難得。當然，細心一點看，何妙齡的各項捐輸，基本上以何妙齡的個人名譽進行。這樣的做法，一方面反映了財富積累來自她本人的努力，另一方亦彰顯了個人能夠獨立自主的條件，更進一步說明新時代女性因為識見提升、視野開闊，經濟與財政又能自立自主之下，既能活得自在、掌握自身命運，亦能以自己名字施善教化，讓自己留名後世。

第四章 醉心論政

何啟的醫法兩專和清風兩袖

引言

古今中外不少有關人生經歷的故事均十分清楚地指出，父親早逝或「缺席」，總會讓未成年子女吃盡苦頭、遭到歧視或欺負，二戰前香港首富何東及其諸弟何福、何甘棠、何啟佳等的故事，便是很好的說明（鄭宏泰、黃紹倫，2007）。心理學的不少臨床或實證研究發現，喪親會令未成年子女產生諸多心理、精神和情緒困擾，令其在生活、學習及與人相處等眾多層面上碰到不少問題，嚴重者更可能出現行為偏差。不過，父母早亡亦可能有令子女的性格變得堅強、心智趨向早熟等正面影響（Berg, Rostila and Hjern, 2016; Hoeg et al., 2018）。由此可見，喪親後子女能否獲得足夠的支援去面對傷痛，是他們往後發展的關鍵之處。

何啟在父親何福堂去世時才剛滿 12 歲，正進入青春期。對於天生聰敏又略通人情世故，並在逐步建立個人身份和性格的何啟而言，喪父的衝擊肯定極巨大。不過，這個打擊並沒有令他消沉喪志，幸好他天生樂觀積極，且甚有大志，所以能將傷痛化為發奮讀書的動力，令他不但能夠在學業上成績彪炳，亦為家族發展帶來更為巨大的突破。

由跳級皇仁到負笈英國

何啟，又名何神啟，1859 年 3 月 21 日生於香港，是何福堂的五子之一。綜合不同資料，童年時他應該在家中接受傳統教育，到 1870 年約 11 歲時，才被父母安排進入中央書院（即今日的皇仁書院）

接受西式現代教育。與今時今日的制度不同，當時皇仁書院採取彈性的收生及教學安排，學生不一定由一年級讀起，而是因應他們的英文程度安排入讀不同級別。例如若學生毫無英文基礎，則入讀最低的第八級；英文有一定水平者入讀第七、第六級，更佳的進入第五、第四級，如此類推。[1] 而何啟一入學便被收入第四級，不用從初階的「預備級」讀起，反映他的英文已達一個不錯水平。

當何啟入學第二年，何福堂突然離世。面對如此沉重的衝擊，何啟似乎找到了合適的方法去調適傷痛，並化悲痛為力量，故學業不但沒有受到負面影響，反而表現突出，由第四級躍升至第一級，即已到了預備升讀大學的級別（Choa, 2000）。單從他由 11 歲入學時讀第四級，一年後跳升至第一級的情況看，何啟顯然天資極聰穎，說他是「天才」相信也不會錯到哪裏去。事實上，他日後的學業和專業表現也一再表現出其過人之處。

13 歲時何啟已完成了皇仁書院的課程，成績驕人的他顯然不想浪費天賦，希望能繼續升學。但當時香港尚未有大學設立，而中國仍行科舉制，讀的是八股文，若何啟要繼續接受現代教育便只有負笈海外一途。1872 年，在母親支持下，他踏上了自費留學之路。不過，他沒有選擇倫敦這個較熱門的留學地點，反而到了蘇格蘭肯特郡馬格特鎮（Margate），先入讀 Palmer House School，以適應當地環

1　當時的學制是第一至第三年級為「高年級」（upper school），第四至第六年級為低年級（lower school），第七及第八年級則為「預備級」（preparatory school），主要是在學校接受英語教育，讓其可適應學校的英語教育（Stokes and Stokes, 1987）。

境及學習方式，並準備報考大學。

何啟之所以會入讀蘇格蘭的學校，原因相當明顯，因那裏是理雅各和時任皇仁書院校長史釗域（Frederick Steward）的家鄉，而理雅各的女兒 Mary Hawke 在何啟居英求學期間更擔任他的監護人（Bickley, 1997; Choa, 2000）。若非有他們的鼎力協助，為何啟打點安排，喪夫不久的黎氏應該不會放心讓年幼的兒子孤身到海外升學。而理雅各等人之所以願意為何啟出力，除了愛才，最重要的理由當然是何福堂臨終「託孤」。由此帶出來的清晰圖像是，哪怕何福堂已去世，他留下深厚的社會關係與宗教資本，仍深刻地影響着包括眾子女的人生路途。

何啟在 Palmer House School 讀了三年，全面打好了學業基礎，並在 1875 年考進當地著名的鴨巴甸大學（Aberdeen University）醫學院，[2] 攻讀醫科，並在 1879 年取得醫學士和外科碩士兩個學位，同時考獲臨床等醫學資格。然而，成績優異的何啟在取得專業資格後，卻沒有如一般人所預計走上懸壺濟世的執業行醫之路，或繼續鑽研醫學專科，而是令人大感意外地轉讀法律，並考進了姐夫伍廷芳曾入讀的林肯法律學院。

不少研究對何啟取得醫學專業資格後立即轉攻法律的做法甚為不解（Chiu, 1968）。其中有分析相信何啟當時掉進愛河，在愛人的

2 此大學亦是理雅各和史釗域的母校（Bowman, 2016）。

SIR KAI HO KAI, KT., C.M.G.

A photograph of Sir Kai Ho Kai in his younger days, taken shortly after his return from England. His career is dealt with in the "Old Hongkong" article.

穿着大學畢業袍的何啟。（圖片來源：*South China Morning Post*, 9 January 1934）

影響下有了新思維，故才會由醫學轉攻法律（Choa, 2000）。原來，當何啟在醫學院實習時，需要到温布頓（Winbledon）聖湯馬士醫院（St. Thomas Hospital）接受臨床訓練，其間結識了一位名叫雅麗氏．華克丹（Alice Walkden）的英國女子，並展開了異國情緣。生於 1852 年的雅麗氏較何啟長七歲，來自政治世家，其父約翰．華克丹（John Walkden）為倫敦布來克希斯鎮人（Blackheath），有說法指他乃英國國會議員，屬思想自由開放之士（*South China Morning Post,* 22 July 1914; Choa, 2000）。在這樣的家庭環境下長大的雅麗氏，相信亦具自由平等的觀念，否則不會戀上在白種人眼中較「低等」的黃種人。在她的影響下，年輕的何啟思想有所轉變亦不足為奇，而他日後熱心參與議政論政，活躍政壇，相信亦是於此扎下基礎（Choa, 2000）。

何啟在林肯法律學院修讀期間與雅麗氏訂婚，到了 1881 年 12 月，他 21 歲後不久，雖然尚未完成學業取得律師資格，但已急不及待與 28 歲的雅麗氏正式結成夫婦（*The Hong Kong Telegraph,* 27 February 1882）。由於當時社會對於華洋跨種族婚姻極為抗拒，華人男子娶洋人女子者極為罕見，兩人的結婚儀式相信並不十分張揚，否則必然轟動全社會，招來阻撓排擠。[3]

何啟能娶得心儀之人，在讀書時已心無旁騖，也更為努力，並在同年順利通過嚴格的法律專業試，取得法律學位。同時擁有醫學及法律專業的何啟並沒留在英國執業，而是如伍廷芳般決定返港發展。1882 年，何啟辭別外父，攜同妻子雅麗氏一同返回香港，希望憑其所學，在他出生成長的土地上大展拳腳。不過，他回港這年正是伍廷芳與何妙齡離開香港，轉到上海生活之時，由於姊夫不再是立法局議員，而兄長何神添亦欠下巨債，令他失去了不少來自家族的助力，再加上當時殖民地政府採取嚴區華洋的種族政策，視跨種族婚姻為洪水猛獸，他攜同英人妻子高調返港之舉，轟動華洋社會，因此令他的事業發展大受影響。

3　有分析指出，何啟與雅麗氏的華洋結合，可能是有紀錄以來第一宗中英之間的跨種族婚姻（Choa, 2000: 21-22），二人算是開風氣之先。

由跨種族婚姻到雙料執業

雖說何啟回港後不能獲得伍廷芳的幫助，但他貴為香港開埠以來第一位取得醫學及大律師的「雙料」專業資格的華人，連時任港督軒尼詩在 1882 年 2 月 7 日的立法局會議上亦曾提及年紀輕輕的何啟，指他具醫學和法律雙專業，相信回港後可作出更多貢獻（Governor's address at Legislative Council meeting, 7 February 1882），顯然代他作了很好的宣傳，打響了名堂。再加上父親何福堂生前積累下來的宗教資本與人脈關係又十分豐厚，如理雅各和莊士頓等在當時社會亦名聲和權位皆高，而何啟恩師皇仁書院前校長史釗域已是港英政府的總登記官，統管核心經濟及社會事務，按道理他已先拔頭籌，要在社會或政壇上大展拳腳應毫無難度，扶搖直上也是指日可待。

但偏偏令人大跌眼鏡的是，學歷與人脈俱備的何啟返港後卻沒有如當年伍廷芳般，立即獲港府垂青，也沒有甚麼公職向他招手，只在 1883 年 12 月獲贈太平紳士頭銜。何啟所以會坐冷板櫈的原因，一方面是時機的問題，因為對種族具較開放胸懷的軒尼詩去任，改由寶雲（George F. Bowen, 任期 1883-1885）接位港督，令香港一度稍為平等開明的種族政策不再。另一方面，相信是因何啟娶了外籍妻子惹來種族主義者的反感。儘管他們的跨種族婚姻在英國沒引起甚麼排擠，但他們返港後公開出現在華洋集結的場合，相信令奉行種族主義政策的殖民地政府甚為尷尬，而那些高高在上的英籍人士看到白人女子下嫁被視為「次種族」的華人男子，心內根深蒂固的優越感受到損傷，自然對其感到厭惡不悅，不願何啟及其婚姻成為社會焦點，甚至會從中作梗，故意窒礙何啟的事業發展。

雖然返港後事業未能平步青雲，但何啟夫婦在徐徐的日常中逐漸適應了香港的生活，也好好經營起自己的小家庭。雅麗氏到港後不久便懷孕，更令二人喜出望外，滿懷高興地預備新生命的降臨。不幸的是，在 1883 年女兒誕生後不久，[4] 雅麗氏患上傷寒，可能再加上對香港氣候水土不適應，結果一病不起，哪怕身為醫生的何啟適心照料、遍尋良方，她仍在臥床一年後的 1884 年 6 月 8 日離世，享年只有 32 歲。

對於愛妻突然去世，何啟自然傷痛不已。為了紀念亡妻，他捐出當時名下大部分財產予倫敦傳道會在香港創立醫院。[5] 該醫院位於荷李活道，在 1887 年落成後命名雅麗氏紀念醫院（Alice Memorial Hospital），[6] 成為香港第一家由私人捐款創立的現代化西醫醫院，也大大提升了香港醫療條件。

或許就像俗語所言：上帝關了一扇門，必定會再為你打開另一扇窗。雅麗氏之死消除了殖民地種族主義者對何啟的疑慮和排擠，

4　在 1883 年 10 月 9 日本地一份英文報紙的「出生」消息中，有「本月 8 日，何啟醫生的太太誕下一名女兒」的報道（*The Hong Kong Daily Press,* 9 October 1883），但名字不詳。

5　醫院奠基儀式，時為署理港督的馬殊（William Marsh）和倫敦傳道會在香港領軍人湛約翰主持儀式（*The Hong Kong Telegraph,* 3 June 1886）。

6　一般情況下，捐款公益，無論辦學校或建醫院，冠名以留紀念時，要不便是用全名，要不便用姓氏，甚少機會只用名。例如 H.W. Davis 於 1893 年捐建的「那打素醫院」（Nethersole Hospital），是以其母親姓氏冠名，何妙齡於 1903 年捐建的「何妙齡醫院」亦以他本人的姓名命名，何啟捐資興建以紀念亡妻的醫院，為何不取名「Alice Ho Memorial Hospital」，反而只是「Alice Memorial Hospital」，中文名更取了個令人玩味且甚為特別的名字：「雅麗氏醫院」，絲毫沒有一點兒與何氏家族有聯繫的跡象，這種做法，令人甚為不解。

不再視之如洪水猛獸，而何啟慷慨捐款創立醫院一事，又讓統治者看到何啟有貢獻社會的胸懷。結果，痛失愛妻家庭離散的何啟反而開始受到看重，[7] 在接下來的日子仕途扶搖直上，成為華洋社會炙手可熱的一時人物。

從資料上看，擁有「雙料」專業資格的何啟，起初似乎以「醫生」身份「行走江湖」，並加入了醫學會，成為會員，在公開社交場合別人多以「醫生」稱呼他。但一個現實問題是，當時華人對西方醫學缺乏了解，亦甚為抗拒西醫療法，故到其診所求診的病人自然門可羅雀，令他甚為失望。或許因西醫執業的發展並不理想，為了增加收入、維持生計，何啟乃開闢新戰線，以「大律師」的身份招攬生意（*The Hong Kong Directory and Hong List for the Far East,* 1883:371）。

何啟在專業工作發展欠佳，一度把精力投放到社交或社會服務方面（*South China Morning Post,* 22 July 1914; *Report of the Superintendent of Botanical and Afforestation Department for 1883,* 30 April 1884），而他這方面的辛勤撒種耕耘，最後果然換來歡呼收割。在 1885 年 4 月，他獲委任為香港代表，參與「印度殖民地展覽」；翌年的 1886 年，他再獲交託更重要公職，出任「潔淨局」（Sanitary Board，即日後的市政局）委員（*The Hong Kong Government Gazette,*

7　據何啟姻親好友韋玉所述，何啟與雅麗氏所生之女，日後送回英國由雅麗氏家人照顧，並承繼了雅麗氏的遺產。她一直居於倫敦，到何啟去世時，她已年過 30 歲了。韋玉的說法是她本人有財政能力，惟沒有提及她的婚姻狀況（CO 129/413, 28 August 1914）。

1 December 1883; 25 April 1885; 7 August 1886)，[8] 正式踏上參政議政之路。

儘管何啟身為華人，在潔淨局內只屬勢弱言輕的一員，但從他敢於打破種族藩籬結下異國婚姻，已可知他具公義平等的思想，以及遇事不避的性格，加上他聰穎過人，又有專業學識，故在議事堂上他並不怯懦或唯唯諾諾，反而雄辯滔滔，以理服人。事實上，由於他土生土長，充分了解華洋東西文化之別，對香港社會的問題了解透徹，故評論都能切中時弊。以 1886 年在潔淨局的《公共健康草案》(*Public Health Bill*) 為例，他在政策辯論時表現便甚為突出，引人注目。

正如上一章中提及，十九世紀八十年代初，當香港物業市場十分熾熱之時，一份有關香港公共衛生存在嚴重隱患，華人樓宇建築不配合現代社會發展的報告——俗稱《查維克報告》(*Chadwick's Report*)——突然出台，觸發樓市崩潰，何妙齡夫婦及何神添等不少人都因此蒙受巨大虧損（鄭宏泰、黃紹倫，2006）。事過數年，政府突然決定採納報告建議，針對樓宇建築與公共衛生等問題進行立法，並在 1886 年底向潔淨局提交了條例草案諮詢議員。

由於草案主要針對單位面積狹小、沒有獨立廚廁、露台或花園

8　有趣的是，在委任通告中，政府這次採用了何啟「Barrister-at-bar」(執業大律師) 的身份，而非早年的「medical doctor」(執業西醫) 身份，按道理執業西醫的身份應該較切合出任潔淨局委員的工作。

的樓宇，並提出一系列法律嚴格規管，故受影響的明顯是一般草根階層的華人。雖說草案立意良好，因為當時華人居所的排污系統落後，居住環境惡劣，容易引起公共衛生等問題，但何啟卻直指草案是「堅離地」（不貼近現實），不了解普羅華人生活背景與困難，故提出強烈反對意見，要求殖民地政府全面修改。他指大多數華人在香港謀生不易，薪資甚低，加上租金昂貴，寸土尺金，只能選擇狹小及設施欠佳的居所，故華人社區人煙稠密環境惡劣是果非因。若按草案要求規定了人均居住面積、強制增設獨立廚廁，甚至要有露台花園等，必然令租金上升至一般市民無法負擔的境地。何啟不單在辯論中揭露了草案構思不切實際，隨後更以「陳情書」（petition）形式向政府提出書面反對意見及建議。

在陳情書中，何啟針對公共衛生問題，提出一些符合現實的可行建議：包括要求政府加強清理公共排水渠道，防止管道淤塞；其二確保私人樓宇排水渠正確連結到公共排水渠道中，當然亦要確保空氣流通；其三促請政府為民眾提供清潔食水供應；其四敦促政府做好垃圾清理，消除易腐物品在大街小巷的堆積；其五為了減輕在太平山一帶人口過度擠逼，要求政府讓華人的居住空間向港島東兩端延伸擴展（“Dr. Ho Kai’s protest against the Public Health Bill, submitted to the government by the Sanitary Board”, 27 May 1887）。

當時何啟只有27歲，又是潔淨局的「新丁」，但他的評論和見解已令年長的同僚和政府官員刮目相看，讚賞他對社會問題的敏銳觀察。至於他醫學和法律兩者兼備的專業知識，華洋中西文化皆通

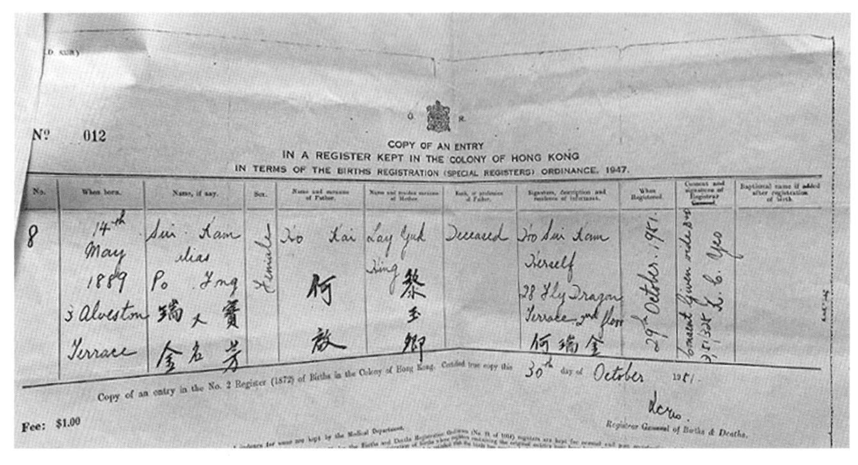

N° 012

G. R.

COPY OF AN ENTRY
IN A REGISTER KEPT IN THE COLONY OF HONG KONG
IN TERMS OF THE BIRTHS REGISTRATION (SPECIAL REGISTERS) ORDINANCE, 1947.

No.	When born.	Name, if any.	Sex.	Name and surname of Father.	Name and maiden surname of Mother.	Rank or profession of Father.	Signature, description and residence of informant.	When Registered.	Consent and signature of Registrar.	Baptismal name if added after registration of birth.
8	14th May 1889 3 Alveston Terrace	Sui Kam alias Po Fong 瑞金 大名 寶芳	Female	Ho Kai 何啟	Lay Yuk King 黎玉卿	Deceased	Ho Sui Kam Herself 28 Fly Dragon Terrace 2nd floor 何瑞金	29th October 1951	Consent given vide 3/5/51 L. C. Yeo	

Copy of an entry in the No. 2 Register (1872) of Births in the Colony of Hong Kong. Certified true copy this 30th day of October 1951.

Fee: $1.00

Registrar General of Births & Deaths.

何啟女兒何寶芳出世紙。

的個人素養與底蘊，不但有助條例的修訂與完善，[9] 更為解決社會問題提供更準確有效的意見。顯然，何啟這名「華人代表」並非只是政治花瓶，而是能發揮一定作用，扮演了華人社會與殖民地統治者之間的橋樑角色。

時間流逝逐漸撫平了妻子早喪的傷痛，回復單身的何啟在進入潔淨局後不久續弦，[10] 與黎玉卿結為夫婦。黎氏生於 1871 年，較何啟年輕 12 歲，是來自海外華人家族的千金（Choa, 2000; Lim, 2011;

9　回頭看，由於該草案沒按原來採納《查維克報告》的建築標準，華人社區居住條件與公共衛生問題一直未能解決，日後乃爆發極為嚴重的瘟疫，給香港人口、醫療、經濟和社會帶來巨大衝擊（Lau, 2002）。

10　何啟續弦的年份不可考，估計為 1885 至 1887 年之間。這推斷是按何啟去世時，年紀最長的兒子為 26 歲這一點作粗略估計所得。

South China Morning Post, 14 January 1931）。二人婚後合共有十子七女，即幾乎每年均有子女出生，十子分別為永貞、永亨（又名永猷）、永乾、永元、永利、永安、永康、永錦（又名永感）、永德、永謝；七女則為瑞金、瑞銀、瑞銅、瑞鐵、瑞錫、瑞華、瑞美，其中瑞銀早夭（CO 129/413, 1914）。一夫一妻而子女數目如此多，在當時社會也屬少見，與現今多數只育一、兩名子女的家庭相比，更是令人咋舌（*South China Morning Post,* 22 July 1914）。

何啟一生有十子八女，除雅麗氏之女後由外祖家接回倫敦撫養、一女則早亡未及成年外，十六名子女俱承歡膝下，雖說多子多孫是人人稱道的福氣，但一家十八口的開支全依仗何啟一人，擔子實在不輕。

晉身立法局議事殿堂

儘管何啟有良好的家庭背景，本身能力亦很高，但因社會階層流動空間有限，屬被統治者的華人，在種族主義政策下更是極難突破，故何啟自英國學成歸來後並未能扶搖直上，不但執業收入沒有「豬籠入水」，參政路上亦不見得平步青雲。不過，由於他在潔淨局的表現猶如驥馬離廄，無論負重速度皆勝同儕，政府自然有意重用他，吸納他進入更高權力的立法局。不過，由於當時立法局已有華人代表，故何啟亦要靜待天時。

其實，早於 1881 年伍廷芳獲委任為立法局議員時，殖民地政府已意識到華人的力量漸漸抬頭，若要更有效管治、平衡華人社會對政府的挑戰和壓力，需要吸納華人領袖進入決策核心，讓政府更掌握華人社會的民心民情；與此同時，這位領袖亦可站在政府和華人之間，以同聲同氣的方式向華人解說政府政策，故「華人代表」在立法局成了一個常設的席位。當伍氏不辭而別令席位懸空近兩年後，1884 年，黃勝雀屏中選，成為新一任的立法局華人議員。

黃勝與何啟亦可說頗有淵源。他乃中山人，生於 1827 年，與近代歷史上促進西學東漸領軍人物容閎及黃寬份屬同鄉，三人年幼時一同被父母送到澳門，入讀倫敦傳道會創立的馬禮遜學校，後隨該校老師布朗（Samuel R. Brown）到美國留學，與另一同時在美國留學的華人學生曾蘭生相識，[11] 日後他們相信均曾在香港生活，和更多推動西學東漸和弘揚基督福音者——例如理雅各、王韜和韋光等人——有了不同層面的交往，其中黃勝長女黃蓉清（Wong Yung Tsing, 譯音）日後嫁給韋光長子韋玉，[12] 成為一時佳話，亦揭示那時早染洋風又早已皈依基督的家族之間，其實有着多層面的互動與交往（Smith, 2005）。上一章中提及何福堂與伍廷芳父母之間的交往，自然亦屬很好的例子。

到了 1890 年 2 月底，忠誠又曾獲港督稱讚「能幹」的黃勝兩屆

11 有關曾蘭生的名字與家族背景，可參考第六章之討論。

12 祖籍中山的韋光，據說乃父親的第十子，其父乃美商的買辦，所以家境富裕，惟童年時卻遭逢父親突然去世的打擊，家道中落，他甚至因此淪為乞丐，日後因獲傳教士救助，送往新加坡讀書，掌握了中英文，踏進社會後擔任有利銀行買辦，個人財富乃不斷積累。1878 年，韋光去世，遺產多達 17 萬元（Smith, 2005），數目雖較 1871 年去世的何福堂略多，此點進一步說明身為牧師的何福堂生財積財的能力，與身為商人的韋光其實不相伯仲。

議員任期已滿，按慣例不能續任。心中早有人選的港督德輔（George W. Des Voeux, 任期 1887-1891）立即向殖民地部推薦何啟，並獲英政府接納，故何啟進入潔淨局還不到四年已加官進爵，躋身制訂香港法律權力的殿堂——立法局（*The Hong Kong Government Gazette,* 1 March 1890）。這年何啟才 31 歲，滿懷抱負及服務社會的熱忱，能夠晉身這個更強、更大的政治舞台，自然希望能發揮出更大的能量與貢獻。

綜合各種資料，有了「尊貴議員」身份後的何啟，在推動各種法案制訂、完善香港司法體制，甚至於提升公共衛生與促進慈善公益等問題上，他都施展出渾身解數熱心投入。可以這樣說，自 1890 年到 1914 年擔任立法局議員的 24 年間，何啟在議事堂內，乃至於社會公共服務方面取得的成就無疑十分巨大。但是，由於有關他在這方面的貢獻坊間討論甚多（任繼愈，1958；方豪，1969；Tsai, 1975; Chiu, 1968; Choa, 2000），為了避免重複，這裏只作綜合分析，點出其中最為卓著之處。

何啟議政論政、參與公共服務最突出的貢獻，便是提升香港醫療水平及促進本地教育發展兩大範疇。身為受過嚴格訓練的醫生，加上元配雅麗氏在香港病逝一事，讓他了解到香港醫療的缺失，並相信引入及推動西醫普及化乃提升香港醫療水平的當前急務，故早在雅麗氏去世後，便捐出大筆名下財產，支持倫敦傳道會創立香港雅麗氏醫院，成為香港首間為華人提供西醫治療的醫院，深受貧苦大眾的歡迎。

至 1890 年進入立法局後，何啟有了更好的位置與平台，讓他可以在推動醫療發展方面出力。如在 1893 年，他促成了居港英商戴維士（H. W. Davis）捐資，將位於般含道的那打素診所擴建為那打素醫院。至 1904 年，何啟眼見傳統的分娩方式導致產婦死亡及極高的嬰兒夭折率，故再捐款支持倫敦傳道會興建雅麗氏產科醫院，為華人婦女提供較高水平的婦產科服務，並訓練華人助產士。再過兩年，何啟又促成了胞姐何妙齡捐款創立何妙齡醫院。[13] 連串舉動，大大增加了香港的醫療資源，也令西方醫學得以在華人社會推廣開去。

除了增加醫療設施外，何啟另一與醫學相關的重大貢獻，是協助政府應付十九世紀一場困擾香港甚久、死亡人數甚高的疫症。如前文曾提及，早期香港醫療條件乏善足陳，加上華人地區擠逼及惡劣的居住環境，公共衞生情況極差。1894 年，香港更爆發了一場大規模的疫症。[14] 疫症肆虐期間，單計醫院每天都有 60 至 80 名患者死亡，更曾出現一天內有 109 人死亡的紀錄，全年合共有 2,550 人因感染疫症而死亡。街上死屍無人收拾的情況亦隨處可見，社會出現極大的恐慌，舉家回鄉「避疫」的人數估計多達 80,000 人（Lau, 2002: 59）。

若以當年香港總人口約為 24.6 萬人計算，該年有多達三成市民

---

13 到了 1954 年，雅麗氏醫院、那打素醫院和何妙齡醫院合併為雅麗氏何妙齡那打素醫院，藉以提升效率、減少架構重複。

14 1897 年，港府聘請一名日本專家來港就疫症進行研究，何啟亦曾參與討論（Choa, 2000）。後法籍科學家阿歷山大・葉赫森（Alexandre Yersin）在病人身體發現致死病菌是「鼠疫桿菌」，令「鼠疫」之名確定了下來。現時位於上環的醫學博物館內有葉赫森的銅像以紀念其貢獻。

離開了香港，而每百人口即有一人死於疫症。有報紙這樣描述：「目下華人之避他埠者已有十萬，每日尚有三、四千人舍而他方，以致港中工作乏人，各局廠相率閉戶云」（《申報》，1894年6月20日）。可想而知，當時香港一切日常生活、商貿活動近乎全面停頓。

當時，以傳統中醫方式治病的東華醫院接收最多貧苦病人，故醫院的死亡數字遠高於其他西醫院，因而引起部分洋人抨擊，指東華醫院管理不善，中式治療落後又不合時代，是疫症不斷擴散的主要原因，要求港府將該醫院關閉，為治病不力負上責任。針對相關指控，港督羅便臣（William Robinson, 任期1891-1898）成立獨立調查委員會深入了解問題癥結，而身為立法局、潔淨局及東華醫院顧問的「華人代表」何啟，亦被任命為委員會成員之一。

調查開始時，不少洋人把瘟疫急速散播的原因歸咎於中國人的生活習慣、中醫療法趕不上時代等問題，而由華人商紳創立、主要為華人社會提供醫療服務的東華醫院更成眾矢之的。對此，何啟多次澄清解釋，點出了華人抗拒西醫是因為缺乏了解、存在誤會之故，如西醫會對死者進行解剖以了解病因的做法，便嚇怕不少華人，認為「身體髮膚受之父母」，極不願死無全屍。此外，華人患病普遍希望留在家中由親人照料，而西醫採取隔離的方法令華人覺得很不人道，特別當患者是家中長輩時，強迫隔離更屬不孝之舉，在重視孝道的社會是倫理難容之事（Lau, 2002）。他的分析反映要成功抗疫，其實不單是醫療體系或公共衛生問題，文化差異與障礙亦不能忽略。

更為重要的是，何啟指出東華醫院的表現雖然確有不足之處，但院方其實已在受限的資源、觀念及管理等局限上，竭力醫治病患防止瘟疫傳播，結果雖未如人意，亦不應完全否定其作用和貢獻。他進而建議應發動本地華人賢達協力應對瘟疫，為受疫者施以更迅速的救助，同時亦應向華人加強宣揚西醫防疫抗疫的知識，減輕華人對西醫的抗拒。與此同時，何啟亦從東華醫院的管理層入手，要求院方逐步引入西醫治療，並且提升管治水平。最後，作為立法局議員，何啟亦全面配合政府政策，在完善醫療體系、強化居所設施、改善公共衛生等諸多層面進行立法或修訂，健全法制，更有效防止瘟疫傳播（*Law Relating to Public Health and Sanitation,* 1895; Choa, 2000）。

儘管防疫抗疫政策及措施相繼推出，但瘟疫沒有即時受到控制，如 1895 年便有 1,078 人因染上疫症而死亡。至 1896 年，港府採取更嚴厲措施，封閉太平山街附近所有不衛生的房屋、水井等進行清潔，情況略有好轉（*Bubonic Plague,* 1896），故 1897 年因疫症死亡的人數減至 21 人。但其後數年疫情又再反覆，每年平均都有過千人染病死亡。無論如何，身為專業醫生，又充分了解中國人心態的何啟，一直在這場曠日持久的嚴重瘟疫戰爭中擔當了極重要角色，作出不少重大貢獻。

在推動香港教育發展方面，何啟最大的功績之一，便是以雅麗氏醫院為大本營，於 1887 年創立香港華人西醫書院，[15] 並聘請醫院院長萬巴德（Patrick Manson，另譯孟生）同時擔任書院院長，何啟

15 該院於 1907 年易名香港西醫書院，即是取去了「華人」兩字（Hong Kong Legislative Council, 2 June 1954）。

本人亦抽空在書院中講學，任教法理學及法醫鑑證等學科。西醫書院創立後，不只吸引本地有意從醫者入讀，連珠三角一帶的學生亦慕名而至，如孫中山、關景良、王澤民、尹文楷、趙學、黃菖霖、馬祿、黃天保，甚至是何啟姪兒何高俊等，亦先後到該校就讀（詳見第七章討論），他們日後不但成為香港醫學界的先驅人物，奠定了香港醫學發展，亦對中國革命與政治發揮巨大影響力。何啟對中國何去何從的政治思想，相信亦在這個平台上逐步傳播開去。

進入二十世紀後，社會與政府開始探討在香港創立本地大學事宜，港督盧吉（Frederick Lugard, 任期 1907-1912）亦對計劃表示支持。一直熱心教育、創立西醫書院及聖士提反書院的何啟迅速作出回應，[16] 提出將自己參與創立的香港西醫書院與香港工學院合併，再增加文學院，作為大學的主要組成部分。這種由現有基礎上擴充的建議，獲講求實際的盧吉稱許，於是在 1909 年正式拍板籌建香港大學，何啟則獲委任為籌建香港大學的捐款委員會主席，負責向華洋社會賢達募捐。由於他在華人社會地位崇高、名聲響亮，又與無數華人巨富賢達如何東、何福、何甘棠、羅長肇、周壽臣、周少岐、劉鑄伯、莫幹生等關係深厚，因此能一呼百應，成功籌得充足捐款，最後促成了香港大學的創立。

何啟還有一項對香港的貢獻，在當時看來是小事一件，但近年由於對文物保育意識的提高，他的先見之明才備受肯定，那便是保

16　1901 年，何啟與八名華人士紳聯名上書港督，要求開設一所英文書院以培養居港的華人幼童，並於 1903 年成立聖士提反書院（聖士提反書院網頁）。

護宋王臺一事。宋王臺位於九龍城馬頭涌，相傳是紀念南宋皇帝被元軍追逼，南逃流亡到港，後人為了紀念此事，在大石刻上「宋王臺」三字。但到了十九世紀末，由於九龍發展愈見急促，需要大量石材建屋築路，有商人乃於宋王臺所在的山頭（當時稱為「聖山」）進行石材開採，引來當地居民不滿，要求停止在那裏採石以保護聖山。

居民最後請「華人代表」何啟代為出頭，請殖民地政府出面干預採石工程。何啟在聽取呈請後，認同宋王臺甚具保育的重要性，於是在 1898 年 8 月 3 日的立法局會議上，闡述了宋王臺的來源與歷史背景，指出其不可估量的歷史價值，要求給予保留，並建議將該地闢為公眾休憩地（public playground）。何啟的建議獲全體議員支持，宋王臺因此得以完好地保存下來（*The Hong Kong Government Gazette,* 20 August 1898; Choa, 2000: 140-141），何啟可說是香港保育的先驅。

議事殿堂內，何啟建言出力，作出貢獻者，當然不止以上述及各項，惟因篇幅有限，不逐一細數。可以概括地說，雖然他全心投入，積極建言，無論防疫救災、推動教育、改善醫療、古蹟保育，乃至於代表華人社會聲音等，均為社會發展及穩定貢獻良多，但身為華人的何啟，哪怕言行思想十分英化，表現忠貞，且在立法局議事長達二十多年，卻始終在行政局這個真正權力核心門前止步。此點相信會讓他深深體會到種族主義樊籬的無法逾越。

榮獲大英爵位的明升暗貶

從中國近代歷史的角度看，辛亥革命爆發，滿清皇朝全盤瓦解的那一年，籌建中的香港大學進行得如火如荼。到了 1912 年，中華民國宣佈成立，但仍內鬥不絕，革命之路變數甚多，政局亦波譎雲詭。但偏南一隅的香港，仍基本發展平穩。經過一輪籌備的香港大學，在同年宣告正式創立，社會大眾都感到歡迎鼓舞，亦掀起了本地高等教育的新篇章。

在香港大學正式創立的典禮上，港督盧吉同時宣佈何啟在創辦該大學一事上出力至巨，加上在其他諸多公職服務上盡心盡力，獲大英皇室賜封爵士榮銜，以表彰他過去對社會所作出的各種重大努力和貢獻（Choa, 2000）。該年何啟才五十出頭，而在此之前並沒任何香港華人能夠得此殊榮，他的受封成為「零的突破」，乃殖民統治七十年以來的「首例」，故在華人社會引來甚大回響，風頭更一時無兩。

對於何啟獲封有一個趣味的小知識。在華人社會，加了頭銜之後他會被尊稱為「何爵士」或「何啟爵士」，即是將爵士頭銜放在姓或姓名之後；但英文的慣例則是放在名字之前，即是 Sir Kai，或 Sir Kai Ho，不會稱為 Sir Ho，或 Sir Ho Kai。但無論是用 Sir Kai，或 Sir Kai Ho 的稱呼都可能會讓人覺得乃另有其人，何啟可能覺得他過去建立那個深入民心的「Ho Kai」名牌變得「面目全非」，因此他決定採用「Sir Kai Ho Kai」這個頗為彆扭、但卻可以「完整」保留「Ho Kai」這個名牌的稱呼。

何啟在立法局服務超過20年，其間一直盡心盡力、建言獻策貢獻巨大，在當時社會可謂無出其右，特別是作為殖民地統治者與華人社會的溝通橋樑的功能，作用更是無人及。惟相較和他在相近時期以非官守議員身份進入潔淨局和立法局的遮打（Paul C. Chater）、艾榮（J. Bell-Irving）、韋黑德（T. H. Whitehead）等英國人，他們在晉身立法局後總能更上層樓，獲邀進入殖民地統治內核——行政局（Executive Council），[17] 但他卻一直原地踏步，未能進入行政局。這種情況的最直接或最關鍵原因，自然與種族主義政策下華人受制於玻璃天花板效應有關，何啟身為華人，無論如何努力或功勞最多，仍無法晉升至港英政府的真正核心。而大英皇室頒予何啟的爵位，似乎帶有「安慰獎」、或是作為一種「補償」的意味，簡而言之，願意給予他名譽上的尊榮卻沒有任何實權。

若從日後事態的發展狀況看，何啟那時獲得頒贈爵位一事，更揭示一種「明升暗貶」的色彩，因為那時的殖民地政府，已經察覺到何啟的政治立場與政治聯繫，出現了前所未見的重大轉變，與英國及香港殖民地政府的政治立場有別，甚至因此對何啟的忠誠度產生懷疑（參考下一節討論），於是靈活地採取了柔性的手段，表面是贈予了崇高榮譽的甜頭，私底下則勸其退下火線，不再主動爭取續任立法局議員，這樣可讓大家「好頭好尾」，體面地完結一段維持了二十多年的政治關係。

17 舉例說，遮打於1887年進入立法局，兩個任期後的1896年進入行政局；艾榮於1886年進入立法局，亦是兩個任期後的1896年進入行政局，而韋黑德於1890年進入立法局，三個任期後的1902年進入行政局。

在當時，無論是港督、主要官員、著名議員等若想繼續留任，總會在任期快將屆滿時發動支持者以上書、簽名、稟請等各種方式，向港府、殖民地部或大英皇室爭取多留一任。由於何啟過去所做的貢獻巨大、成果顯著，在創立香港大學一事上更是居功不少，若他主動尋求華人社會支持，相信可以獲得極為巨大的政治力量，惟殖民地政府卻早已萌生不再讓他續任之意，於是很可能採取了「誘之以勳銜，奪之以議席」的方法，最終出現了「明升暗貶」情形。

革命思想與捲入中國大陸政治

雖然屬於英國屬土臣民，甚至在思想及文化的認同上是親英多於親中，但擁有中國人血脈與膚色的先天因素，令何啟對中國的發展等問題特別關注，甚至是在自己力所能及的情況下給予支援。當然，他很可能會想到若有機會，可如其姐夫伍廷芳般在中華大地上尋找更能發揮所長的舞台。正因如此，早在十九世紀八九十年代，何啟已先後就滿清官員如曾紀澤、張之洞或康有為等言論提出批駁，月旦時政，闡述個人的政治主張，可見他對中國應走的發展道路頗為關心。事實上，對中國到底可走哪一條道路的問題，何啟曾提出本身的論述和見解，並撰寫了不少文章與書籍，其中最受關注且常被引述的文章包括“A Critical Essay on China”，“The Sleep and Awakening”，以及“Foundation of Reformation in China”等。

對於這些論述和思想，學術界的探討甚多，綜合而言在於指出，要讓中國擺脫積弱，走向富強，躋身世界舞台，應從行選舉、設議院、立民權、開言路、辦教育、促經濟等體制入手，批駁那些以為「師夷之長技」便能令滿清脫胎換骨、恢復昔日光輝的說法是只知其表不明其裏。反映早年留學英國的何啟清楚認識到西方的真正優勢，不是船堅炮利，而是體制的健全高效，這種深度觀察，可說是對那些仍然以為西方的強大主要在於「奇技淫巧」者的當頭棒喝。

正因個人對改革圖強與吸納西化問題上有獨特見解，亦有一定名氣，何啟曾獲姐夫伍廷芳推薦給手握洋務運動實權的盛宣懷，希望能讓何啟有更大發揮（Choa, 2000: 30）。為此，何啟曾於 1897 年 4 月親赴上海，與盛宣懷會晤，並獲任命為顧問，提供有關外務或世界時局變遷方面的意見（*The Hong Kong Daily Press,* 12 April 1897）。可惜，這一任期不長，背後原因相信是何啟的思想立場與盛氏格格不入，故不獲盛氏重用，加上他覺得工作不合自己性格與專長，待遇又並不理想，所以於同年 5 月以健康欠佳為由離任返港（*The Hong Kong Daily Press,* 5 May 1897）。自此之後，何啟雖偶爾會在中華大地上奔走，但主要是尋找生意機會（參考第五章及本章另一節之討論），雖然何啟才能未獲盛宣懷重視，但他對中國文化及制度的淺陋與不足，以及對中國未來發展的觀察，顯然深深影響了不少人，包括當時正在香港華人西醫書院求學的孫中山等。身為孫中山老師，他不只傳授孫中山等學生醫學知識，更向他們灌輸了「上醫救國」，以及要中國擺脫困弱、走向富強的革命性求變思想。正因如此，不少學者皆指何啟為孫中山革命思想「導師」（羅香林，1954；Choa, 2000）。

到辛亥革命爆發、滿清皇朝被推倒後，何啟又再有參與中國政治的機會。其中最早為香港傳媒報道的，是 1911 年 11 月他獲廣東省領導聘為顧問一事，指他為該政府提供外交事務的意見（*The Hong*

Kong Telegraph, 20 November 1911）。據蔡永業記述，他曾向時任廣東省長的胡漢民提出意見，建議把廣東省的財稅收入存放在香港滙豐銀行，這提議雖說目的是確保廣東省財政安全，但在胡漢民看來卻是政治極不正確，甚至可能懷疑何啟別有居心。結果不但沒有接受其意見，亦逐步與他疏遠（Choa, 2000: 256-257）。之後的 1912 年 4 月，何啟曾離港赴滬，傳聞指他可能在中華民國政府中擔任高職（*The Hong Kong Telegraph,* 2 April 1912; *South China Morning Post,* 30 April 1912），但同樣無功而還。

促使何啟那時更熱切地頻頻「向北望」的原因，自然是認為新政府可以讓他施展其政治理想及主張，而他在新政權的人脈更讓他相信此事可成：他早年的學生孫中山已成全國領袖，他身為「帝師」自有一定分量；二是姐夫伍廷芳在民國創立後仍官居高位，能續發光輝；三來不少教友好友也有投身革命，在革命成功後返回廣東或中華大地，在新政府內擔任高職，例如四邑籍的李煜堂、楊西巖、林護等。所謂朝中有人好辦事，他有這樣強的人脈關係，自然希望能藉此而大展拳腳。再加上他自覺在香港發展空間似乎已見頂，在立法局多年仍未能再上層樓，故希望在中華大地這個潛力無限的舞台上再闖高峰。

就在何啟不斷與新政府聯繫，嘗試另找出路之時，港府對他的態度亦出現變化。當時的港督梅軒利（Henry May, 任期 1912-1919）是一位在香港生活甚久的殖民地官員，在出任港督之前，曾出任輔政司及警務處處長等要職，掌握不少香港與中國大陸的情報，與何啟亦早有接觸。他對何啟與孫中山的關係尤其敏感，而何啟在孫中山革命成功後頻密地捲入或參與了中華大地政治事務，他更十分憂慮和不滿，擔心何啟的做法會將內地的政治紛爭引入香港，令香港社會變得日趨政治化，營商、生活會受中國大陸政治浪潮衝擊。

此外，當時英國的對華政策是支持北洋政府——即以袁世凱及其追隨者為領導的北方政治力量，俗稱「擁袁派」，殖民地政府自然不會違背宗主國的政策；但何啟則支持以孫中山為核心的南方政治力量，俗稱「擁孫派」，與殖民地政府的立場南轅北轍，故港英政府亦開始吸納「擁袁派」的本地華商，疏遠像何啟般屬於「擁孫派」的華人商紳（Chung, 1997；蔡榮芳，1997）。

不可不察的是，何啟與殖民地政府政治立場上的歧異，自然給一直極為重視政治忠誠的統治者覺得他存有異心，認為有「忠誠衝突」（conflicted loyalties）問題（Schiffrin, 1968），此點其實亦是學術界一直強調統治者對「買辦」（compradore）或「邊緣人」（marginal man）總是信任薄弱，容易引起深層次憂慮之故（Tsai, 1975 and 1981），最後令其作出不能再任用的決定。

對於如何評估何啟參與中國大陸政治及忠誠一事，梅軒利於1913 年 8 月 18 日致函英國殖民地部，信函的開頭已直截了當地指出「遺憾地說，本政府對何啟爵士已失去了信心」，即是表明不想再用他，然後逐點提出原因說明。具體地說，梅軒利認為，無論是推翻滿清或是創立民國，與孫中山關係深厚的何啟，其實在很多層面上均捲入其中（參考第七章何高俊參與革命一事），其中列舉的例子諸如：一、與廣東革命政府交往頻頻、過從甚密；二、與四邑人（主要是李煜堂和楊西巖等）更有千絲萬縷關係；三、曾暗中支持反英媒體 *China Outlook*。梅軒利覺得何啟這樣的做法，不利香港的社會穩定與統治，針對以上各項問題，梅軒利曾透過不同人士向何啟提出質詢，雖然何啟一一否認，惟梅軒利仍覺得未能釋疑（CO 129/403, 18 August 1913）。

就算在甚為困擾殖民地政府的「電車罷工事件」上，[18] 梅軒利指何啟沒有給予任何協助，是因「他與革命黨人有太緊密關係」（closely associated with the revolutionary party）。至於何啟旗幟鮮明地支持孫中山，亦被梅軒利批評「不再代表本地華商，因他的政治立場有偏頗」，成為了「和平與良好秩序的敵人」（enemies of peace and good order）。雖則如此，梅軒利卻指出，由於何啟在華人社會地位崇高，「本地華商尚沒勇氣公開反對其舉動」。基於此，梅軒利認為如不繼續委任他，他的社會地位及收入均會大跌，必然會給他帶來巨大打擊。所以他在信函最後作出了如下結尾：「但整體上說，我強烈地認為改變對本政府會有得着」（but on the whole, I am strongly of opinion that this Government would gain by the change）（CO 129/403, 18 August 1913）。

英國殖民地統治者的政治手段無疑極為高明，對於大半生為殖

18 「電車罷工事件」是指 1912 年底電車公司因應港府廢除非本地貨幣在港流通條例，即是禁止中國大陸錢幣在港使用，引來不少華人抗議。由於抗議沒有得到電車公司與港英政府的積極回應，而拒收中國錢幣背後又牽涉不少家族的重大利益——因不少公司和職工均收取中國錢幣，此舉令他們蒙受損失，最後導致罷工運動。事件擾攘兩個多月後，終因殖民地政府作出一些諸如「半價廉售十萬張電車票給華人僱主，以便分華給員」的安排，令事件得以平息。雖則如此，那時的社會則日趨政治化、大小家族矛盾日趨尖銳，尤其出現了支持中國革命一方的家族，與效忠殖民地政府一方的家族之間的明爭暗鬥（Chung, 1997；蔡榮芳，1997）。

民地作出巨大貢獻的何啟，哪怕最後因其政治立場有變，[19] 被殖民地統治者認為不再是合適人選時，仍能採取既能顧全對方面子，又不會惹起對方反彈的方法，先贈其爵士頭銜，讓其感到與有榮焉，再多番暗示不會再續任其議席，讓能夠察言觀色且知情識趣的何啟知所進退。最後在 1914 年，何啟以個人健康欠佳為由——一個政治人物常用作退下火線的藉口，主動向港英提出「辭任」立法局議員的要求，並迅速地獲得接納。其席位改由被視為偏向考慮「本地」利益的劉鑄伯接替（蔡榮芳，1997；Choa, 2000）。

政權更迭，政治連結乃驟變，如何能華麗轉身，不致於影響原來政治關係，或是在轉變的過程中予人政治「變色龍」或「牆頭草」的印象，便十分考驗個人政治手段與智慧。上一章中提及伍廷芳在清廷快將崩潰時先撇除關係，後即投身民國政府，於是不單在舊政權崩潰時不受牽連，新政權誕生時亦可更上層樓，便是十分成功的例子。何啟顯然是支持革命黨，當革命成功後亦想在新政權建立時發揮所長，惟他面對的港英政府不是崩潰的舊政權，此政權更不支持以孫中山為主的革命政權。由於何啟的取態與政府截然不同，自然會產生不協調，甚至令港英政府質疑其政治忠誠，為了避免何啟日後以議員身份說出或做出有違政府政策之事，港英政權只有棄子，作出「不再錄用」以終結其政治生命的決定。

19　這種變化，可能反映他對殖民地統治種族政策所豎立樊籬無法逾越的深刻體會和意興闌柵，於是有了另覓出路的想法。

投資連番失利與死後兩袖清風

卸下立法局議員職位時，何啟已經 55 歲，不過他卻沒法退休好好享受人生。正如梅軒利所預料，失去議席後他的收入立即大跌，但他卻子女眾多，不少更屬年幼且仍在求學階段，家庭開支實在繁重，所以何啟必須立即另闢財源，以支持生活開支，其中一項便是把主要精力投入到早年與既是姻親又屬好友的歐德合力籌辦的啟德濱填海計劃之中。

然而，就在他仍為計劃不斷奔走之時，死亡卻已悄然降臨。1914 年 7 月 20 日，一天前，何啟約同朋友到將軍澳游泳散心，驅除心中困擾鬱結；第二天，他在家休息期間突覺心臟不適，家人立即召喚中西醫生到家中救治，可惜醫生尚未抵達之時何啟已去世，享年 55 歲（*South China Morning Post,* 22 July 1914）。由於何啟身份顯赫，又曾為社會作出了巨大貢獻，喪禮吸引了無數人親自前往致祭，中西社會賢達、政府官員發唁電或送花牌者亦為數不少，極盡哀榮，遺體下葬於跑馬地香港墳場，墓地亦極為氣派（Lim, 2011）。可是，喪禮完結不久，便傳出何啟遺孀及子女生活不繼的問題，引起親朋好友關注，這一局面與何福堂突然去世時財政充裕可謂截然不同，令不少人大為感慨。

眼見何啟去世後何家即出現財政困難，同屬立法局華人議員且乃姻親好友的韋玉，於 1914 年 8 月 28 日致函港督梅軒利求助，他在信件中透露，曾捐出名下大部分財產興建雅麗氏醫院的何啟，雖然身兼多職，但並沒留下多少遺產，可謂兩袖清風，所以在他身故後家人生活陷入困境。信函進一步透露，何啟當時仍在生的孩子有 17

在香港墳場的何啟之墓。（鳴謝：梁延敬）

人（十子七女），[20] 其中部分已有工作或出嫁，部分雖已成年但仍在學，部分未成年亦仍在學，部分更屬幼童，需要更多照顧。韋玉因此請求殖民地政府起碼給予仍屬幼童的子女——主要是何永康（11 歲）、何瑞美（7 歲）、何永錦（5 歲）、何永德（4 歲），以及何永謝（只有 20 個月大）——施以援手提供生活費。對於韋玉的請求，梅軒利在深入考慮後表示同意，所以在 1915 年的季度開支帳項中，

20　何啟一生育有十子八女，其中一女何瑞銀早逝，所以韋玉指在生者有十子七女，其中長女長期居於英國，財政上不用何啟照顧，何啟去世時相信亦沒回港奔喪。

出現了 284.40 元「作為何啟爵士部分家人的教育費用」的項目（CO 129/413, 28 August 1914），而政府這項特殊開支維持了四年（Choa, 2000）。

顯然，世情總難事事俱全，往往是有得有失。不少在政壇呼風喚雨者，在投資上往往鎩羽而回；不理政治低調度日者，在投資上卻能獲得令人艷羨的收入和回報；就算是營商老手，在商場上打滾大半生者，亦難保投資必能獲利。何啟無疑是第一種情況的最好例子，何福堂、何妙齡可以作為第二種情況的說明，而何神添則屬第三種情況的印證。接下來將集中討論何啟生意投資的連番挫折，說明為何在他去世後子女立即出現生活難以為繼的問題。

令人好奇的是：何啟擁有香港社會最「吃香」、最「搵錢」的醫學和大律師雙重專業資格，按道理應可「豬籠入水」，賺個盆滿缽滿；加上他參政議政多年，具雄厚政治影響力，在社會叱吒風雲，必然能撈取不同層面的經濟資源，財富應較父親有過之而無不及，但為何當他一過世，家人便落得要政府接濟的地步？

事實上，擁有醫生和大律師雙重專業資格的何啟，憑專業賺取的收入確實不少，加上其政治資本亦令他獲得不少因名而來的財富。雖說何家人多擔子重，但按道理他亦能存下相當的積蓄，但他卻將大部分積蓄用作投資，希望藉此帶來更多財富，偏偏各項投資都是失利而還，有些更令他蒙受巨大損失。結果當他突然身故，由於積蓄有限，財產不多，甚至可以用身無長物形容，家人馬上便出現了生計難以維持的問題，甚至要舉債度日。

到底何啟的投資道路有甚麼挫折呢？綜合各種資料顯示，獲委任為立法局議員數年後的1896年，何啟便開始有具規模且較為頻密的投資舉動，似是要在營商生意方面一展身手。《孖剌西報》1896年2月一則報道指，何啟與胞兄何神添北上北京，與同屬南海籍的滿清官員張蔭桓會晤，[21] 因為他們正計劃組成財團，爭取興建由北京至廣州的鐵路火車工程（*The Hong Kong Daily Press,* 11 February 1896）。由於日後再沒相關的跟進報道，相信那次龐大項目的投資應該胎死腹中，沒有進展。

同年，據說何啟以50,000元從何神添手中承接了一個殘破戲院，計劃進行重建，至於他那次籌集的資金，主要來自舉債（參考下一章討論）。這個投資項目同樣沒有成功，以虧損收場。另一方面，何啟又曾為置買羅便臣道7號作居所而借貸，主要債主是好友馮華川及胞姐何妙齡（Choa, 2000: 30）。即是說，無論是計劃投資鐵路，或是戲院重建項目，何啟不但沒有嚐得甚麼甜頭與回報，反而蒙受損失。只有1896年添置居所一項，到後來相信能帶來不錯回報，但那是一家人的自住物業，不可能賣出套現，樓價再升也只是紙上財富而已。

或者是受到連番投資失利的打擊，加上借貸購置居所後可能需要一段時間供款及恢復財政「元氣」，何啟再有投資大動作要等到1912年左右，而那便是令他虧損更為嚴重的啟德濱大型填海造地房

21 張蔭桓曾任駐美公使，乃伍廷芳前任，甲午戰爭後曾與伍廷芳於1895年陪同李鴻章同赴日本，談判並簽署不平等條約——《馬關條約》。

地產項目。扼要地說，何啟獲贈爵士頭銜那年，他與親家好友歐德合組啟德投資公司，[22] 計劃在九龍城海旁填海，然後興建規模龐大的啟德濱花園洋房——類似今天的大型私人屋苑，目標客戶是新崛起的華人中產階級。但填海計劃進行不久即遇資金不繼打擊，促使何啟要給發展項目不斷「輸血」（注資），積蓄乃花去不少，加上何啟失去立法局議席，而經濟環境又迅速逆轉，項目乃爛尾收場，啟德投資公司一度被迫破產，這種局面相信令何啟甚為困擾，他最終心臟病發，英年早逝，[23] 亦可能與晚年事業投資連番失利有關。

無論是醫學講壇上的授課、法庭控辯時的引經據典，甚至是立法局殿堂內的議政論政，思想敏捷、條理清晰、雄辯滔滔的何啟，在生意投資方面卻屢遭滑鐵盧，正好反映投資理財之不易。以何福堂家族為例，同樣採取積極進取策略，何福堂可以在死後惠及妻兒；何妙齡則先挫後賺，最後有大筆財富能做慈善留芳後世，不幸的便如何啟財如流水去，令妻小貧無所依，要依賴他人的善心過活；也有如何神添失意股票市場，更與家人反目鬧上公堂（參考下一章討論）。幸好，殖民地政府收回啟德濱的地皮後用作興建機場，將之命名為啟德機場，讓何啟與歐德留名後世，算是對他們所作出努力的表彰。

22　啟德投資公司的股東或投資者除了何啟與歐德，還有韋玉、曹善允、何妙齡及張三和等人，黃廣田任秘書，主理日常事務。據日後《孖剌西報》報道，啟德濱發展項目原本由伍廷芳提出，後來得到何啟認同和支持，乃有了與歐德及其他股東的合作，首期投資達 175 萬元，當時而言絕對是一個龐大項目（*The China Mail,* 11 April 1919），惟結果卻令他深陷投資泥沼，無法自拔。

23　何啟去世後，曹善允成為該龐大物業發展項目背後的實際執行者，他日後亦獲委任為立法局議員，地位同樣十分顯赫。

順帶補充的是，或者是不想留在香港依靠殖民地政府的救濟撐持生活，到了 1919 年，何啟遺孀黎玉卿帶同一眾子女轉到上海生活，主要原因相信與女兒何瑞金（又名何寶芳）和女婿伍朝樞在上海穩定下來有關，而兒子何永亨及何永乾等又在上海找到較好工作，所以何啟一家移居上海後，與香港的關係則變得疏離（參考第九章討論）。

資料顯示，到了 1931 年 1 月 14 日，本地報章報道，居住上海的何啟夫人黎玉卿，在四子何永乾的大宅中舉辦 60 大壽的慶祝晚會，中外賓客雲集，子媳女及婿，以及一眾年幼內外孫雲集，更有大戲表演，極為熱鬧（*South China Morning Post,* 14 January 1931）。有趣的是，對於黎玉卿這次壽宴，退休居於倫敦的何啟生前好友駱克，曾請何東為他撰寫一副對聯致賀，何東最後花了 7.9 元找來一位書法家，寫了一副闊尺半、長 15 尺的對聯相贈，內容如下：

何母黎太夫人開八榮慶

九陔耀婻星多福多壽多男子

萬家頌生佛一花一葉一如來

前任威海衛大臣駱克鞠躬

收到駱克的賀禮，何家附上回執，上列十子六女的名字（本有七女，其中一女何瑞銀已逝，因而沒有列出），他們的名字按中國傳統直立式書寫，且以先中央後兩旁、先右後左的長幼次序。十子分別為：永貞、永猷（另名永亨）、永乾、永元、永利、永安、永康、永感（另名永錦）、永德、永謝；六女分別為：瑞金、瑞銅、瑞鐵、瑞錫、瑞華、瑞美。[24]

在今天社會而言，黎玉卿一生誕下 17 名子女的「大量生產」，無疑令人難以想像。但在那個強調「多福多壽」的年代，駱克口中的「多男子」自然屬於最重要的榮耀。還有一點十分有趣，何啟的女兒以金、銀、銅、鐵、錫、華、美命名，在當時社會是一件令人津津樂道的事。

到了 1945 年 10 月 10 日，黎玉卿在上海去世，享壽 74 歲，家人按她生前遺願於 1946 年 1 月 24 日將其遺體送回香港，再舉行甚為盛大的喪禮，何家親友與官商賢達前往致祭者超過百人，遺體最終下葬於香港墳場，與何啟作伴（*South China Morning Post,* 25 January 1946）。從落葉歸根的角度看，大半生居於上海的黎玉卿，顯然仍掛念亡夫，選擇死後葬在他的身旁，長相廝守，而何啟後人同意這樣做，更揭示他們亦應該視香港為他們的最終故鄉。

結語

在不少人的心目中，何啟無疑是傳奇人物，蔡永業更以「時代產物」（product of the era）形容他（Choa, 2000: 7）。誠然，無論是學歷和專業資格，或是精通中英雙語和文化，乃至於議政論政的全

24　黎玉卿本人育有七女，其中一女何瑞銀已逝，因而沒有列出，諸女兒的名字中，便出現了「缺銀」的情況。

心全意投入，何啟顯然開一代之先，至於他的一生為香港作出的巨大貢獻，亦相信並非很多一直自稱土生土長者能及，他議政論政 24 年，沒有予人以權謀私的詬病，更令不少染指政治但卻為着撈取個人或家族利益者汗顏。可能是將太多心力放在政治參與上，故在理財方面表現欠佳，雖然曾參與土地及商業買賣，惟大多鎩羽而回，就算執業方面的經營亦未如理想，最後落得兩袖清風，家人在他死後生活難以為計的局面。

儘管何啟死後並沒留下太多遺產，但因他在生時為香港所做的一切極為重要，而相關的體制和事物，例如香港大學、聖士提反書院，乃至於宋王臺和啟德機場等等，至今仍與不少市民的生活息息相關，讓人對民間社會所說「前人種樹、後人乘涼」體味良多。何啟的名字，也因為他為香港社會所作出的巨大貢獻，深深地鐫刻在香港的歷史上。

第五章　兄弟殊途

何啟諸昆仲的各有所謀與不同際遇

引言

何福堂在 1871 年突然去世時，五子五女中，除年紀較長的何妙齡已出嫁，長子何神賜已成人外，其他包括何神添、何啟等子女，則應尚未及冠。在這群未成年的子女中，何神添的年紀最大，而何渭臣、何神祐、何晚貴等則較何啟年幼，其他女兒如何春蘭、何梅蘭等則年齡不詳。雖然諸子女出生於同一家族，亦同樣受益於父親的宗教、社會和經濟資本，但最終卻活出了截然不同的人生。必須事先指出的是，有關何啟諸兄弟的人生經歷，坊間資料甚為缺乏，僅有的一些則既零碎又真假難辨，因此只能從左湊右併和各方推斷中整理一個粗略圖像或發展足跡來。

一個不爭的事實是，由於家族較西化，又信奉基督新教，何神賜、何神添等同樣自小接受西式教育，掌握中英雙語及現代知識。其中的何渭臣曾如伍廷芳和何啟般負笈海外，接受專業訓練，投身社會後走上專業之路，至於何神祐曾加入滿清政府，或是充當中間人角色，惟事業發展始終沒如伍廷芳或何啟般扶搖直上、顯赫一時。部分兄弟之間亦較少出現社會一般預期的互相提攜、緊密合作，因此很難避免地讓人覺得他們之間的感情不深，內部或有矛盾。

何黎氏當家的連遇官司訴訟

任何家業繁盛子孫眾多的大家族，當大家長突然去世時，很多時會出現分家析產、子女四分五裂的壓力或局面。但若那時有女家長「母代父職」挺身而出，則多能令一家上下團結一致，克服分裂，因此能保持發展動力，甚至可以帶領家族登上更高峰。何福堂家族在何福堂突然離世時亦碰到這樣的問題，不過由於遺孀何黎氏緊抓家業大權，加上不少子女尚年幼，故避免了家族在當時分崩離析的局面。

正如第二章中提及，何福堂臨終前按理雅各提議訂下遺囑，委託妻子何黎氏為遺產執行人，子女則屬主要受益人，並給了不同比例的分配。這一看似簡單的臨終指示，按一般情況自然是立即點算遺產，然後由何黎氏負責分派，讓各受益人拿着自己所得遺產自由運用管理。但是，何黎氏卻採取了她認為更適合的做法：由她集中統管遺產，只將投資中產生的收入用於照顧或分配諸子女，維持核心資產統一，不作分配（即不分遺產）。

到底何黎氏接收何福堂的遺產後實際如何處理呢？答案可從 1882 年立法局會議上港督軒尼詩的致辭略窺一二。當時，軒尼詩提及 1881 年是香港經濟欣欣向榮的一年，政府財政收入水漲船高，並指華人社會正在不斷壯大，其貢獻及地位應該給予充分肯定。為了證明其事，他更引述了一個統計數據，指當時 20 位交稅最多的個體（個人或企業）中，17 個來自華人社會、3 個來自洋人社會（*The Governor's Address on Opening the Legislative Session of 1882*, 7 February 1882），而何黎氏（Ho Lai Shi）的名字竟赫然出現在名單上，她交了5,863元稅款，為「交稅大戶」中的第七名。[1] 而根據Pomerrantz-Zhang（1992: 45）分析，這位何黎氏便是何福堂的遺孀。身為名單唯一的女性，她猶如「萬綠叢中一點紅」，特別引人注目。

由於何黎氏沒有工作也沒有經營生意，其收入相信主要來自物業買賣及租金收入；而她持有的大量樓宇應該大都是何福堂的遺產。在1871年至1881年這十年間的物業大幅增值，租金飆升，令她躋身成「交稅大戶」，當時的交稅數據，相信是物業市場最熾烈之時創下的。而無論是之前或之後，何黎氏的名字都不曾出現在「交稅大戶」的名單上。從這個資料可以推斷，何福堂生前購入了大量物業，在他死後家人單憑租金收入或樓宇買賣，都足以過着極富足的生活。何黎氏接收相關物業後，應採取了甚保守的投資策略，故在丈夫身故後十年仍保留大量物業，日常生活依靠收租已經足以維持。

何黎氏之所以集中統管遺產，不讓它分散的原因，一方面有利財富累積這好處，也更有效團結一家上下，而且何福堂去世時不少子女均年紀尚幼，心智尚未成熟，她顯然覺得若貿然把大筆財富交予他們，對子女是百害而無一利。因此便按她自己理解的方法處

1 那20個「交稅大戶」中，居第一及第二位的是「和興」（Wo Hang）及「伍生」（Ng Sang），分別交了11,397元及10,240元；接着是第三位的德忌利士洋行（Douglas, Lapraik & Co.）及第四位的渣甸洋行（Jardine, Matheson & Co），交稅金額為9,467元及7,545元；然後是楊樹林（Yeong Shu Lum）、林秀（Lum Sow）及何黎氏（Ho Lai Shi），交稅額6,876元、6,004元、5,863元；再接着有郭英啟（Kwok Ying Kai）、程星陽（Ching Sing Yeong）、盧星（Lo Shing），交稅額為5,748元、5,730元及5,624元。之後第十一至第二十位，9個來自華人社會，只有一個來自洋人社會，那便是居於第十九位的沙遜父子洋行（D. Sassoon Sons & Co.）（*The Governor's Address on Opening the Legislative Session of 1882,* 7 February 1882）。

理，由她掌控遺產全數，並利用遺產投資的收益應付日常開支。在她眼中，這樣做法是更合符何福堂原意，因為丈夫在遺囑中已表明「是由她按最符合她本人及眾子女利益的方法處理與決定」（見第二章）。

不過，雖然何黎氏認為自己的做法有理有據，但顯然受到部分子女或親屬的挑戰。特別當年幼的子女逐漸長大，渴望獨立自主，不想再受制於母親時，他們要求拿回自己應得的遺產由自己決定如何運用支配的聲音，相信有加無減。最後，內部爭拗演變成官司訴訟，成為香港歷史上首宗告上法庭的華人爭產官司，轟動一時（*The Hong Kong Daily Press,* 13 August 1884; 16 September 1884; 16 October 1889）。

遺產爭奪戰浮上水面的序幕始於何福堂去世六年後的 1877 年。在那年的 9 月 20 日，《德臣西報》（*The Hong Kong Daily Press*）刊登了一則甚為特殊的英文通告，內容翻譯如下：

> 下署者僅此通告，她已就其夫之遺產報呈香港遺產承辦法庭（Probate Court），據此沒有兒或姪能獲得允許，拿物業遺產出售、借貸或抵押按揭。他們中任何人若沒事先獲得下署人簽署作實，從出售或抵押按揭中獲取的金錢，下署人必會採取行動取回，因而必會給放貸人造成損失。
>
> 已故何福堂牧師合法妻室：黎氏
>
> 華恩古樓（Wa Yan Ku Building）
>
> 1877 年 9 月 18 日，香港

這則通告帶來的一些信息是：一、為了便於遺產管理，何黎氏已採取法律程序（具體採取了甚麼行動並沒提及），將遺產管理一事呈報遺產承辦法庭，讓她獲得法律保障與支持；二、促使她這樣做的原因，相信是兒或姪（sons or nephews）可能有擅自將物業遺產出售或按揭借貸的舉動；[2] 三、相關售賣或借貸若沒她事先首肯授權，一律無效，放貸人須承擔由此產生的損失；四、特別強調她乃已故何福堂牧師的合法妻室。[3]

何黎氏刊登這份嚴正通告，到底是針對何人呢？綜合各項資料分析，就在那一年，負笈英國的伍廷芳學成歸來，正式註冊為大律師，躊躇滿志開始了個人事業，他與何妙齡對何黎氏早前支持他留學英倫一事應感激至深，按理不會成為滋生家族內部矛盾的源頭。同樣在那一年，剛滿 18 歲的何啟仍在萬里之外的英國埋頭攻讀醫學，應對繁重的實習和考試，所以相信亦不會成為觸發家族內部矛盾的人。年紀較幼的何渭臣和何神祐，由於尚未成年，仍要依靠母親照料，故尚不會挑戰母親對遺產的管理，也沒有能力將遺產出售或按揭。

剔除以上各人後，有可能引起矛盾糾紛的，便只有何神賜和何神添兩人。由於何神賜在何福堂去世時相信早已成年，甚至可能已

2 通告用上兒或姪兩類人，揭示對遺產垂涎或有「份」參與者，可能亦包括了姪，不只是兒。

3 按第二章中提及，黎氏一來是何福堂按基督教儀式迎娶過門為妻的，二來何福堂亦只有她一位妻子，按道理不用特別強調「合法妻室」（legitimate wife）的地位，但她卻在這則通告中特別強調，用意令人玩味。

經成家立室，若然他對母親的遺產安排有所不滿，按道理更早之前已爆發，不會等到 1877 年。當然，亦不能排除他在那年家中有突變或投資失敗，急需現金周轉。但最有可能的「涉嫌人」應是何神添，因為他原來在政府打工，但在 1875 年轉投商界任經紀，期間眼見地產市道不斷向好，自然想參與其中大賺一筆。但何黎氏將遺產抓得緊緊，何神添無法動用分毫，想獲得資金便只有借貸一途。而借貸對象不可能是母親，因為何黎氏的理財策略明顯甚保守，不會贊成炒買等高風險投資，若要向外人借錢，便需要有抵押品。故何神添可能以「自己將可繼承的物業」作籌碼，以高息口向一些願意搏一搏的人借錢。何黎氏在 1977 年公開刊登通告，顯然是知悉事件嚴重性，有意向何神添或相關人提出警告，表明她不贊成亦不會承認有關抵押。

至 1880 年前後，香港房地產泡沫爆破，樓價大跌。何神添既活躍於炒賣市場，又怎可能逃得過、不挨刀不沾身。事實上，他在這次地產泡沫中損失甚巨，在接着的日子中，何神添因債務問題引發的糾紛頻頻出現，他甚至被告上法庭。到了 1883 年，他更被法庭勒令破產（*The Hong Kong Government Gazette,* 15 December 1884）由於所欠債額過巨，他被勒令「刑事破產」（criminal bankruptcy），律政司在知悉何神添乃何福堂遺產受益人後，乃代表債權人入稟法庭，向身為何福堂遺產信託人與執行人的何黎氏追討屬於何神添的那份遺產。（有關何神添如何踏足商界，又為何會負債纍纍等問題，可參考本章另一節探討）。

法庭上，控辯雙方的爭拗點是何福堂當年所立那份遺囑，到底是給予何黎氏按其自由意志及喜好全權處理，抑或只屬信託，她是遺囑管理人而已。何黎氏一方堅稱，丈夫臨終前的意思是把財產全交給她，由她本人按家族需要處理，不過負責草擬遺囑的傳教士（指理雅各）則採取了西式遺囑的方法，寫下那份與丈夫原來意思有出入的遺囑，所以何黎氏堅持她有權按其的想法或意志，以她及家族利益為主要考慮，不給每位子女分配遺產。

案件糾纏了一段時日（*The Hong Kong Daily Press,* 13 August 1884; 16 September 1884），亦花掉了不少律師費，但相信最令何黎氏失望的，是法官最後判定那是屬於遺囑信託，她只是遺產管理人，必須按遺囑的指示按比例將財產分予眾子女。對於法庭裁決何黎氏自然無法反抗，故她只好把何福堂遺產按原來指定分配比例分給諸子。而何神添所得，相信即時被政府充公以支付欠債。

據後來韋玉所言，何啟當時大約獲得 20,000 元（CO 129/413, 1914），亦有說法指何神添獲分 25,000 元（*The Hong Kong Daily Press,* 16 September 1884）。由於何福堂生前遺下五子五女，其中七成分給五子，三成分給五女，若以 25,000 元計算，即當時的遺產總值為 17.86 萬元；若每名兒子只獲 20,000 元，總值更只有 14.29 萬元。由於 1871 年，何福堂的遺產估值是略多於 15 萬，就算扣除家庭日常開支，以十多年的回報率看來亦不理想。故韋玉曾提及何啟於 1882 年返港後，發現何福堂遺產出現「信託人管理不善」（mismanagement of trustees）的問題（CO 129/413, 1914）。此點明顯指向何黎氏，認為她沒有管理好何福堂遺產。

不過，若然細心一點看，何福堂去世後，要維持一家生活，讓子女獲得良好教育，甚至讓伍廷芳、何啟及何渭臣等出國留學多年，各項開支和費用，實在不少，這批開支明顯來自何福堂遺產的經常性收入。另一方面，由於遺產主要是物業，當房地產市場熾熱時，身家財富水漲船高，所以1881年時何黎氏能成為交稅大戶，但當樓市低迷時，資產大貶值，遺產數目便大幅收縮，1883年屬於房地產市場泡沫爆破後的低潮期，那時「埋單」計算遺產，自然不甚理想，以此批評何黎氏管理遺產不善，實有欠公允。

不過，事件並沒到此了結。何黎氏在分配家產時只分了給諸兒子，[4] 而她可能覺得女兒已出嫁，不再是何家人，故不應獲得任何分配。這自然令女兒一方感到不公平，尤其亡父在遺囑中已有明確列出女兒亦可獲三成，母親自把自為損害了她們的權益。為了遺產分配的衝突，相信家庭內部曾有過不少爭論，但在雙方都不願退讓下，最終只有告上法庭，何黎氏再一次要到法庭答辯，而這次與她對簿公堂的，是女兒何春蘭（Ho Chun Lan）[5]。

已經成為寡婦的何春蘭，可能因為生活困難的關係，要求母親按遺囑規定，分給她所應得到的一份，而在庭上的她要求是十一分

4　此點應與理雅各代何福堂草擬遺囑時，何黎氏堅持不分給女兒的想法一致。即是說，何黎氏仍抱着傳統傳男不傳女思想，但理雅各則代為作出了「男女平等」的安排，因此讓何黎氏覺得遺囑有違「原意」，與她或傳統的做法有很大出入（參考第二章）。

5　何福堂諸女兒的名字亦常有轉變，簡單而言是父母在她們出生後給予名字，但到她們長大後又按本身需要改了名字，而英文音譯又時有不同，就算在法庭文件或報紙的譯音上，亦差別巨大，且常有轉變，例如何春蘭的名字初期譯為 Ho Chun Lau，後又轉為 Ho Chen Lam，再之後才轉為 Ho Chun Lan（*The China Mail,* 22 November 1888; 28 August 1889; 26 September 1889）。

SUPREME COURT.

IN ORIGINAL JURISDICTION.

(Before the Full Court.)

Thursday, Nov. 22.

HO CHUN LAU v. HO LAI SHI.

Mr Francis, Q.C., instructed by Messrs Caldwell and Wilkinson, appeared for the plaintiff; and the Attorney General (Hon. E. L. O'Malley) instructed by Mr Reece (of Mr C. Ewens' office) for the defendant.

This was an application on behalf of the plaintiff for the administration of the estate of Ho Tsun Shun deceased. It had been adjourned from Chambers with a view to obtain an amendment in the answer filed by the defendant to the plaintiff's petition. The petition set forth that on the 5th March 1871, Ho Tsun Shun, clerk in holy orders, made his last will and testament, in which he made Ho Lai Shi, his wife, his sole executrix, giving all his estate real and personal in trust for herself and his sons and daughters. On 4th April, 1871, Ho Tsun Shun died without having revoked or in any way altered his will, and probate was afterwards granted. The plaintiff was one of the daughters of the deceased. Ho Tsun Shun died possessed of leasehold and other property of great value which was taken possession of by the defendant at the time of his death and had remained in her posses-

關於何福堂遺囑的最終判決，1888 年 11 月 22 日《德臣西報》（*The China Mail*）有詳盡的報道。

之一或九分之一。[6] 何黎氏答辯時自然表示不同意，指當年亡夫的遺囑其實是讓她按本身自由意志及喜好全權處理遺產，只是傳教士在草擬遺囑時扭曲了原意，所以她堅持自己有權作出最後決定，不分配給外嫁女兒。

案件在最高法院上爭辯了不少時間，法官最後作出裁決，同意早年法庭的裁決，何黎氏其實只是遺囑管理人與信託人而已，不能享有全權決定權。即是說，她同時亦要分配給諸女兒她們在遺囑中指明的份額（*The China Mail,* 22 November 1888; 28 August 1889; 26 September 1889; 15 October 1889）。可以想像，女兒何春蘭（包括其他女兒）在這次官司中最終獲勝，但母女或親人關係必然在這次公開的爭鬥中受到嚴重傷害，大家日後相見如同陌路，而日後亦再沒出現何黎氏的任何消息了。

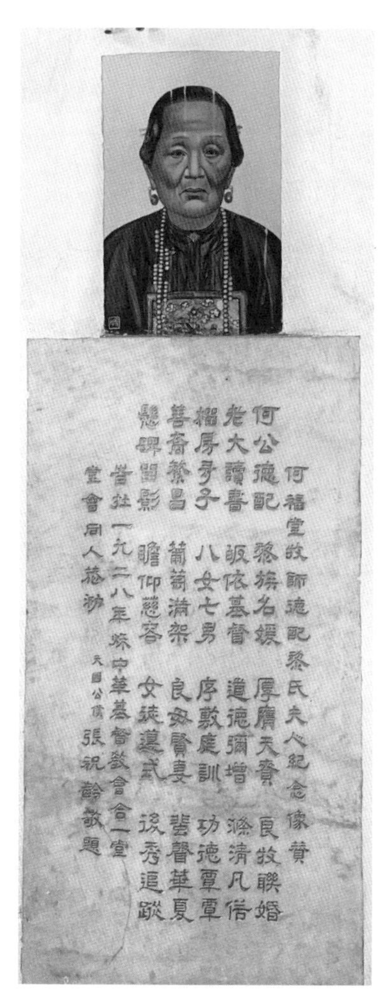

何福堂牧師德配黎氏夫人紀念像贊。（鳴謝：中華基督教會合一堂香港堂）

6　這個看似矛盾的計算方法，相信與其中一名女兒已去世，而受益人有否加入何黎氏本人有關。若五子五女再加上何黎氏，受益人便是十一人；若何黎氏及其中一名已去世女兒不計在內，則只有九人。

總括而言，何黎氏身為何福堂妻室，在丈夫去世後沒有變得軟弱無助，反而表現出傳統保守與硬朗果斷一面。她能一開始表現出強勢，採取了個人獨攬的做法，拒絕將財產分給子女，並親自管理亡夫遺下的所有遺產，打點家族上下事務，令失去了何福堂的何家仍能維持完整，生活充裕。但是，她只從自己立場出發，沒意識到子女日漸長大，不願再對她唯命是從，加上自由獨立思想抬頭，各人更重視自身權益，亦強調男女平等，因此不怕犯上不孝的大不韙，為了個人權益有膽與母親對簿公堂，何氏家族因此得到一個另類第一：香港甚至近代中國歷史上第一宗子女控告母親，爭奪家產的案例。

何神賜的名不經傳

在何福堂諸子中，以長子何神賜的資料最為缺乏，名字亦最少人提及。一般而言，長子按道理應獲父母較多關注，而且傳統上，有長子須扶養雙親的觀念，故對長子的栽培及期望亦最高。加上他們較早出身，會吸引較多社會目光，在分配遺產或是發展事業方面應該會有較多佔比或優勢。至父親去世後，很多時會以「長兄為父」，協助母親維持大局，或成為家族的領頭人。然而，何神賜卻一直默默無聞，難免令人好奇。

綜合而言，與何神賜有關的紀錄，最主要是何福堂遺囑，當中曾提及他的名字；其次是受洗紀錄，亦提及其名字與曾經在該教會受洗。至於其他各方資料，主要是討論和分析其兄弟時粗略觸及。即是說，有關何神賜生卒年月、求學工作、愛情婚姻等等，均沒有紀錄，可見他一生留下的足跡極為有限。

先說何福堂的遺囑。在那份簡單但日後卻引來官司糾紛的遺囑中，何神賜的名字排在諸子女之前，說明他很可能是長子，何福堂去世時他應已長大成人，可能已成家立室，甚至有子女了。但作為成年的兒子，在父親突然去世後卻沒被指定為遺產執行人，以「長子作父」的身份協助母親，照顧未成年弟妹們，帶領大家往前走，此點不知是否與他性格或才能方面因素有關。

接下來是受洗紀錄。據葉深銘在《天道下濟：香港華人自理會道濟堂傳教事業研究》博士論文的資料整理和分析，早年道濟會除了會友名冊，亦有紀念特刊和會務週刊，這些刊物有時會零碎地刊載一些會友受洗信息，不過多數只紀錄了受洗者姓名或受洗年份，較早期的則年份一項也欠奉，取而代之的是一個會友編號，該編號相信是按受洗的先後次序積累排列，例如何玉泉的編號是 005-1，[7] 而何福堂則是 013-1。由於何福堂家族有「四代歸信」，人數乃該統計中「最多」者，相關資料和紀錄無疑極有參考價值，值得引述如下：

7　何玉泉，生於 1805 年卒於 1885 年。和何福堂般，何玉泉乃香港開埠初期的華人信徒與傳道人。據他自己所說，他本信奉儒學，51 歲時才信奉基督教，受洗於倫敦傳道會，曾在《萬國公報》上發表文章，對於「God」（神）一詞的翻譯提出深刻的見解（趙稀方，2012）。

表 1：道濟會堂教牧家庭歸信表：何福堂家族

父母	兒女 / 媳婿	孫	曾孫
何福堂（013-1）	何妙齡（053-1）	何高俊（642-4）	何法中
何黎氏（047-1）	何秋蘭（107-1）②	何馬氏⑤	何中中
	何神祐（122-1）	何文俊	何建中（1924）
伍余氏（071-1）①	何神添（202-1）	何郭氏（1924）⑥	何順中（1926）
	何神保（204-1）	伍朝樞	何銘中（1928）
	何神啟（205-1）		何育中（1924）
	何神賜（230-1）		何尾中（1924）
	何美蘭（231-1）②		何德中（1924）
	伍廷芳③		何祿中（1924）
	何潘氏（1924）④		何樂中（1924）
			何慎中（1924）

① 伍廷芳母親，相信便是余娜。

② 何秋蘭和何美蘭，這兩個名字與何福堂遺囑中出現的 Tsau Lan 及 Mui Lan 相似。

③ 名字後沒數字，何文俊、何馬氏、伍朝樞、何法中和何中中等亦如此，原來說明是「不能確定受洗年份，但又確知其曾參與會堂聚會 / 活動者」。

④ 原註指是何高俊之母，即是何福堂媳婦。

⑤ 原註指是何高俊之妻，此點在日後何高俊遺囑文件中得到確認（見第七章）。

⑥ 原註指是何文俊之妻，惟相信是指何高俊妾侍郭頌文（見第七章）。

資料來源：葉深銘，2014：133

撇除沒「編號」者不談，家族中「編號」較前的，是何福堂、何黎氏和何妙齡；接着是伍余氏、何秋蘭和何神祐；何神添、何神保和何神啟應為同一時期；而何神賜和何美蘭（何梅蘭）又屬另一時期；何高俊則應更後，但應是在有註明年份者之前。按這一資料推斷，身為父母的何福堂、何黎氏最先受洗並加入會堂，接下來是長女何妙齡，這亦符合他們人生的進程。由於何秋蘭和何美蘭（何梅蘭）的年齡長幼不為人知悉，她們「編號」先後反映何種問題且按下不表，但身為幼子的何神祐及長子的何神賜，二人加入會堂或受洗時間卻截然相反，此點令人甚為不解。這表示何神祐雖較年幼但卻較早信奉主，願意皈依，並較早加入會堂嗎？至於何神賜則要等到年紀較長才做出相同舉動與決定嗎？在知悉受洗年份的成員中，大部分在 1924 年，這說明那一年有多位家族成員加入會堂或受洗，這一資料起碼可以說明這些成員都在 1924 年或之前出生（參考第八章）。

一個不爭的事實是，何神賜並沒如乃父或諸弟妹們般在社會上頗有名氣，所以有關他人生事跡的紀錄極為缺乏。一些說法指他約於 1890 年去世，且葬於廣州（可能指佛山），其中一個推測，是他較多時間留在南海或佛山生活，可能是要協助父親傳教或處理何福堂在當地的投資及業務（Choa, 2000）。按此推斷，何神賜並非如其他兄弟姐妹般長期留在香港，所以沒在香港留下多少足跡與紀錄。

何神添的起落跌宕

在何福堂諸子女中，何神添的人生事業相信最為跌宕，亦最為坎坷。他曾多次陷於財困，要向家人親友伸手借貸。又因父親遺產一事與母親起衝突，惹起母親不滿；後來，債務問題愈來愈嚴重，他被迫令破產，想不到卻牽連家人，引起了官司訴訟，母親更為此被告上法庭。在那個強調孝道的年代，他所作所為無疑令家族「蒙羞」，相信他與家人的關係不會好到哪裏去，可能被視為家中黑羊受到冷待，甚至被部分家人放棄，拒絕來往。

綜合各方資料顯示，何神添可能較何啟年長兩歲，即是大約生於 1857 年，而他亦相信如其他兄弟般初期在家中接受傳統教育，年紀稍長後才到中央書院就讀，並在完成中學課程後踏足社會謀生。由於中央書院並沒留下何神添求學期間的資料，揭示他在學校的表現可能並不突出，這亦說明他為甚麼沒有如伍廷芳、何啟，或下文提及的胞弟何渭臣般，在完成中學課程後繼續學業，甚至負笈海外。

政府 *Blue Book* 的紀錄是，自 1873 年 9 月起，何神添被聘為裁判法庭的翻譯員，[8] 而他能獲得此職，證明他通過了語文能力及操行品格等各種考核。1874 年，伍廷芳因決定負笈英倫深造，退任「巡理廳」首席翻譯的職位，何神添據說獲選頂替其位。論待遇或前景，這一職位本來不錯，但何神添在這個職位上卻沒有久待，而是在 1875 年便辭職，另謀高就。

日後提及何神添的職業時，紀錄指他為中介經紀，估計他可能自離開政府後便踏足商界，擔任買賣交易中間人的工作。由於香港當時經濟以貿易轉口為主，漁農業以內銷為主，也沒甚麼工業生產，充當交易買賣的中間人，安排貨物的進出口，自然成為經濟結構及勞動市場的重要組成部分。香港開埠後，不少從事這些生意或行業的人，若對市場走勢有所掌握，加上運氣配合，總能迅速致富，賺得盆滿缽滿，當然亦有些運氣不好者在風高浪急的商海中輸

8　若以他那時高中畢業（約 16 歲）計算，即大約生於 1857 年，約較何啟年長兩歲。這點符合日後家族中出現官司糾紛時指何福堂去世時何神添「尚未成人」的說法（見下文討論）。

掉身家，最後落得破產收場。何神添看來是接觸到不少幸運者，亦覺得商海更有空間，因此在政府工作一段時間後，選擇放棄穩定工作投身商界。

何神添放棄了政府「薪高糧準」的穩定工作，投身商海，相信與當時香港經濟開始出現不錯增長苗頭有關，房地產市場的樓價與租金節節上揚，他的其中一項投資或業務，相信是與炒賣樓房有關，這點很可能觸發了他與母親黎氏之間的矛盾。其中一個推斷是，為了增加投資，他可能向母親要求分配財產，讓他自己投資，或是要求拿自己一份財產用於按揭借貸，讓自己有更多資本投入於他認為長升長有的物業地產之中。惟他的要求不獲母親黎氏接納，而她為怕兒子私下作出以物業按揭借貸的舉動，及早應對，乃作出前文提及在 1877 年 9 月在報章刊登通告一事。

正所謂見微知著，有時從一些生活瑣事或習慣，也可看出一個人的做事風格或優缺點。在 1880 年，何神添的名字曾見報，原來他獲選為陪審員，但一次出席法庭聆訊時，他竟然遲到，被法官責難，要求他解釋原因，他的回應是「時辰鏢（可能指時鐘）行慢十個棉尼（分鐘），故遲至，是所誤，在鏢而非在人也」（《循環日報》，1880 年 5 月 23 日）。本來，何家作為一個迅速冒起的精通中英雙語家族，又擁有宗教資本，當選陪審員有助提升其社會地位，但他看來卻沒好好發揮，反而以輕慢態度待之，可見他做事欠嚴謹的一面。而且他將遲到歸咎於時鐘「行得慢」，也讓人覺得他推卸責任，自我管理能力低。

1881 年，香港物業地產市場泡沫爆破，[9] 樓價急速回落，包括何神添、伍廷芳等不少參與投機炒賣者，因此蒙受巨大損失。從伍廷芳和何妙齡隨後離港北上另覓出路看，他們牽涉的債務問題相信不太嚴重，或者說那些債務不用「上身」（承擔）。但是，身為經紀，又全身投入其中的何神添，相信投資巨大、角色吃重，所以他應該無路可退，引發了不少債務官司（*The Hong Kong Daily Press,* 1 October 1883）。最後，他被法庭勒令破產，而有關他名下財產問題，則觸發了前文提及律政司控何黎氏一案的法律訴訟。

當何黎氏敗訴並將家產分給眾子後，何神添所得應全數用作償還欠款。雖然未知能否全數還清，但應該有助減輕他的財務壓力。不過欠債破產等事顯然沒有擊垮他對參與投資的信心，因為捱過了破產被迫低調做人的生活後，何神添又再重出江湖，而且除了參與樓房物業買賣外，亦有投資股票。資料顯示，在 1889 至 1890 年的香港股票市場大牛市期間，他曾有股票交易，並因交易糾紛與一名股票經紀對簿公堂，是為《何神添控戴奎諾案》（Ho Tim v d'Aquino）。

事緣於 1889 年 10 月 28 日，何神添因看好當時彭湛採礦（Punjom & Sunghei Mining）這家公司的股票，乃透過一名股票經紀以指定價位於翌日（29 日）購入一個數量的股票，該經紀向另一名叫戴奎諾（d'Aquino）的股票經紀以指定價位及數量買入股票，並確

9　資料顯示，何神添不只參與房地產買賣，他同時亦有興趣染指澳門「闈勝」（當時的賭博專利）生意，並於 1881 年入標競投，希望取得專營權，惟結果未能如願，沒法取得專營權（*The Hong Kong Telegraph,* 14 July 1881）。

認了相關的交易價格與數量，等待正式成交。但 29 日下午的股價大幅飆升，戴奎諾沒有兌現承諾完成交易，何神添的經紀只好以較高價格從另外的途徑購得何神添指定股票。最後，何神添向戴奎諾興訟，要求賠償多付的差價和交易費用合計 168.75 元。

聽完雙方的證供及辯論後，由於法官認為整個交易的過程已具備了訂立合約的必然要素，合約是有效及有約束力的。由於股價上升了，而被告人又沒有按原訴人的要求購入相關股票，才會為了逃避責任的緣故推說交易屬開玩笑。法官指出這種推卸責任的行為不可信，也不要得，因此，除了判原訴人勝訴外，還要求被告人承擔所有堂費（*The Hong Kong Telegraph,* 20 November 1889）。即是說，在這宗案件中，何神添一方獲勝。

值得注意的，是何神添曾上法庭作證，並透露自己一些個人資料和人脈關係。他在法庭上這樣說：

> **我是一名經紀，我不做股票投機。我早前曾破產，但不是因股票投機之故。我在 28 日下午知悉股票將會大升，有某人曾告訴我，但我不想說那人是誰。我查看協議備忘（memo），已經打了厘印（stamped），日子是 10 月 29 日。**（*The Hong Kong Telegraph,* 20 November 1889）

由此可見，何神添對自己曾經破產一事直認不諱，但強調與股票無關，他本人其實「不做股票投機」，那時會買入股票，是得到友人告知的「消息」，相信該公司的股票會上升，結果證實消息正確，相關股票價格飆升。雖然他說自己不是投機客，但從他有熟識市況的「朋友」，又清楚交易程序等看來，相信他應該不是股壇新手，而是有一定交易經驗了。

1890年，在何神添這次官司勝訴後不久，股票市場因為過度炒賣出現大跌市，沒有全身投入其中的何神添雖避過了股災，但他主力進攻的樓房物業市場卻同受股災拖累，導致樓價急跌，令他又一次蒙受巨大損失。在無法解決財困還清欠款的情況下，債主入稟法院申請破產令，他成為香港開埠以來首名被法庭兩度宣佈破產之人（*The Hong Kong Government Gazette,* 15 November 1890）。

破產後，何神添仍有不少官司纏身。如在1892年，有客戶鄭桂及友人入稟控告何神添及友人，指他們假扮業主鄭桂，在未得業主授權下出售其位於文咸街（Sec. B. M.L. No. 255號）的四間地舖物業。鄭桂要求何神添等人賠償其損失（*The Hong Kong Daily Press,* 24 May 1892）。由於那時的何神添已再沒遺產可繼承，自然無力賠償，客戶亦難以追討所有的損失，而若單憑這宗訴訟的表面資料，何神添的行為已經屬欺詐的刑事罪行，但卻沒進一步判決資料，亦不知結局如何。

從這宗訴訟看來，由於何神添身為經紀，可代客戶管理或買賣資產，不知是否當他財務出現危機時，起了不當歪念，竟利用客戶資產作私人周轉，希望能渡過危機。但顯然市場不景氣較他預期維持更久，他無法及時補回客戶資金，結果被客戶發現而興訟。他以不誠實方法上下其手，令客戶蒙受巨大損失，經此一役，不單是他財務破產，相信他的信用名譽也同時破產，恐怕再難獲得別人信任或再從事這一行了。與上次投資失利引致破產的情況一樣，從1890

年起，何神添又要過着破產的生活，據說，之後他轉到廣州生活，較少現身香港。

何神添一次又一次損害家族名譽，部分家族成員對他有意見、甚至不願與他扯在一起，自然不難理解。不過，何啟顯然曾對兄長伸援手。據韋玉所述，1890 年，何神添因炒賣樓房物業失利遭債權人清盤，何啟為了協助何神添解決糾紛，同時又為了拯救一項家族物業避過遭「強行出售」（forced sales）的命運，乃向人借貸 50,000 元購入那家殘破不堪的「崇慶戲院」（Tsung Hing Theatre），並計劃進行重建。[10] 這兒帶出的重要信息是，家族當時仍持有一些物業，剛踏入立法局殿堂的何啟，似乎不懼兄長投資之累，斥巨資以「接貨」，此舉不但揭示他有一定生意投資興趣，亦有一定資本實力。可惜的是，該項目翌年便遭遇追討借貸的壓力，幸好獲得好友馮華川之助，[11] 才能渡過那次債務危機，戲院最終轉手，除付清貸款，還能獲得 20,000 元，何啟乃以此購入羅便臣道 7 號「西台」（West Terrace）的物業，作為一家人的住所（CO 129/413, 1914）。惟此點與前文有出入，不知會否是韋玉的刻意曲筆，或是另有內情。

到了 1896 年，或者是破產規限期屆滿，何神添又謀再戰商場，惟這次的舞台明顯不再放在香港，而是中華大地。在上一章曾提

10　此一項目不知是否 1892 年落成的同慶戲院（Tung Hing Theatre），該戲院據說有以現代原則興建，尤其兼顧了觀眾的安全（*The Chronicle & Directory for China, Japan, Corea...&c,* 1906）。

11　當時富商，又是華人社會領袖，時任旗昌洋行（Shewan Tomes & Co.）買辦，曾牽頭創立華商總局，團結華商，並出任該組織首任主席，亦任東華醫院總理多年。

及，1896 年 2 月，何啟與何神添曾到北京，與時任稅務與工程事務的滿清大臣的張蔭桓會晤，相信是想爭取興建廣州至北京火車鐵路的龐大工程（*The Hong Kong Daily Press,* 11 February 1896）。不過，由於此項工程極浩大，何氏兄弟既沒足夠資本，又沒工程專業，自然無法取得任何成果。

可以推斷，在兩次樓市與股市巨大泡沫爆破前後經歷身家財富大升急跌，又經歷兩次破產的何神添，在十九世紀末葉仍時刻不忘要捲土重來，東山再起，何啟、伍廷芳及何妙齡等人相信亦曾給予不少幫忙。可惜，一來相信他的欠債破產的污名已廣為外人所知，二來又欠缺資本實力，故多番掙扎再起仍是徒勞，只能過着載浮載沉的生活。據說大約在 1907 至 1908 年左右，他於香港去世（Smith, 2005），若按他大約生於 1857-58 年計算，享壽只有 50 歲而已，用今天標準看，應屬壯年早逝。

何渭臣的學貫中西

何渭臣在何福堂的遺囑中名字是神保，排名在何神添之後、何啟之前。不過有關何渭臣的資料同樣不多，根據一些已知資料推斷，他應在香港完成中學課程後，和伍廷芳及何啟一樣前赴英國修讀法律。在 1887 年 8 月 23 日學成返港並註冊為律師（Norton-Kyshe, 1971）。有指他是首位在倫敦取得事務律師資格的華人，也是香港第一位華人事務律師。

從何渭臣畢業返港的時間較何啟晚約五年來看，較大可能是他較何啟年幼，反映何福堂遺囑子女排名並非跟長幼順序。到底他和下一節將討論的何神祐是生於何時呢？由於何啟生於 1859 年，而何福堂最年幼的女兒何晚貴則大約生於 1866 年，何渭臣和何神祐大約應生於 1860 至 1865 年這段時間內，假設這段時間再沒其他兄弟姐妹出生，而何渭臣較何神祐大，二人的出生的應分別約為 1861-62 年及 1863-64 年。按此粗略推斷，何渭臣由英返港時應該年約 25 歲。

何渭臣在港開始執業時，兄長何啟剛進入潔淨局成為議員，參與不少社區事務，名聲漸揚，而兩兄弟一人為大律師，一人為事務律師，似乎有着一定的默契與分工，彼此間應有一定互動。從資料看，開始執業的何渭臣，律師樓設於皇后大道 61 號，何啟的律師樓亦設於此（*The Hong Kong Directory and the Hong List for the Far East,* 1888），並聘了胞弟何神祐為文員——即俗稱的「師爺」。負責管理帳目的則是一位名叫 E. Antonio 的人。日後，何渭臣和何啟的律師樓一同搬到皇后大道 73 號，而何渭臣律師樓增加了兩名人手，一人叫蔡子雲（Tsoi Tze Woon 譯音），另一人叫譚建榕（Tam Keang Yung 譯音），揭示他的生意應該不錯，穩步上揚（*The Chronicle & Directory for China, Japan, Corea...&c,* 1898）。

何渭臣在執業的同時，還努力埋頭讀書，不過，他修讀的並不是與法律專業相關的課程，而是令人意想不到的科舉考試。在他執業大約兩年後，《孖剌西報》刊登了一則引人注目的消息，主角便是何渭臣：

我們欣聞何渭臣先生（在本殖民地執業的律師，原註）於上星期前赴廣州，目的是應付他的「秀才」（*sui-tsai*，原文特別用

斜體註明）終期考試，那是相等於第一文學學位（first literary degree）的學歷，他於星期一返抵香港時，已取得了相關證書。（*The Hong Kong Daily Press,* 26 June 1889）

從這篇報道可以得知，何渭臣在 1889 年 6 月曾到廣州參加了科舉中的童試，[12] 並奪得秀才資格。秀才是進入士大夫階層的最低門檻，也算有了功名在身，在中國社會能獲相當敬重。那時他大約 27 歲，雖不算年輕，但以他已先考獲事務律師資格，又再獲得秀才資格而言，相信前無古人，亦後無來者了，因為推行千年的科舉制度不久便取消了。

由於香港被英國統治，不少人都認為華人要出頭都會傾向「全盤西化」。其實當時的華人社會，仍有不少家族醉心於功名，如高滿華家族、周永泰家族等便是一些例子，但他們的子弟若是立志要考取功名，便專心一致修讀「中學」，不會涉獵「西學」，周永泰家族的例子便是如此（鄭宏泰，2020）。這樣做的原因亦不難理解，因為要在科舉中考取功名實在是一件極不容易的事，很多人十年寒窗仍未能如願以償。像何渭臣這樣留學英國取得法律資格，並已在香港執業後，才再踏上科舉之路者，實在極為少見。而更難得的是他能在童試中一舉成功，獲得秀才資格，反映何渭臣能英能中，真正學貫中西。

12 科舉中的最初級的考試，與考者為童生，中舉後即為秀才。

何渭臣獲得秀才資格兩個多月後，《德臣西報》（*The China Mail*）刊登了一則消息，指何渭臣和兄弟何啟同獲《華字日報》委任為編輯（*The China Mail*, 5 September 1889）。或者，兩兄弟的「編輯」之職應只屬名譽上的，因為以他們執業的身份看，沒可能再到報館工作，此點應只是想「借」用兩人之名氣，助報紙的權威或陣容而已。由於何啟乃「雙料專業」，又已是潔淨局議員，名氣日盛，他那時獲委任為編輯自然不難理解，何渭臣那時能獲《華字日報》垂青，自然與他那時有了秀才身份有關，可見當時社會對功名的看重和認可。

擁有秀才身份，又是事務律師的何渭臣，社會地位必然因此提高，生意大有幫助實應是預料之內。到了 1890 年，何啟獲委任入立法局，成為「華人代表」，相信又會帶來更多客戶，令他們的事業有更好發展。然而，又再令人意外的，是何渭臣顯然不是那種極有事業野心的人，據說他每天只由 12 時工作至 3 時，其中更有一小時午飯時間，他相信是今天社會常說那種最能平衡工作和生活（work life balance）的人（*South China Morning Post,* 12 June 1934）。

雖然何渭臣每天的工作時間不長，但不表示律師樓的生意不好或收入不多。若從「貴精不貴多」的策略看，他可能只是挑客、寧優勿濫而已。事實上，他曾代表不同客人無論是上法庭、訂定遺囑、開設公司，或是辦理土地買賣契約等，所做事務與眾多律師樓沒有太大差別，而如前文所提能夠擴張，說明經營應該不俗。

儘管我們無法掌握何渭臣律師樓的業績，但 1892 年 3 月 12 日的一則土地買賣紀錄，似乎揭示他手上已積累一定資金，可以投放到物業地產中去。在土地註冊文件中，何渭臣那時以 1,000 元的價錢，買入海旁新填地一塊地皮（Sec. A. M.L. No., 91）。同年7月，他再以4,000元的價值向S.B. Bhaba按揭，此舉一方面顯示他應該在短期內從物業升值中獲利，另一方可能再有重大的投資舉動，需要資金周轉，所以按揭了地皮，可惜不能找到進一步證明，不知是否和前文及上一章中提及何神添和何啟在1894年時計劃重建一個殘破戲院的項目有關。

據稱，何渭臣並非刻板印象中在法庭能言善道、侃侃而談的那類律師，相反他在法庭上予人害羞謙卑的印象，沒有雄辯滔滔的風采（*South China Morning Post,* 12 June 1934）。而且，他明顯沒有如何啟般有從政的打算，也沒有如何神添般大舉投資。由於他相當低調不爭出頭，更令人好奇當初他為何會參加科舉——絕大部分人參加科舉都是希望金榜提名後加官進晉爵，那他又是否想透過科舉進入清政府，像姐夫伍廷芳一樣當大官？是想證明自己的能力還是對人生另有追求？

不過，無論何渭臣對人生有何追求或理想，他都來不及實踐了。在1898年6月27日，報章刊登了一則消息：

> **何渭臣先生，一位深受尊敬**（much respected）**的華人律師，何啟醫生閣下的兄弟，星期六於家中因瘧疾熱**（malaria fever）**去世，其遺體已移放於堅尼地城準備運回廣州安葬。**（*The Hong Kong Telegraph,* 27 June 1898）

何渭臣離世時才約36歲，實是英年早逝，家族上下與親朋戚友必然甚為傷心。何渭臣被冠上了「深受尊敬」一詞，很可能與他擁有秀才身份有關，而他因虐疾熱不治，未知與當時香港仍深受瘟疫困擾一事有否關係，因為曾經在1894年肆虐一時的瘟疾，在1895年逐步緩和後，到1898年又再惡化，家人又把其遺體轉移到堅尼地城停放，該區為瘟疫時期政府規定集中處理被隔離病人及遺體的地方。家人將其遺體運回廣州安葬，若這是家人安排，相信是他們想讓他葬於何福堂附近，落葉歸根；若這是何渭臣的遺願，則反映他仍心繫中國，參加科舉是有意報效國家。可惜的是，無論有心也有才華的何渭臣對未來有何打算，都只能隨之長眠故土了。

可以想像，以何渭臣的學貫中西，既是英國政府認可的執業律師，又擁有滿清朝廷認可的秀才資歷，他能在社會上發光發熱的機會肯定多得很，必然是繼伍廷芳和何啟之後另一耀目新星。可惜，在那個瘟疫肆虐年代，他卻突然染病，英年早逝，大大打擊了家族的發展道路。

何神祐的依仗長兄和姐夫

何神祐又名何祐，相信是何福堂眾兒子中最年幼的，但比何晚貴年長，所以估計他生於1863-64年，何福堂去世時，他應有7至8歲，略通人事，感受到喪父之痛。與眾兄長一樣，他相信亦曾在皇仁書院讀書，掌握中英雙語及具有現代知識。中學畢業後，他沒有到海外繼續學業，並旋即加入兄長何渭臣的律師樓任職文員，那時他只有約15至16歲。他的名字曾於1888年出現在何渭臣律師樓的廣告上，身份特別注明是「何渭臣律師文員」（clerk to Ho Wyson, Solicitor Hong Kong）（*The Hong Kong Directory and the Hong List for the Far East,* 1888）。

身為家中么弟，何神祐顯然得到兄姐們的照料，如首份工作便應是兄長的安排。但同時他在力所能及範圍內，亦會給予兄姐們需要的協助及支持。如在 1889 年，何神祐便以其名義贖回原本是何家的一塊面積達 17,000 平方呎的地皮，原地皮由何神添售予一位名叫譚全（Tam Chun）的人。同一時間，譚全把地皮以二次按揭的方式套取 10,000 元，再交給何神祐保持。

單從表面看，這項交易已不似是一般買賣，予人轉手拓市的感覺，而且涉及的金額不少。何神祐明知兄長曾因欠債破產、信譽有虧，仍願意參與何神添的土地交易，雖有可能是被兄長的說詞打動，想從中取利，但更大可能應該有幫助兄長的意圖。因為接下來的 1890 年，何神添再次因炒賣樓房欠下巨債而破產，故甚大機會在 1889 年時已出現周轉不靈的情況，才開口請何神祐出手相助接貨。

正如前文提及，何渭臣考獲秀才資格及何啟進入立法局，相信對律師樓的生意甚有幫助，何神祐在當中工作，忙碌之餘亦吸收了不少法律知識。到了 1897 年，姐夫伍廷芳獲任為滿清駐美、墨、秘等國公使，前程向好。相信是覺得派駐美國較律師樓工作更有前途，故家人經過一輪商討後，伍廷芳向滿清政府推薦何神祐，讓他擔任駐三藩市副領事（後晉升為領事），[13] 並得清廷批准。因此，何

13 伍廷芳此次出任駐美公使，曾舉薦不少親屬同鄉擔任各地領事，除了何神祐，還有新會同鄉楊西巖，由他出任檀香山領事（黃振威，2018：119）。

神祐獲候選道的官職，跟隨姐夫成為滿清外交人員，轉換了人生事業的跑道。何神祐赴美翌年，擁有秀才資格，可能更渴望在朝廷為官的何渭臣，卻不幸染病去世，只能說人生際遇各有安排。

綜合資料顯示，何神祐被派駐三藩市期間，工作表現不俗，亦有不少實質的成果。接下來會介紹較突出的事件，從中可反映他的能力及處事手法。其一是他處理當地華人社會的內部糾紛。據《孖剌西報》引述三藩市消息，何神祐擔任三藩市領事之時，該埠唐人街的三邑商人與四邑商人因爭奪堂口利益出現嚴重衝突，要求當地領事館處理。在知悉事件後，何神祐先是陪同伍廷芳親身到當地會館了解情況，然後轉到華盛頓，相信是要爭取美國政府支持，之後再回來在當地中華樓召開各堂口領袖的全體會議。在聽取各領袖的看法與問題爭論後，何神祐掌握到問題癥結是部分堂口壟斷利益，以及華人社區欠缺綜合統籌和管理。他的處理方法則是軟硬兼施，一方面答允滿清政府會開放對美貿易，既維持原堂口的基本利益，又讓新加入者能「分甘同味」；至於統合華人社會方面，則倡議各堂口成立一個總會，總會的領導由各堂口代表出任，主席亦輪替接任，任何一個堂口都不能壟斷。更為重要的是，他指出所安排的一切，已獲華盛頓政府支持，若有堂口違返規定，美國警方必會介入干預，大清政府亦會追究到底。由於這一處理方法能兼顧各方利益，令紛爭不會擴大影響當地華人謀生，而不願服從想惹事者又受嚴懲阻嚇，故事件得以順利平息。何神祐因處理問題時能兼顧各方而獲稱譽，令他聲譽雀起。（*The Hong Kong Daily Press,* 30 December 1897）。

其次，何神祐駐美期間清朝發生義和團之亂，激發民眾盲目反抗列強的暴行，結果招來了八國聯軍入侵北京，大肆破毀北京城及

THE CHINESE AT SAN FRANCISCO.

A CLAN FEUD SETTLED.

The *San Francisco Chronicle* of the 25th November contains the following account of the settlement of a clan feud of old standing amongst the Chinese community. The Mr. Ho Yow referred to is a brother of the Hon. Dr. Ho Kai:—

Chinese highbinders who have been preying on the merchants of Chinatown for the past two years lost their occupation last night. The boycott between the Sam Yup and See Yup factions was ended at a meeting of Chinese merchants held in the rooms of the Six Companies.

No meeting yet held among the Chinese merchants has been productive of greater results. For two years a war has been waged, which has caused all concerned an immense sum of money, much bloodshed and a hundred and one other troubles that apparently the highest authorities among the Chinese were powerless to avert.

When the new Chinese Minister, Wu Ting Fang, came to this city he was accompanied by a very mild-mannered secretary, Ho Yow, whom he instructed to investigate the condition of affairs. He set himself to the task with a will, and found the cause of all the trouble. He went on to Washington with the Minister, but was sent back a few weeks ago, armed with instructions to settle the trouble at any cost. He called several meetings of the Chinese merchants, and for a time it appeared that his efforts would be futile. He persevered, however, and, backed by the power of the Chinese Government, he has finally succeeded in arranging a truce, the terms of which were settled at last night's meeting.

Under the new arrangement all trade re-

《孖剌西報》(*The Hong Kong Daily Press*)引述三藩市消息，何神祐擔任三藩市領事之時，該埠唐人街的三邑商人與四邑商人因爭奪堂口利益出現嚴重衝突，要求當地領事館處理。

HO YOW, THE LIAR AND HYPOCRITE.

Chinese Consul-General's Views.

Consul-General Ho Yow, representing the Imperial Government of China, has sent to the Chamber of Commerce the following communication expressive of his regret at the outbreaks in China which have broken the cordial relations of the two peoples:

San Francisco, Cal., July 12.—To the Honorable President and Members of the Chamber of Commerce, San Francisco—Gentlemen: As a member of your body and as a representative of the Imperial Government of China, I beg to express to you, and through you to the business people of San Francisco generally, who may have friends or interests in China imperiled by the prevailing conditions there, my most profound sympathy for them and their friends in the disturbed districts. Happening as the occurrence has at a time when the United States showed itself to be recovering from past reverses in the trade of China, and [illegible]en the future was big with promise for an immense business between this Coast and China, it is exceedingly unfortunate that these conditions of growing favorableness should be in any way menaced by anything transpiring in China.

Our great effort has been to get the American people, and especially the people of the city of San Francisco to realize what it must mean to have a considerable share of the trade of a nation of more than 400,000,000 of people who are proverbially models of industry and of high commercial

《德臣西報》(*The China Mail*)報道，何神祐於1900年7月致函當地媒體，代表朝廷撇除與義和團的關係，亦點出人民交往與貿易互通較軍事剝削更能為中美雙方帶來利益。

火燒圓明園，事件以清廷巨額賠償予列強作結。在那個背景下，美國社會亦出現反華情緒，指責滿清政府及人民的種種不是。為此，何神祐於 1900 年 7 月致函當地媒體，代表朝廷撇除與義和團的關係，並指中國政府是反仇恨、反暴力與反劫掠，同時對美國人民在事件中受傷害表示慰問；二來則點出人民交往與貿易互通較軍事剝削更能為雙方帶來利益。他進而指出，中國擁有四億人口，實乃龐大市場，至於巨大的天然資源有待開發，亦是與世界各國貿易往來的潛能所在。對於西方世界對華貿易長期存在的誤解或不公平待遇，何神祐希望西方世界能夠多了解，中國不是世界的威脅，而是龐大機會（*The China Mail,* 16 August, 1900）。在不同場合作演講或交流時，何神祐都能自信而理據充分地表達立場，其言論亦獲相當注意，對解決中國的外交困局有一定幫助。

此外，何神祐憑藉他對商業貿易運作邏輯的了解，明白到若要更有效地推動中美兩國貿易，必須設立相關機構、投入資源以成其事的道理，所以他到埠不久，即着手籌設一個「中國貿易博物館」（Trade Museum for China），讓美國工商界及民眾更了解中國的貿易狀況與特點，推動兩國貿易往來。另一方面，他又牽頭創立「華美商貿公司」（Chinese American Commercial Co.），從事在美國採購麵粉前往中國（*The Hong Kong Daily Press,* 1 November 1902）。即是說，無論利用貿易博物館的模式，或是貿易公司的模式，何神祐均大力推動，藉以提升中美貿易往來。

何神祐出任三藩市領事長達六年，至 1904 年才隨任期完結的伍廷芳一同返國。在等待朝廷委派新工作期間，何神祐應按一般情況獲保留原官職，享受俸祿。他應該會乘此空檔回到南海西樵山及香港，省親會友及處理私務。至 1907 年，伍廷芳再出任駐美公使，何神祐亦再獲任命為駐三藩市領事。報道指他獲任命的原因是「學習歐律」，且「諳熟交涉」，而他當時的俸祿則為白銀「一百兩」，另有交通津貼一百兩，而若有遠行則可另作安排。「支薪水銀一百兩」，另有「夫馬銀一百兩，以資辦公，如出遠洋，另行批給川資」（《香港華字日報》，1907 年 3 月 8 日）。

宣佈新任命不久的同年 6 月，再有報道指何神祐身體欠佳，要「出洋就醫」（《香港華字日報》，1907 年 6 月 22 日），揭示這次外派任務，反而成為他的「就醫之旅」，反映背後或者是伍廷芳的特殊安排，讓小舅可再次出洋。由於這次赴美已非陌生，且又早已與當地僑領及美國官員有深入交往，工作上自然駕輕就熟，沒有難度，所以在他的第二次獲任命期間，甚少出現棘手問題。

到了 1910 年，伍廷芳駐美公使任期屆滿返國，相信何神祐亦於那時一同離美返華，他如上一次一樣保留原官職與俸祿，等待上級安排。在 1911 年 3 月，何神祐曾以「讀者來論」的形式，致函香港的《南華早報》，就美國讀者批評中美貿易持續下滑一事作回應。何神祐指美國對華貿易自 1905 年後出現大幅下滑的核心原因，是華人華貨赴美遭到美方不公平對待，作貿易中介的商人得不到好的待遇。他進而指出，兩國貿易不只對中國有益，美國亦然，所以建議美方應減少不公平對待，讓中美貿易更好發展（*South China Morning Post,* 15 March 1911）。由是觀之，返華後的何神祐，可能較多時間留在香港，而且仍十分關心中美關係及貿易往來。

不過，何神祐尚未接到新任命前，滿清便被革命軍推翻了。

顯然，何神祐的政治能量與政治敏感度都不及伍廷芳，不懂得在重要關口或時機撇清與舊政權的關係，也未及時與快將登上舞台的新政壇領袖建立關係，所以未能在新政府中獲得任何官職。民國草創時，他應該留在香港生活，避過了內地那段政治鬥爭激烈、社會風雲色變的年代。事實上，到了 1912 年時，何神祐已年近半百了，健康情況似乎不太理想，生活亦自然日趨低調了。

到了 1917 年 4 月，何啟兒子何永乾大婚，迎娶先施公司老闆馬永燦之女馬淑德。身為何啟胞弟、何永乾叔父的何神祐，在婚禮上以主人家身份向一眾到賀親友祝酒，答謝他們到來，並共同祝願一對新人白頭偕老（*South China Morning Post,* 18 April 1917）。這是他最後一次在香港的大眾傳媒上出現，此外再沒何神祐的消息。這可能是因為他健康欠佳，故不再出現在公開場合，亦有可能是他離港選擇到上海或家鄉安享晚年。至他去世後，相信亦沒有葬於香港，這亦說明為甚麼沒在香港找到太多有關他晚年生活足跡的原因所在。

結語

傳統中國社會推崇百子千孫，當然有其原因與沿革，不過，子女數目多雖有其好處，但亦是產生家族內部糾紛及鬥爭的源頭之一。兄友弟恭互相扶持故然可喜，但同室操戈煮豆燃萁之事亦時有所聞。至於何福堂家族的子女都在香港長大，接受西方教育，與一般華人比較，相信他們的傳統人倫觀念較弱，較崇尚自我、獨立，亦講究個人權利，才會有子女控告母親爭產這種過去社會從未見之事。雖然如此，或許是同樣經歷喪父之痛，何啟諸兄弟姐妹間的感情雖不外顯，但卻會互相幫助扶持，如何妙齡會請丈夫安排弟弟加入清政府；何渭臣會聘用剛畢業的弟弟，而何啟與何渭臣的律師樓位於同一地址，搬遷也是同進共退等，在在顯示他們手足之情甚深。最特出的例子應是何神添，由於他眼高手低又欠缺運氣，不斷掉進破產欠債的泥沼，相信為家人帶來不少財務困擾及名聲損害。但家人沒有將他驅離或反目，顯然亦願意在他生活艱難時扶一把，否則他兩次破產後只會潦倒不堪，不可能與何啟有北京之行。

綜觀何啟諸兄弟，儘管他們來自同一家族，享有接近的經濟、宗教和社會資本，而且兼習中英雙語甚至擁有專業資格，均屬當時社會炙手可熱的人才，亦能獲得不少令人羡慕的發展機會，但他們的人生遭遇卻有如雲泥。如何渭臣能考獲法律專業及秀才資格，相信是前無古人後無來者，但他卻因英年早逝而成就未能更上層樓，徒留巨大傷悲與遺憾。就算是同樣踏上外交之路，在擔任駐三藩市領事時甚有成績的何神祐，因沒有如伍廷芳和何啟般的運氣和際遇配合，所以沒法叱吒一時，只能在青史上劃下淺淺的痕跡。至於欠缺資料的何神賜及商場上大起大落的何神添，更只是如普羅民眾般，在營營役役中掙扎謀生。揭示成就一項事業，不只是家勢、學歷、能力，更要有運氣。至於時局急轉時如何抓緊機會，乘時而起，亦極為關鍵，不容小覷。

第六章　迷失婚姻

何晚貴與曾篤恭的夢幻感情

引言

民間社會有句老話：「一樣米養百樣人。」就算是來自相同父母所生的子女，成長環境相若，天賦、性格、人生際遇等仍然差異巨大，難盡相同。何福堂諸子女之間的各有發展、事業命運各異，便是很好的說明。就以本章集中探討的何晚貴與丈夫曾篤恭的人生和際遇為例，便與第三章所聚焦的何妙齡和伍廷芳夫婦相去甚遠，哪怕何晚貴應該長期和何妙齡一起生活，伍廷芳和曾篤恭又有十分相似的家族背景，也曾放洋海外，中英俱佳，擁有溝通華洋能力等優點。

在父權社會，由於女性極少在公共領域出現，只會被限制於家族之內或私人領域之中，其社會或公共參與的機會被大大收窄，也甚少公開資料記錄其言行，結果導致女性在社會的角色和貢獻被貶抑或低估。惟人類社會的前進，必然是男女一起努力、並肩前進的功勞，所以不能只有男性的一把聲音、一方面的身影，亦必須包括女性的種種經歷、苦樂和血汗。至於本書聚焦的何晚貴、曾篤恭，則呈現出與何妙齡、伍廷芳甚為不同的人生遭遇，其中的「摩登」（現代）女性形象，面對婚姻問題時的特立獨行，尤其可以十分鮮明地凸顯出來。

喪父後的成長與婚姻

正如第二章中提及，何福堂於 1871 年去世時，何晚貴只有五歲左右，雖不能說完全不懂事，但亦非能夠完全懂事、可以自立，即是處於一種似懂非懂的階段。她也因何福堂較為平等開明的遺產安排，生活有了重大保障，不至於掉進孤苦無依困局，亦不像兄姐等年幼時家庭環境仍不很富裕，成長條件欠佳，故西化程度亦沒那麼深。她的成長環境，令她自小已生活得較優裕，而且接受了較多西化觀念，故更重視人生自立和自主。由於胞姐何妙齡婚後一直未有生育，加上丈夫出洋時她並沒有全程跟隨，所以應有較多時間與年幼的何晚貴及母親黎氏一起生活，也較其他兄妹承擔了較多照料及教養何晚貴的責任。

雖然家族更早接受西方文明的洗禮，信奉基督，重視西方新事物，強調男女平等和現代教育，但何晚貴和一眾姐姐一樣，相信沒有上正規學校接受教育。惟這不代表她們目不識丁，因為家族很明顯地聘請了具資歷的老師，到家中給她們教授中英語言及現代知識。更加重要的，當然是宗教氛圍，由於父親乃香港首位華人牧師，何福堂在生時應向她講述了不少基督福音，故根據《道濟會堂教牧家庭歸信表》資料（見第五章），她很早便領洗成為教徒，參與教會活動，與不少具相同信仰的華洋家族接觸交往。所以無論是對中西語言文字的認識，或是對自身文化與西方「摩登」（現代性）潮流的掌握，她均有相當不錯的底子。

必須指出的是，有關何晚貴的資料極為零碎缺乏，最早出現而和她有關的資料，除了何福堂那份遺囑，相信便是 1882 年 1 月 24 日一則刊登於上海《北華捷報》（*North China Herald and Supreme Court & Consular Gazette*）的結婚消息，內容雖十分簡略，但很值得注視。確實內容如下：

婚禮：在香港，於本月 17 日的佑寧堂（Union Church），Colville 牧師為曾蘭生（Tseng Laisun）次子曾篤恭（Tseng Spencer Laisun）與已故何傳善（Ho Tsin Shien）牧師之幼女何小姐（Miss Ho）主持婚禮，沒咭片（no cards）。[1]（*North China Herald and Supreme Court & Consular Gazette*, 24 January 1882）

首先要指出的要點是，曾篤恭與何晚貴兩人是在 1882 年 1 月份在香港以基督教儀式結合，但消息卻又獲《華北捷報》報道，即是在上海亦引起關注，說明兩個家族在上海應有一些親屬友好與影響力。其次是何晚貴結婚時，年紀甚輕，按何福堂於 1871 年去世時何晚貴只有 5 歲，而她於 1894 年去世時約為 28 歲等資料推斷，結婚時她才約 16 歲，用今天的標準是尚未成年。其三是兩人年齡頗有差距，有關曾篤恭的出生資料顯示，他那時已年約 25 歲（見下文分析），即是兩人年齡相差近 10 歲。其四是他們兩家採取西式婚禮，

MARRIAGE.

At Hongkong, on the 17th instant, at Union Church, by the Rev. Mr. Colville, TSENG SPENCER LAISUN, second son of Tsêng Laisun, Esq., to Miss Ho, youngest daughter of the late Rev. Ho Tsin-Shien. No cards.

曾篤恭與何晚貴的婚訊，在 1882 年 1 月 24 日刊登於上海《北華捷報》（*North China Herald and Supreme Court & Consular Gazette*）。

1 原文如此，可能指原來信息沒來源。

由於何福堂乃牧師，他們家族有深厚信仰自不難理解，曾篤恭家族看來亦擁有相同信仰，而若從曾篤恭的英文名字看，他家族的西化程度可能比何福堂家族更甚。

到底曾篤恭是何許人也？他的家族背景與人生經歷如何？是甚麼原因令何晚貴與曾篤恭走在一起，結為夫婦？兩人的關係之後又有何變化？又反映了怎樣的時代變局或社會現象？在深入探討何晚貴和曾篤恭的人生際遇之前，明顯有需要先談談曾篤恭的家族背景，了解是甚麼原因促成了二人在 1882 年結為夫婦，並走上一條崎嶇波折的婚姻之路。

門當戶對的結合

與伍廷芳一樣，曾篤恭亦來自早年飄洋海外的家族，並早已皈依基督，踏上了與一般中國人民甚為不同的發展道路。綜合各方資料顯示，曾篤恭父親曾蘭生（又名曾恆忠），[2] 祖籍潮州，乃一名混血兒。[3] 他約在 1826 年生於新加坡，而且很早便學習英文、接觸西學，

2　由於曾蘭生的英文名稱頗多，有 Chen Laisun, Tseng Laisun, Tsang Laisun, Zeng Laishun 等，譯名則有曾蘭生、曾來順及陳來順等。由於其姓名多變，經常有張冠李戴，誤將馮京作馬涼的情況，引起不少誤會。其次，在那個年代，不少西化的華人後裔，又會仿效洋人，將自己父親的名字，與姓氏一起用，即變成自己或子孫一代的「加長版」姓氏，例如曾蘭生的兒子曾篤恭，其英文名為 Spencer，但曾篤恭並沒如一般人稱應為 Spencer Tseng 或 Spencer Chan，而是稱為 Spencer Tseng Laisun（Char, 1976; Smith, 2005; 施其樂，1999）。

3　曾蘭生父親為早年隻身到南洋謀生的潮州人，母親為馬來人（Rhoads, 2005: 22-23）。

並信奉基督，1842年被傳教士帶到美國求學，進入Hamilton College接受西式教育，這背景與年齡略長的何福堂十分相似。不過，曾蘭生在美國的教育卻因財力不繼未能支付學費而中斷，於1847年左右被迫結束學業返華，失去了創造歷史的機會。[4]

曾蘭生回到中國後，初時在廣州擔任傳教士助理。但因他中文不靈光，也不懂廣府話，只會一些潮州話及語系相似的閩南話，所以轉到廈門工作，之後再改為到了上海經商，並曾一度出任買辦（Smith, 2005; Rhoads, 2005 and 2011）。經濟有了一定基礎後，曾蘭生迎娶了一位名叫阿娣（Ruth A-tik）的女子為妻，據悉她乃生於印尼的中印混血女子，也是虔誠的基督徒，兩人的家庭背景相當近似。

阿娣過門後，先後誕下三子三女。三子分別為曾溥（Elijah, 1854生於上海，又名天福Thien Fu，另一名子武）、曾篤恭（Spencer, 1857年生於上海，又名天樂Thien Lok或Tsen Lok，亦名子安），以及中文名字不詳的三子William Tseng Laisun，他曾出任美國領事法庭的傳譯員。三名女兒則為Annie、Lena和Amy，她們接受西方教育，年紀較長的兩名女兒更曾留學英國。日後，Annie嫁予Dane N.P. Anderson，丈夫是一名「中國政府遊輪稅務船長」（captain of a Chinese government revenue cruiser），Annie本人曾參與紅十字會的工作，Lena嫁W. Buchanan，丈夫是一名「地產經紀」（land agent and broker），最幼的女兒Amy，其人生際遇沒有太多紀錄（Rhoads, 2005: 54）。

4 據Rhoads（2005: 21-22）分析，若然曾蘭生能繼續留在美國，他必然會成為首名考入美國大學的華人，而非大約三年後的容閎。

就在曾蘭生運用其中英雙語能力在商界營生，養妻活兒時，容閎的出現卻改變了他及其子女的生活軌跡。容閎為澳門馬禮遜學校的學生，獲傳教士布朗（Samuel R. Brown）帶到美國升學，之後進入耶魯大學，成為首名在美國取得大學學位的中國人。畢業後，躊躇滿志的容閎，一心希望以己所學貢獻國家（容閎，1985）。當時，滿清正進行改革，開展了洋務運動，主管大臣曾國藩向他招手，並將不少興辦洋務的工作交託給他。

曾蘭生看來亦於 1866 年獲推薦進入滿清政府，主要是充當福州船政學堂的翻譯。再之後，容閎提出的派遣年幼學童赴美留學的建議，獲得接替曾國藩主持洋務運動的李鴻章接納，並創立了大清「出洋肆業局」，開始了挑選年幼學童赴美學習的實質行動（Lafargue, 1987；鄭宏泰、周振威，2006），曾蘭生則獲委任為「出洋肆業局」的駐美翻譯，隨容閎於 1871 年左右一同赴美，個人及家族有了截然不同的發展。

進一步資料顯示，曾蘭生並非單身赴美，還攜同妻子及六名子女一同出行，而且就如俗語所謂「近水樓台先得月」，他推薦了長子曾溥和次子曾篤恭作為「留美幼童」。其中曾篤恭乃第一批留美幼童，1871 年赴美時為 16 歲；曾溥為第二批留美幼童，1872 年赴美時已 18 歲。[5] 他們可以因利乘便，不用花費甚麼金錢即能負笈海外，遠

5　據容閎（1985）的記述，挑選的幼童，年齡定於 12 歲以上、15 歲以下。在 120 名獲選幼童中，曾篤恭、曾溥及另一「幼童」——容尚勤（赴美時年屆 24 歲，容閎姪兒）——明顯年齡較長，而他們能夠獲得「特殊考慮」，顯然與曾蘭生及容閎乃計劃核心人物有關。

曾篤恭照片。(圖片來源：耶魯大學圖書館，手稿與典藏品)

赴萬里之外的美國接受西式教育，並體會美國文化，使其人生發生重大轉變(Lafargue, 1987; Rhoads, 2011)。

由於曾篤恭年齡較長，未往美國之前曾在香港的皇仁書院唸書，英文底子甚好，加上父親為駐美翻譯，兄長又同為留美幼童，且一家人都在美國生活，無疑比其他幼童有更優勝的條件，所獲的照顧也較佳，所以他在美國的生活及學習沒甚麼適應問題。據說，曾溥及曾篤恭並沒如其他幼童般入住當地寄養家庭，與當地人一起生活，而是與父母一起居住，在當地學校(Springfield Collegiate Institute 及 Hopkins Grammar School)學習一段時間，打好基礎後再考取大學。兩人分別於 1874 及 1875 年成功考進了著名的耶魯大學，令當時的其他幼童羨慕不已（Williams, 1906; *Directory of the Living Non-graduates of the Yale University—Issue of 1914,* 1914; Rhoads, 2011）。

可惜，當曾篤恭等幼童在學習上取得不錯成績，其中不少人順利考入了美國著名大學，並沉醉於美國自由風氣之時，對這計劃不滿的氛圍卻不斷發酵惡化。簡單來說，留美幼童本來被要求「肄業西學，仍兼講中學」，並需按時按刻「宣講《聖論廣訓》，示以尊君親上之義」（約章成案匯覽乙篇卷三二上，1995：8）。但有部分滿清官員批評幼童們全心投入「西學」，置「中學」於不顧，出現偏廢，這些思想保守的主事官員大為不滿，指責留美幼童「適異忘本、囿於異學」（石霓，2000）。

留美幼童在美國的生活學習其實真的有點「重西棄中」，以曾氏兩兄弟為例，由於他們來自基督教家庭，本身亦是信徒，故他們會經常到教堂祈禱聽道。至於曾溥據說很早便剪去辮子，曾篤恭雖留著辮子，但早已改穿洋服，可見日常生活已相當洋化（Rhoades, 2005 and 2011）。此外，他們的英文比中文還好，能說及書寫流利順暢英文，反而中文則漸見生疏。加上他們在耶魯大學求學卻一直沒有完成學業（畢業）等等舉止，[6] 在思想迂腐、作風保守的滿清官員眼中，

6　在耶魯大學學習多年的曾篤恭，雖最終沒畢業，但英文水平卻極高，因他曾以英文撰寫與孔子思想有關的文章，並獲得獎項，揭示他不但英文根底好，對儒家傳統與文化亦有一定掌握。但他的舉止揭示其思想西化的一面（Rhoads, 2005; Williams, 1906），當中亦流露出「反叛」的個性。

無疑都是難以寬恕的「大罪」。在種種壓力下，李鴻章最終撤銷整個計劃，並在 1881 年召回幼童（Lafargue, 1987; Rhoads, 2011; 石霓，2000；錢鋼、胡勁草，2003；鄭宏泰、周振威，2006）。

這計劃戛然而終，對晚清改革或留美幼童個人發展來看，都是一件十分可惜之事。曾篤恭被迫回國後，還面臨另一件人生大事，那就是與何晚貴的婚姻。資料顯示，二人是在 1882 年 1 月 27 日於香港舉行婚禮，看來曾篤恭應是回國不久即成家立室。由於當時留美幼童一般要先返回上海，等待政府指派工作，但曾篤恭卻能離滬到港，相信是因其父為留美計劃負責人之一，返華後又充當李鴻章的翻譯（Rhoads, 2005），故運用了影響力，為兒子爭取一些彈性安排，讓其留港一段時間並與何晚貴完婚（*North China Herald and Supreme Court & Consular Gazette,* 24 January 1882）。

到底曾篤恭與何晚貴是如何認識，又為何能締結姻緣呢？按道理，當曾篤恭在 1871 年赴美時，何晚貴只有五歲左右，相信二人並不認識對方。曾氏在美國一留十年，回國不足一年即與何氏成婚，兩人也無機會交往，故最合理的可能是這段婚姻應是由雙方父母或家人安排。那這兩家人又是如何結識的呢？

原來，在上海出生的曾篤恭，年紀稍長時曾隨父母到香港生活，並「曾在皇仁書院唸書」（*North China Herald and Supreme Court & Consular Gazette,* 20 January 1917）。施其樂（1999）推斷他可能曾到 Union Church 聽何福堂講道，因而認識了何福堂，藉以說明曾篤恭與何晚貴婚姻的緣起。但此說頗為牽強，原因是何福堂與曾篤恭兩人無論輩分或年齡均相差太大，而且，當時何福堂年紀已大，加上他晚年身體欠佳，主要講道地點又在廣州，甚少在香港主持宗教活動了，因而說何福堂因欣賞他而將幼女許配於他的可能性很低。

雖則如此，曾篤恭在皇仁書院求學之時，的確有可能與何福堂家族成員建立關係。原因是何晚貴的多位兄長——何神添、何渭臣和何啟等——均於那個時期在皇仁書院求學（Stokes and Stokes, 1987）。故相較曾篤恭因認識何福堂而與何晚貴結緣，二人因何氏兄弟而結成「姻緣」的可能性更大。其實，還有一個可能：二人是因父母一代的緣故而拉上關係。由於兩家有相同宗教信仰，加上又曾飄洋海外，何福堂曾在馬六甲生活，曾蘭生在新加坡出生成長，阿娣則在印尼出生成長，兩家人的生活環境與背景可謂十分相似，早有接觸的可能性也十分高。就算不是直接認識對方，亦可能擁有共同的社交圈子，在不同的社交場合聽聞過對方的消息，對對方有一定印象。正是這樣的背景下，兩家人一拍即合，決定通二姓之好了。

正如第三章中提及，在那個帝制年代，雖然西風東漸，但三綱五常、三從四德之類的東西，仍是壓在女子身上難以抗逆的桎梏，而婚姻則是女子人生中一個極重要轉捩點。何晚貴與胞姐何妙齡一樣，在父母之命下與一名陌生男子締結婚盟，但她們的婚姻卻有截然不同的經歷——雖然她們的夫婿均曾留學海外，是「浸過鹹水」的精英，同時亦是基督徒。不過，或許是性格使然，又或是對獨立自主的追求不同，曾何二人卻未能攜手同心，白頭皆老。

移居上海的遭遇

由於留美幼童是以公費全數資助出洋，故返華後都要在清政府服務，為朝廷工作，如詹天佑、唐紹儀等被分配到福州船政學堂、周壽臣等則被派到天津海關出任翻譯（錢鋼、胡勁草，2003；鄭宏泰、周振威，2006）。曾篤恭乃其中一名留美幼童，卻沒有被指派到政府工作，反而能自由選擇職業，相信這也是其父為他爭取得來的特殊待遇。他在香港結婚後，旋即攜同何晚貴轉赴上海，展開他們的新生活。

十九世紀八九十年代，上海開埠初期，由於商機無限，經濟發展迅速，不少廣東商人——尤其買辦群體——湧到那裏，追夢求財。他們不但影響力巨大，而且自成一系，經常聚首一堂（梁元生，2009）。相信新婚的曾篤恭夫婦，也與多數廣東人一樣生活於英租界，閒時亦會與他們走在一起，特別是那些來自香港又有共同宗教信仰者。除母親會偶爾探望和協助他們打點新居外，較他們先行一步到上海的胞姐與姐夫，更成為他們最主要的依靠對象。

相對於彈丸大小而且山多平地少的香港，闢作貿易商埠而租界林立的上海，由於位處華中，幅射江蘇、浙江和福建等重大省會，加上緊扼長江口，地理位置遠比香港優越。而且列強商人雲集，各種競爭激烈，自然推動了社會的急速發展，所以無論是人口規模、經濟總量、城市建設等，均遠較香港突出。面對上海十里洋場，剛新婚且遠離家人的何晚貴，相信別有體會和感受。

正如前述，曾篤恭的事業之路，與其他留美幼童看來不盡相同——他沒有到滿清政府任職，而是自行「執業」，充當華洋之間的翻譯，[7] 而一場發生在1883年5月的錢債官司，則是他沒有走進官場反而成立公司賺錢的憑證，因為那宗官司的主角便是曾篤恭，他以「蘭生公司」（Laisun & Co）老闆的身份提出訴訟。

法庭資訊顯示，蘭生公司（由曾篤恭出庭）向一位名叫A. Robinson的上海商人追討49.50元，因為曾篤恭曾為他與一名華人在進行交易時充當翻譯，但服務後對方不認帳，拒絕付款，所以曾篤恭告上法庭，向他追討那筆服務費（*North China Herald and Supreme Court & Consular Gazette,* 10 January 1883）。開庭時，答辯一方表示，要求翻譯服務的並非他本人，而是那位華人，所以他沒有責任付款。他進一步表示不明白曾篤恭與那位華人溝通的內容或收費安排，更質疑曾篤恭已收取了那位華人的費用。在聽取雙方爭辯後，法庭作出判法，認為被告人得直，即是曾篤恭無法取得費用（*North China Herald and Supreme Court & Consular Gazette,* 25 May 1883）。

由此可見，曾篤恭婚後到上海生活的初期，應該是憑其專長為客人提供翻譯服務，並成立了一所公司，故他在打官司時採取了「Laisun & Co」的名義提告。還有一點值得注意的，是當他與人發生商業糾紛時會訴諸法律，如洋人般利用法律途徑解決爭議，而非如一般華人，覺得「生不入官門」，盡量息事寧人。這種做法，反映他清楚自己的法律權益，又揭示他據理力爭的個性。不過，若這宗糾

7　在有關耶魯大學早期畢業生的介紹中，對於曾篤恭的介紹，指他「在私營生意與公共事務中表現出才幹」（Williams, 1906），揭示他曾經營生意。

紛真是那名洋人賴賬，那代表曾篤恭行事不周，或公司行政運作有問題，才會讓人有機可乘；但若事情真相如那洋人所言，是他想兩頭收錢，這便形同欺詐，他的品格和誠信顯然有虧了。

曾篤恭這份代人翻譯的「自由工」應該只維持了很短時間，他便轉到上海混合法庭（Mixed Court）擔任翻譯員。至大約 1885 年左右，他在美國領事館找到翻譯員之職位，因此與妻子轉往江蘇省的鎮江生活。可惜的是，這份工作也做不了多久，他又變回失業大軍中的一員。在 1886 年，他曾離開妻子，參加一項詳情不明的工作，期間他到過中國西部的喀什以及印度，在不同地方逗留了約兩年多才返回上海（Smith, 2005）。

在曾篤恭離滬的期間，發生了兩件重要的事。首先是何晚貴在 1887 年誕下一名女兒，不過找不到她中文名的紀錄，只知英文名叫 Daisy。由懷孕至分娩整個過程，相信何晚貴都是獨自一人，丈夫全程缺席。而在這年，伍廷芳的妾侍在天津誕下長子伍朝樞，顯示長姐何妙齡當時正在千里之外，而且心情亦相當複雜難熬，恐怕未必能分神對何晚貴事事關顧。可以想像，只有 22 歲又是頭一次懷孕的何晚貴，孤身在上海，事事都要自己操勞打點，沒有親人在身邊可分擔傾訴，其徬惶與難過可想而知。

其次是曾篤恭的兄長曾溥從美國返華。原來當年他放棄了大清留美幼童的「資助」身份，自費留在耶魯大學完成學業，之後再到德國深造。及至 1887 年，他才返回中國，與家人團聚之餘亦希望憑所學報效國家。因他乃「華人科學工程師」，具有深厚的專業知識，故歸國後獲任命到東蒙古負責開礦工作。可惜，他尚未成就大事業前，突然於 1890 年去世，享年只有 36 歲（Rhoads, 2005: 54），英年早逝而壯志未酬，相信令家人極為傷感。

至 1888 年，曾篤恭終於返回上海，闊別兩年後與何晚貴重聚，也首次見到自己的初生骨肉（Smith, 2005）。接下來，他加入了由英商創立的《北華捷報》（*North China Herald*），即後來的《字林西報》（*North China Daily News*），在報館內任職記者，並以英文撰寫一個名為「Notes on Native Affairs」的欄目。由於這份英文報紙在上海甚具影響力，曾篤恭作為其中一員且有固定專欄，應贏得一定名聲，但相信薪金收入及社會地位則不會太高。若與其他已成為朝廷官員的「留美幼童」相比，他的事業發展更顯得黯淡無光，與連襟伍廷芳之間更是天壤之別。相信曾篤恭對此十分清楚。

除了工作發展總是浮浮沉沉並不如意，曾篤恭與何晚貴的婚姻關係亦亮起紅燈。按道理，他們二人均來自較西化的家族，有共同宗教背景，加上曾篤恭在皇仁書院求學時與何晚貴的兄長份屬同窗，故他們相處應該較一般盲婚啞嫁的夫妻融洽，也有較多共同話題，但偏偏二人的婚姻卻出現裂隙。從何晚貴所立的一份遺囑可見，她不但對丈夫感情不再，甚至對之處處防備，連基本的信任也蕩然無存。

遺囑背後的自主人生

在香港歷史檔案館的遺囑資料中，保留着何晚貴於 1894 年 10 月 23 日所立的遺囑。這份遺囑應是何晚貴在人生快要走到盡頭時，於上海委託律師樓按嚴格法律程序以英文訂立的，其中的重要內容如下：

> ……**本人的所有資產全部贈與本人的信託基金，並由遺產信託人負責管理……信託人需要將本人資產中所得的收入，定期給予本人女兒** Daisy**，直至她去世……本人宣佈如果本人丈夫** Tseng Spencer Laisun（**曾篤恭**）**有意拿取本人女兒應有的遺產，或限制女兒的事務，本人命令遺產信託人有權保留所有信託基金中的收入，並保障本人女兒的自主權。但如果本人丈夫** Tseng Spencer Laisun **放棄干預本人女兒，信託基金的收入可重新交回本人女兒**……（Probate Jurisdiction — Will Files, No.16B of 1895, 1895）

這份遺囑只有三頁紙、全長大約 1,120 字，卻透露了不少信息，讓我們更了解這位特立獨行的香港女子。首先，遺囑以英文書寫，並由律師按嚴格法律程序辦理。何晚貴沒有將財產直接交予年幼的女兒，也不是如何福堂一樣委託親人為遺產執行人，反而是成立信託基金，相信當中設有條款保障女兒在成年後可取回全數遺產。一個女子懂得以這種安排來確保女兒平安獲得繼承權，在民智未開的清朝，無疑十分罕見。加上遺囑最後一頁底端的簽名，字體工整秀麗。種種跡象，均顯示她曾接受不錯的教育，認識法律及現代西方的信託基金制度，亦清楚自己的權利所在，並非無知婦孺，任人擺佈。當然，她應是獲得身為法律精英的胞兄及姊夫的重大助力，才能如她所願安排遺產，避過其他人染指，確保女兒在她去世後亦能得到財政上的照顧。

其次，獲委派為遺囑承辦人是何晚貴的兩位胞姊，包括一直對

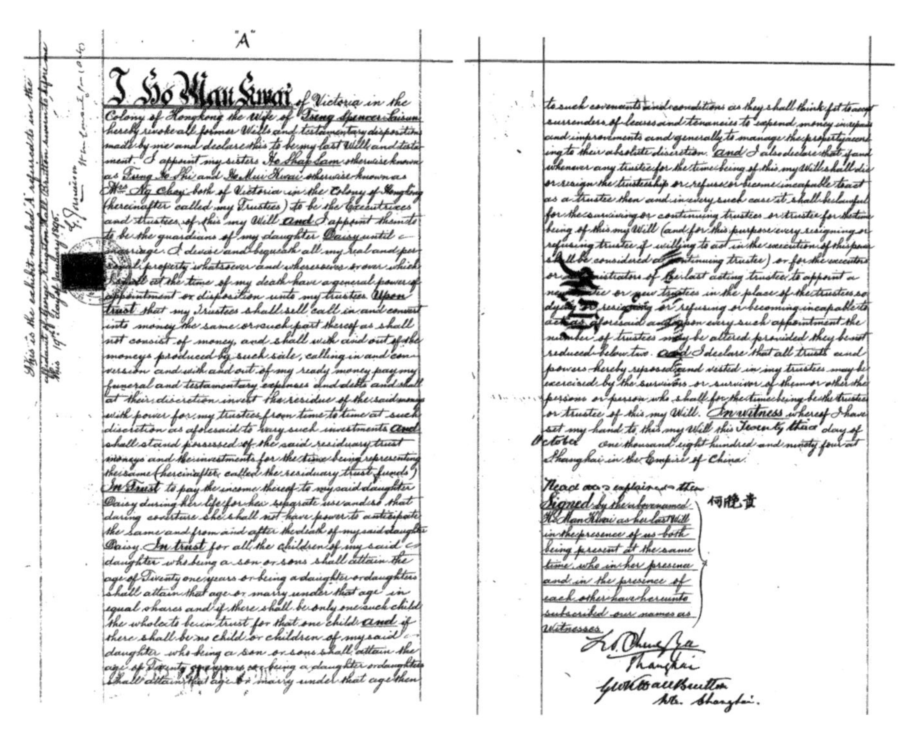

"A"

I Ho Man Kwai of Victoria in the Colony of Hongkong the Wife of Tseng Spencer Laisun hereby revoke all former Wills and testamentary dispositions made by me and declare this to be my last Will and testament. I appoint my sisters Ho Shap Sam otherwise known as Tseng Ho Shi and Ho Mui Kwai otherwise known as Mrs Ng Choy both of Victoria in the Colony of Hongkong (hereinafter called my Trustees) to be the Executrices and trustees of this my Will And I appoint them to be the guardians of my daughter Daisy until marriage. I devise and bequeath all my real and personal property whatsoever and wheresoever or over which I shall at the time of my death have a general power of appointment or disposition unto my trustees Upon trust that my Trustees shall sell call in and convert into money the same or such part thereof as shall not consist of money, and shall with and out of the moneys produced by such sale, calling in and conversion and with and out of my ready money pay my funeral and testamentary expenses and debts and shall at their discretion invest the residue of the said moneys with power for my trustees from time to time at such discretion as aforesaid to vary such investments And shall stand possessed of the said residuary trust moneys and the investments for the time being representing the same (hereinafter called the residuary trust funds) In Trust to pay the income thereof to my said daughter Daisy during her life for her separate use and so that during coverture she shall not have power to anticipate the same and from and after the death of my said daughter Daisy In trust for all the children of my said daughter who being a son or sons shall attain the age of Twenty one years or being a daughter or daughters shall attain that age or marry under that age in equal shares and if there shall be only one such child the whole to be in trust for that one child And if there shall be no child or children of my said daughter who being a son or sons shall attain the age of Twenty one years or being a daughter or daughters shall attain that age or marry under that age then

to such covenants and conditions as they shall think fit to accept surrenders of leases and tenancies to expend money in repairs and improvements and generally to manage the property according to their absolute discretion. And I also declare that if and whenever any trustee for the time being of this my Will shall die or resign the trusteeship or refuse or become incapable to act as a trustee then and in every such case it shall be lawful for the surviving or continuing trustees or trustee for the time being of this my Will (and for this purpose every resigning or refusing trustee if willing to act in the execution of this power shall be considered a continuing trustee) or for the executors or administrators of the last acting trustee to appoint a new trustee or new trustees in the place of the trustees so dying or resigning or refusing or becoming incapable to act as aforesaid and upon every such appointment the number of trustees may be altered provided they be not reduced below two. And I declare that all trusts and powers hereby reposed and vested in my trustees may be exercised by the survivors or survivor of them or other the persons or person who shall for the time being be the trustees or trustee of this my Will. In witness whereof I have set my hand to this my Will this Twenty third day of October One thousand eight hundred and ninety four at Shanghai in the Empire of China.

Read and explained then
Signed by the abovenamed Ho Man Kwai as her last Will in the presence of us both being present at the same time who in her presence and in the presence of each other have hereunto subscribed our names as witnesses. 何晚貴

[illegible signature]
Shanghai
[illegible signature]
Shanghai.

何晚貴遺囑局部。

她照顧有加的何妙齡，但她們均已嫁作人婦，理論上不再屬於同一家人。按道理，何晚貴已嫁予曾篤恭，在遺囑上亦清楚寫着「（本人）乃曾篤恭之妻子」，反映二人並沒有離婚，仍存有婚姻關係。而且，遺產的受益人是曾篤恭的女兒，當何氏離世後，他成為女兒最親近的人，有責任照顧女兒的生活，也應有權監管何氏的遺產，確保女兒的權益不會被「外人」吞噬。但何氏卻在丈夫仍在生的情況下，將女兒的財產交予親戚看管，她對曾篤恭的看法及感受已不言而喻。

更甚的是，何晚貴不但沒有一分一毫遺贈予曾篤恭，更指明道姓不准他插手女兒事務：「如果本人丈夫曾篤恭有意拿取本人女兒應有的遺產，或限制女兒的事務，本人命令遺產信託人有權保留所有信託基金中的收入，並保障本人女兒的自主權」。顯然，她對丈夫極不信任，不但認為他會取去女兒的財產，而且亦暗示他是一個失職的父親，因他的干預只會「限制女兒的事務」，損害女兒的自主權。

令人不解的是，除非曾篤恭與何晚貴已正式和離，並取得女兒監護權，否則在情在理，女兒未成年前都應該由曾篤恭撫養、照顧、管束。但明顯曾何二人未有走上離婚之路，既然如此，何晚貴又怎可能不准他行使父權？故很大可能是，二人雖未離婚但已分開，何晚貴早帶同女兒另覓居所，女兒亦一直由她獨自照顧。二人分居後的安排，顯然是經過雙方協商取得的共識，甚至有家人在旁作證，故何晚貴才會在遺囑上如此聲明，白字黑字以免有人反口。

此外，何晚貴在遺囑開首時聲明她乃香港維多利亞城的居民，顯示她很大可能擁有英國籍，故能根據英國法律原則而行事，而不是受《大清律例》所規限。作為已婚婦人，她能夠自由訂立遺囑，按個人意願作出遺產分配，或許應感謝 1885 年港英政府通過的《已婚婦女財產法》（鄭宏泰、黃紹倫，2014）。不過，這條法例指明若已婚婦女要立遺囑，需取得丈夫同意，這亦進一步證明曾篤恭與何晚貴早有協定，故何晚貴才能立下遺囑，並在她死後順利執行。

最後，遺囑反映何晚貴頗有資產，但她的錢從何來呢？由於她沒有工作，家中用度全靠曾篤恭的收入支撐。但若說她的財富是來自丈夫贈予，或如一般主婦透過節省「家用」而儲下來的私己，相信機會甚微。因為多年來曾篤恭的工作不穩，收入明顯欠佳，薪金用作家庭開支後應所餘無幾。故何晚貴的財富較大機會是來自嫁妝，以及 1889 年何黎氏輸了官司後，將何福堂的遺贈交回她手上（參見第五章）。她與精通投資的胞姊何妙齡生活多年，耳濡目染下，明白要「錢生錢」才不會坐吃山空，相信亦有參與投資買賣，而顯然她投資得法，財富有增無減。正因名下財產屬於娘家遺贈以及她個人努力所得，與丈夫無關，她才可以名正言順地作出「本人的所有資產全部由本人的遺產信託人負責管理」的決定。遺囑於上海訂立，然後在香港法庭驗證，顯示立遺囑人在生時的足跡並不局限於香港，而是滬港兩地跑，甚至是兩地均擁有財產——包括不動產（鄭宏泰、黃紹倫，2010：58-61）。

在訂立遺囑大約一個月後的 1894 年 11 月 27 日，何晚貴在上海與世長辭，享年只有 28 歲。何晚貴因何英年早逝？從她預立遺囑的安排，反映她應患有重病，並自知將不久於人世。惟到底她這個「不治之症」是先天之疾，是因長期心情鬱結而患上，抑或是受到傳染而得來？因沒有資料難以斷定。由於她是在 1894 年 11 月底在上海去世，個人主要財產又在香港，香港亦有不少家人親屬和朋友，加上 1894 年 5 月起香港爆發一場前所未見的嚴重瘟疫，[8] 其中一個可能性會否是她在那段時間曾經返港，因此受到傳染，回到上海後病情

8　在這場瘟疫中，單是醫院，每天便有 60-80 人死亡，高峰期的 24 小時內，共有 109 人死亡，街上死屍無人收拾的情況，隨處可見，一度引起社會人心的巨大恐慌。為了「避疫」，不少人離港返鄉，人數估計多達 80,000 人，而全年共錄得 2,550 人因感染疫症死亡的個案（Lau, 2002: 59）。若以當年香港總人口約為 24.6 萬人計算，該年有多達三成市民離開了香港，每百人口即有一人死於疫症。

惡化，最後病重身亡？實情如何已無法知曉。在她因病早逝的四年後，其胞兄何渭臣看來亦因染上瘟疫去世，揭示在那個醫療情況欠佳而瘟疫肆虐的年代，就算是經濟與社會條件再好的家族，亦無從逃避死神提早降臨。

至於曾篤恭與何晚貴的婚姻為何會觸礁的呢？二人又是在何時開始琴瑟不調的呢？明明他們信仰相同，又門當戶對，已較當時一般人有更好的條件去建立美滿家庭，但最後卻情海翻波，甚至婚姻也名存實亡，相信當中過程並非一日之寒。而且，任何感情都是雙向互動的，夫妻關係雖然表面上只牽涉兩個人，但當中的情感瓜葛卻極為複雜，外人難以知悉。再加上受資料所限，真實的原因恐怕已無從考究，惟有從二人婚後的經歷推測其中的可能性。

婚姻觸礁的因由推斷

曾篤恭與何晚貴自 1882 年結婚後，便到上海建立自己的小家庭，他們的家庭環境不俗，手頭上應有充裕資金開展新生活。曾篤恭又因父親幫助，不用等待政府分派的低級職務，可以運用自己所長開設「蘭生公司」，在極渴求精通中英語人才的上海，他應該過得如魚得水，但這段日子並不長久，他便改到法庭及領事館任翻譯。為何他會放棄創業而走回頭路去打工？顯然是生意不足收入欠佳，但當時上海商業發展蓬勃，無論是中外商人對翻譯專才都需求甚殷，曾篤恭早習英語，甚至能考上耶魯大學，說明他的能力應較一般翻譯高出甚多，加上其父應仍在朝為官，照理他的公司應其門如市，不可能在短時間內結業。假如問題不是出於他的能力，那便是他的態度及品格了。

相較一般職位，翻譯及買辦等作為中介人，有更多機會以欺上瞞下的手法為自己謀取利益，故僱主對他們的誠信品格要求極高，一定要有好名聲，才會獲得信任及重用，並建立長期的合作關係。假如僱主發覺當翻譯的中間人上下其手，又或工作態度欠佳，做事漫不經心，當然會覺得此人不堪重用。若曾篤恭作為自由身翻譯，卻未能建立好名聲，當然不能鞏固客源，而在口耳相傳下，生意更會愈來愈差了。

雖然沒有資料可確定曾篤恭任翻譯的表現，但一宗發生在 1893 年的案件，或許能說明他的為人做事方式。在 1893 年 10 月，即何晚貴去世前一年，上海《申報》刊登了一則法庭案件，並稱之為「騙銀請訊」。報道指一名叫瞿桂寶的老婦人，其丈夫及兒子因傷人被英差拘捕，解上法庭。瞿氏救人心切，知悉曾子安（即曾篤恭）能為其「關說」，令丈夫與兒子免受刑罰或者減刑，因此付巨款予曾篤恭，又支付他與友人在著名食店大吃大喝的費用，但卻未能兌現，因此在法庭審訊其夫及子時一併說出，令法官大怒。曾篤恭辯證他只答應充當翻譯，並沒答允代為「關說」，但其說詞不獲法官採信，再三批評他做法不當，並表示要懲處他。他則指自己屬英籍，[9] 若要懲處他則要交由英租界法庭負責，令法官甚為尷尬。最終法庭對瞿桂寶丈夫及兒子等人「從寬發落」(《申報》，1893 年 10 月 7 日及 28 日；

9　曾篤恭屬英國籍，一方面說明其家族的西化程度，也加強了何晚貴同屬英國籍的可能。

North China Herald and Supreme Court & Consular Gazette, 13 October 1893）。

事件雖算告一段落，曾篤恭也從中脫身並無受罰，但從法官對他的批評，反映他個人操守看來甚有問題，可能藉充當翻譯之便，遊走華洋之間上下其手。就算一時之間能瞞天過海並從中獲利，但事過境遷後，若當事人有一絲懷疑，雖無實證也會將之列入黑名單永不錄用。萬一事件如這宗「騙銀請訊」案鬧上法庭，遭中英文報紙報道，則必然名譽掃地。退一步來說，就算這是單一事件，或他可能受人誣蔑，但至少可看到曾篤恭做事並不謹守正道，會接一些介於法律或道德邊緣的生意。

此外，曾篤恭在幾年間換了多份工作，何晚貴自然要隨他東奔西走，甚至剛安頓下來便又要搬家。曾篤恭的事業發展不算如意，找到的工作雖未至有失體面，但作為有良好家庭背景又曾留學美國，靠自己本事考入世界第一流大學的人，這些工作肯定是低就了。與其他留美幼童相比，他可能更覺難堪。相反，何晚貴雖沒有工作，但家境富裕故嫁妝不少，並且投資有道。兩夫婦會否因錢財問題而起勃谿，或何晚貴會否抱怨丈夫沒有好好發奮導致二人無法安定下來？要知道傳統婦女講究三從四德，但何晚貴卻不是接受這套教育長大，加上她有財力，生活並不需要依賴丈夫，當二人意見相左時，自然不會忍氣吞聲，雙方關係可能因此繃緊。

在 1886 至 1888 年，曾篤恭相信是因工作關係離開了妻子。雖然找不到相關資料，但他的工作看來不是甚麼重要或有前景的。其間，何晚貴則獨自在上海誕下女兒。雖然不清楚曾篤恭離開時是否得知妻子已懷孕，又或是否因兩人起了爭執，故他才接下這份工作，打算分開一段時間冷靜一下，但為着一份不太重要的工作，拋下年輕的妻子兩年，而他所到之處又相對落後，通訊困難，即夫妻有兩年時間接近音訊隔絕。偏偏那時何晚貴身懷六甲，身心都極需要人照顧呵護，生產時又會擔驚受怕，丈夫卻不見影蹤，她因此而感到不悅，甚至憤恨，亦算是人之常情。

何晚貴由懷孕到分娩都要獨自面對，對曾篤恭不在身邊陪伴一事相信是耿耿於懷，甚至對這位做人做事不太「靠譜」的丈夫感到心死。由於她具有現代女性思想，又有能力財力養活自己，加上有強勢的娘家——姐夫伍廷芳受清廷重用、兄長何啟是英殖民政府新貴，前途一遍光明，她可能起了與丈夫分開的念頭。在曾篤恭方面，他自 1888 年遠遊後應一直留在上海，但不知他有否採取行動修補關係，嘗試重建夫婦感情。但從結果看來，相信就算他曾有挽救的舉動，亦應是徒勞無功。

至 1893 年，「騙銀請訊」一事更可能成為壓垮駱駝的最後一根稻草。正所謂醜事傳千里，可以想像，這宗官司會為曾何兩家的名聲帶來相當大損害，尤其伍廷芳當時經常遊走於上海及周邊等地。何家兄弟見曾篤恭鬧出這樣大的醜聞，應更同情妹妹及外甥女的處境，原來不太贊同二人分開的，也可能會改變心意。不過，他們只採取分居這種「冷處理」方式，而沒有正式申請離婚，因在當時離婚實屬社會大忌，甚少人會願意走到這一步（參考第七章何高俊的情況）。估計在何家人出面調停下，何晚貴得以保留個人財產及女兒的撫養權，也可以立下遺囑確保女兒為其財產唯一繼承人。

就在何晚貴去世兩年後，曾篤恭又一次捲入犯罪事件。這件桃色案再一次說明了他的為人品格，或許更能解釋那段門當戶對婚姻觸礁的原因。在 1897 年 6 月，《申報》刊出以下報道：

> 西字報繙譯曾子安，賃屋寶興里，[10] 與蘇鄉大姐伊屈氏有染，本夫伊阿虎具控公堂，昨日堂期，包探將原被告一并解案請訊。伊吳氏偕其姪阿虎投案，稟稱：自幼憑媒聘，定同鄉屈氏為室，去年十二月完姻，至本年正月，屈氏背夫潛逃，四月下旬來滬尋緝，知被曾子安姦佔，向論不睬，反敢持刃行兇，有巡捕目見，求請重辦。伊屈氏供：先在某妓院為傭，與曾姘識，小婦人因欠債項，家中不許出外，不得已逃出，與曾同住寶興里。曾子安供：與姘識，惟並不知其有夫。大令謂：本夫現在堂上，爾尚敢胡言亂語。曾供：去年臘月，屈氏自願姘識。大令謂屈氏曰，爾不應背夫潛逃，干犯法紀，遂與何繙譯會商，着一并送縣，諭令原告自行投縣備質。（《申報》，1897 年 6 月 9 日）

之後，案件轉送「上海縣，請訊黃大令」，且花了法庭不少時間進行審訊（《申報》，1897 年 6 月 10 日）。惟未能尋得最終判決的資料，未知曾篤恭有否被定罪或判刑如何。但若按《大清律例》：「凡和姦，杖八十；有夫者，各杖九十。刁姦者，（無夫、有夫），杖一百。其和姦刁者，男女同罪」（沈之奇，2000：911-912），一旦罪成，相信曾篤恭應會受到重創，甚至死亡。不過，從他後來仍於《字

10　據耶魯大學舊生的資料介紹，在十九世紀九十年代，任職於《北華捷報》的曾篤恭，居於上海漢口「No. 11 Boone Road」（William, 1906），「寶興里」可能是「Boone」的音譯。

林西報》工作，看來他不是無罪釋放，便是有人「說項」逃過了刑責。

雖則如此，此案有一些信息值得注意。首先，案中屈氏在「妓院為傭」，與曾篤恭相信亦是在妓院結識。雖說當時妻子已死，而逛妓院在中國傳統上也被文人雅士視為風雅之舉，但若曾篤恭在婚後已開始流連這些煙花場所，恐怕絕不會被具新時代思想的何晚貴所接受，雙方難免因此而爭執，影響夫妻關係。

其次，曾篤恭在法庭上一度謊稱自己「並不知其有夫」，被法官面斥後才改口供，並將責任推往屈氏身上，指事件是她主動，「自願姘識」。他為求脫罪，一開始便作出虛假陳述，可見他並非誠實的證人，甚至令人質疑他其他供詞的可信性。而且，他將罪責全推向屈氏，顯然想避過「刁姦」之罪，即自己沒有引誘對方，只是被對方誤導。可見他既不誠實，也只會推諉卸責。

若果結合此案與早前的「騙銀請訊」案一起看，曾篤恭無論做人做事的手法、原則與觀念，均甚有問題，可以說是做人不老實，對妻子不忠誠。何晚貴臨終前不願把名下財產交託與他，寧可交託娘家親人，自有其由。另一方面，社會與政治地位日見吃重的伍廷芳，與曾篤恭甚少往來，就算身處香港的何啟等諸兄弟等，哪怕與他同屬皇仁書院舊生，亦甚少接觸聯絡，看來反映了大家對他為人處事相當有意見。

孑然一身後的餘生

其實，在何晚貴去世後翌年，曾篤恭的父親曾蘭生亦在天津逝世，享年69歲。[11] 經歷了與妻女分離、妻子及父親先後去世，甚至是那宗桃色案的打擊，曾篤恭已達不惑之年，對人生應有更深刻的體會和反思。他似乎洗心革面，決定認真去面對人生。之後，他把精力心思投入到《字林西報》的工作中，繼續其記者和時事評論員的職務。在1900年義和拳之亂爆發時，他能準確分析事件，並對此事帶來的問題及對清政府的衝擊作出有見地的評論，引起中外社會高度重視，一度聲名大噪。到了1905年，相信曾篤恭因其才能及表現獲滿清政府賞識，並贈他「同知」頭銜，賞戴花翎。翌年，他再獲兩江總督端方擢升為「準道台」之職（Smith, 2005; CEM Connections, no year; Rhoads, 2011）。

值得指出的是，自何晚貴死後，曾篤恭並沒續弦再娶。以他才40歲、有一定家底又無子的情況而言，選擇維持單身可算相當少見。因為當時他的雙親、兄長、妻子均已離世，女兒又不在他身邊，他只有孤身一人在上海，每天工作後返回寂靜空蕩的家。若他再納新人，便有妻子照顧他的起居飲食、替他管理家事，又有人為他再誕下一兒半女。但不知為何，他卻一直獨身，甚至獲擢升為「準道台」，登上事業巔峰後也沒再婚。為何他選擇孤獨終老也不再娶妻？

11 據說，曾蘭生乃華人首位共濟會（Free Mason）成員（Rhoads, 2005: 54），可見他應是華人與洋人接觸交往的先驅性人物，此點與何福堂乃華人最早接觸福音人士的情況，完全一致。

BIRTHS.

LIDDELL.—On January 9, at Hankow, the wife of Percy W. O. Liddell of a son.

GRAY.—On January 10, at the Victoria Nursing Home, the wife of Walter Gray, of a daughter. (Stillborn).

DEATH.

LAISUN.—On November 4, at Tientsin, Spencer Tseng Laisun, in his 61st year, formerly on the staff of the "North China Daily News," and recently of the Viceregal Yamen, Nanking.

1917 年 1 月 18 日《南華早報》（*South China Morning Post*）報道曾篤恭去世消息。

是一次的婚姻失敗令他意興闌珊？是因他對故人心存歉意以此懲罰自己？還是純粹命運使然一再錯過緣分？真相除了他之外相信無人知悉。到了 1916 年 11 月 4 日，曾篤恭去世，享年 61 歲，此消息在上海及香港的英文報紙上均有報道，可見他在洋人圈子應頗有名氣（Rhoads, 2011; *South China Morning Post,* 18 and 23 January 1917）。

至於曾篤恭與何晚貴的女兒 Daisy，資料顯示，在 1908 年，當她年滿 21 歲時，信託人「何祐」（Ho Yow, 即何神祐）及楊生（Yang Sang）按何晚貴生前指示，將一個物業（I.L. 871, Memorial 19727）轉到她名下。當時，Daisy 的登記名字為 Tsang Ti Shi（施其樂因而指是「曾地詩」），登記資料指她居於廣州，[12] 身份仍然單身。相關物業於 1892 年 9 月 13 日由何晚貴獨自擁有，現透過信託人轉交其子女享用（Carl Smith Collection, CS/1005/00043936, no year）。由此可見，何晚貴最牽掛也不捨的女兒已長大成人，而且她沒有所託非人，遺產順利交到女兒手上，讓女兒年幼時生活有保障，長大後也可以自主人生。

對於傳統婦女而言，一旦出嫁便只能以夫為尊，就算丈夫不是良人，整天流連花叢、一事無成，甚至對妻子拳腳交加，做妻子的很多時也只能啞忍屈從，娘家就算有心也不能干涉太多。但對成長在香港，有一定學識又具有現代男女平等觀念的何晚貴而言，明顯不能接受這套三從四德、百忍成金的規範。因此，曾篤恭或許只是私德有虧，但未至罪大惡極，但她仍拒絕原諒。當然，她能作出這個決定，是她的底氣夠強：她的財政獨立，娘家又願意力挺到底。故她的人生雖然短暫，卻能活得瀟脫，敢愛敢恨、自主自強。

至於曾篤恭，他應算是「贏在起跑線」的一員。他自幼跟隨家人到過不少地方，眼界、見識與英語能力較同輩高出甚多；到外國留學時又成績驕人，甚至考上世界第一流的學府；回國後，又不像其他留美幼童被迫由低做起，受到保守官員的冷言及輕蔑，而父親為重臣李鴻章的翻譯，具政治影響力⋯⋯凡此種種，可能養成他自

12 這裏所指的廣州，可能是廣義上的，其實是指廣州市、佛山及祖家南海西樵山一帶，反映曾地詩沒有跟隨曾篤恭，而是與何福堂家族親人一起生活，此點明顯符合何晚貴臨終遺囑的要求。

視甚高的性格，以為自己進入成人的職場世界後，定會一鳴驚人。想不到他事業卻經歷連番挫折，漸漸更被同輩拋離。可能因為一直鬱鬱不得志，結果走上了歪路，不但賠上了自己和家人的聲譽，更失去了妻子及女兒。幸而他飽嘗苦果後能浪子回頭，人到中年後潛心工作，最後也算成就了一定事業與名聲。

結語

正如我們在其他不同論述中反覆指出（鄭宏泰、黃紹倫，2009 及 2010），香港雖是華人社會中最晚廢除大清律例，保持最濃厚傳統習俗的地方，但西化的層面及程度，又同樣是最深厚及最廣闊的。一些像何晚貴、何妙齡等的女性，能夠在香港開放的環境中獲得積累財富的機會，並受惠於男女較平等的風氣及較健全的西方法制，獲得了人生獨立、婚姻自主，可說是走在時代尖端的幸運兒。她們接着能夠利用現代金融投資方式，憑着個人眼光與知識獲利，打下金融基礎，無疑讓她們在鞏固本身社會地位的同時，亦能為其家族及子孫創造更好的發展條件，甚至有財力及能力為社會作出更好貢獻。

進一步說，要爭取女性與男性的平等地位，擁有自主財政、經濟獨立，或者直白點說——不用依靠男性——明顯屬於最關鍵條件。道理當然是因為有了財政自主和經濟獨立的物質基礎後，便不用擔心朝不保夕、三餐不繼，人生便能活得自在和有尊嚴，即是能夠掌握人生的主動權，去留由我、好惡隨心。在人世間只作短暫停留的何晚貴，雖然只是一介女流，但因擁有堅實的經濟基礎，哪怕婚姻路上並不如意，卻能展示特立獨行個性便是很好的說明。

第七章　專注行醫

何高俊的一生懸壺濟世

引言

無論是前文各章中談及的伍廷芳、何啟，或是後一章討論的伍朝樞、傅秉常，他們雖然都擁有專業資格，但他們大多選擇投身政治，加入政府議政論政或擔任官員。雖說其專業訓練成為他們綜合知識或學養的一部分，也能在仕途上助他們運籌帷幄，但總括而言，他們始終並非以相關專業來謀生。究其原因，除了他們本身對政治感興趣外，更主要是當時相關的專業工作多被外籍人士包攬控制，他們雖有資歷，卻甚難打進這個專業圈子。既然工作機會難得又不足以獲得相稱的收入，故他們寧可放下專業，投身政壇，以期獲得更大的權力、財富與地位。

相對而言，到何高俊一代開展事業時局勢已大為不同。由於中華大地或是香港的政治與社會環境出現巨大變遷，加上高學歷的華人漸多，何家已不再擁有伍廷芳或何啟剛出道時獨一無二的優勢了，故雖然何福堂家族的第三代仍有卓越學歷或專業資格，但由於競爭者眾，要從政壇上出人頭地也需經過激烈爭逐，並不如過去容易，故在衡量過得失利弊後，第三代不少家族成員——無論是何福堂的內孫或外孫，乃有了不同的事業選擇：有些寧可投身專業、有些走政治道路，有些則選擇經商。可以這樣說，當中華大地與香港的政局變得愈為複雜，社會變遷急速，何氏家族過去在某些層面上享有獨一無二的壟斷地位乃逐漸消減，其顯赫地位自然亦漸漸滑落。

出生成長與求學

令人不解的是，無論是何福堂、伍廷芳、何啟都屬當時赫赫有名的人物，按道理家族不會在下一代霎時消聲匿跡，但事實上，何家第三代可找到的資料甚少，社會對他們的認識也不多，與其祖及父輩落差極大。在第三代成員中，何高俊算是業界翹楚，具一定知名度，但除了何家中人或與他有深交的好友知道他乃何啟之姪、何福堂之孫外，社會大眾一般並不知情，甚至連他的父母是誰亦未能確定。會出現如此情況，可能是何高俊本身性格低調，不願賣弄關係或攀親帶戚；亦可能反映何高俊那一房與何啟一房的關係並不緊密，甚至相當疏離隔閡。

資料顯示，何高俊生於 1878 年 8 月 10 日（《華僑日報》，1953 年 7 月 6 日），按此推斷，他應是何啟兄長何神賜或何神添之子，因為只有這兩人早在 1877 年或之前結婚。正如第五章談及，何神賜應一直在內地生活，而何神添則在港生活多年，故生於香港的何高俊是何神添兒子的機會較大。按此推斷，生於 1856-57 年的何神添應在約 20 歲或之前結婚，婚後不久妻子即誕下何高俊。[1] 而且，若何高俊為何神添之子，便能解釋他與其他家族成員的關係較為疏離的原因：何神添兩度破產，又捲入與母親打官司爭拗等事，令何神添一房成為家族中的黑羊，也與其他家人關係欠佳。但生活上他們或多

1　這亦符合有分析指何高俊「乃何啟之侄，其次兄（elder brother）之子」的說法（Ho, 2017: 144），因為何啟有兩名兄弟，長兄（何神賜）英文一般稱為「eldest brother」，次兄相信便是何神添了。

或少又需依靠家人接濟，雙方接觸時難免會有一言半語令成長中的何高俊感到難堪，何高俊自立後可能亦不願與家族其他人有太頻繁的往來了。

有關何高俊的出身與家人關係，還有一些資料可作補充。在第五章曾引述葉深銘（2014）有關何福堂家族成員在道濟會堂受洗或加入教會紀錄，在該表中，何福堂孫一欄，除何高俊外，還有一位以「俊」作共同名字的何文俊。這位何文俊到底是何高俊的胞兄弟還是堂兄弟，雖然經過多方搜集資料，仍沒法完全確定。至於在曾孫一欄，何法中、何建中、何中中、何育中及何尾中五人肯定是來自何高俊一房，其餘六人除何祿中的名字在何高俊的遺囑曾出現，故可確定為何高俊之姪外（見本章另一節討論），何銘中、何順中、何德中、何樂中和何慎中等五人，則尚未能確認來自哪一房，是否何文俊之子女。由於資料不詳，暫時只能作一些簡單的推論。

首先，何樂中、何慎中等曾出席何高俊的家庭聚會（參見第十章），由於何高俊與其他家族成員的關係疏離，成年後甚少接觸，故何樂中等人會出現在那些聚會，反映他們應相當親近，較大可能是來自同一房。其次，何啟諸子名字中都有「永」字，如何永貞、何永亨、何永乾等，而何啟一名年紀較大的姪兒何永紹，亦有共同的「永」字。但同屬何福堂孫輩的何高俊和何文俊，名字中並沒有「永」字，故無論是以「永」或「俊」作子女的名字，均非按族譜輩分序的昭穆，應是取名者的個人喜好。按此推斷，何高俊和何文俊甚大機會是來自同一父親，且採取與其他房不同的命名思考。到了何福堂曾孫一代，何高俊與何文俊的子女則以「中」作為共同之字，但何啟的子女們則採取了「鴻」字（參考第九章），呈現了彼此間的不同，也反映了兩房的隔閡。

沿着何高俊乃何神添兒子的角度推斷，到了 1883 年何神添被法庭頒令破產時，何高俊只有五歲左右，物質生活自然大受影響。不過或許是船破還有三斤釘，又或是其他兄弟姐妹有接濟何神添，加上何家對教育的重視，因此何高俊求學之路並沒有中斷，他於皇仁書院畢業後進入了何啟創立的香港西醫書院修讀，並於 1901 年他約 23 歲時畢業。或許是受家貧或父親經歷的刺激，何高俊刻苦用功，成績亦應相當不錯，紀錄指他求學期間獲得「獎學金」（《華僑日報》，1953 年 6 月 9 日；Stokes and Stokes, 1987; Bickley, 1997）。

何高俊取得醫學學歷時香港的鼠疫疫情仍未消退，社會對醫護界的人才仍需求甚殷，故他剛踏出校門，很快便在政府找到一份工作。一份政府文件指他於 1901 年 10 月獲委任為「公眾注射防疫員」（public vaccinator），工作與防治鼠疫有關。但從職位看來應屬醫療系統中較初級的工作，並非專業西醫（*The Hong Kong Government Gazette,* 12 October 1901; *The China Mail,* 14 October 1901）。據說，在擔任「公眾注射防疫員」期間，他曾協助東華醫院首位華人西醫鍾本初醫生一起應對瘟疫，可說是走在防疫抗疫的前線（Ho, 2017: 144）。

翌年，何高俊獲聘到政府新設立專門研究疫症的「細菌研究部」(Bacteriological Department，即日後的細菌研究院）工作，[2] 職位是「實驗室助理員」(Laboratory Assistant)，為期約半年，主要工作是檢驗死屍，同時亦以老鼠做各種細菌傳播的實驗（Hong Kong Museum of Medical Sciences Society, 2006），據說他每天要檢驗數百隻老鼠(Ho, 2017: 144)。其間，他有機會與著名細菌專家孔特(William Hunter）共事，從孔特身上學到不少有關瘟疫的專業知識，再加上他有前線抗疫和後方研究的實戰經驗，故他日後成為本地疫病的權威，為香港醫療發展作出不少貢獻。

在細菌研究部門工作一段時間後，何高俊在香港西醫書院找到一份「助教」(Demonstrator）的工作，主要是作為書院解剖學科畢勒克（G. D. R Black）教授的助手（*South China Morning Post,* 9 February 1909）。1903 年，何高俊轉到拿打素醫院工作，而大約就在這時，年約 23 歲的他結束了單身生活，與馬仲英組織起自己的小家庭。1903 年長子何法中出生，至 1904 年再生下次子何建中（張慕貞，2005：21），之後 1906 年、1907 年及 1909 年再誕下何中中、何育中和何尾中三名女兒（Petition No. 276/1953: In the goods of Ho Ko Tsun, medical practitioner, deceased, 1953）。

2 日後，此部門獨立為細菌研究院（The Bacteriological Institute），對於香港防疫工作發揮巨大影響力，孔特則出任該研究院的主管。

專業路上的闖蕩

一如不少懷有大志的青年精英一樣，結婚且已成為人父的何高俊，在發展個人醫學專業方面相信亦特別投入拼搏，而他在專業路上的闖蕩，明顯亦屢見成績，揭示他的個人事業正在拾級而上，具體上則反映在醫學職位的進一步獲肯定，學術地位的獲得認可，以及公共服務和社會參與機會的增加。

無論是細菌研究部的工作，或是西醫書院的工作，何高俊基本上均扮演着協助角色，未曾成為執業西醫，這可能是當時通向專業身份的一個過程或要求。到了 1907 年，何高俊應該獲得了執業行醫的身份，並在那年成為華人公立醫局（Chinese Public Dispensary）的醫官。華人公立醫局是當時一個頗具規模的華人慈善醫療機構，類似今日社會的政府診所。當時醫局設於皇后大道東 205 號，地方不大，只有地下一層，診症、取藥均在一處。日後逐步發展，到 1911 年搬到灣仔石水渠街，那兒的地方則較大，並設有職員宿舍，何高俊一家亦搬到該區居住，主要原因自然是為了方便上班（*South China Morning Post,* 6 September 1949）。

除了行醫診症，曾在西醫書院任職助教的何高俊，眼看當時西醫不受一般市民重視，很多人生病仍只願讓中醫望聞問切，甚至迷信偏方或怪力亂神，為了增加華人對西醫療法的了解，也讓患者得到適切的救治，他在工餘時行文執筆，書寫了《初級急救要法》一書。[3] 而

3　日後，何高俊還出版了《瘧疾病源及治法》一書，可見他的學術興趣與著書意欲不少。

此書出版前曾送到當時的教育署審查，並最終獲得批准，授予了出版權。由於此消息為報紙所報道，揭示何高俊當時能出版該書，應該很不簡單，內容尤其經得起考核，所以可視作個人學術或醫療專業上一個不錯成績或認可（《香港華字日報》，1908 年 9 月 4 日）。

有了執業行醫的資格，加上又出版了急救書籍，何高俊的專業地位與個人名聲冉冉上揚，不再受父親破產等家族因素陰霾的負面影響，並開始參與社會事務，以個人專業與學識服務大眾。於 1910 年，他與志同道合的朋友在荷李活道創立了體育學校，該校主力是夜校，開設成人體育訓練班，日間則開辦附設小學。表面上，這是一所普通的平民義學，成立目的是為沒有受過教育者提供基礎學習，同時又可強身健體，培養良好個人習慣。不過，據何高俊女兒何中中的憶述，那家學校背後其實另有目的。何中中這樣說：

> **他（何高俊）是反清的革命黨人，曾負責製造炸彈運上廣州。他和一班革命同志週日常帶著木槍往新界操練，為了聚集方便，他們租了一層樓，以體育學校的名稱作掩護。他們常在夜間開會，商談工作，日間房子空著，就辦起學校來，供黨人子弟就讀，後來擴展成為正式學校。（唐仁等，2005：47）**

可能是完成了歷史任務，故該校於日治時期停辦，而戰後也再沒恢復（《華僑日報》，1953 年 6 月 7 日）。

從何中中的言論，可見何高俊曾積極參與辛亥革命，甚至不惜以身犯險，製造炸彈運回廣州，亦願意花大筆金錢建學校作掩護，應是前線的革命分子。他的作為應該瞞不過殖民地政府，而他既為何啟之姪，難免令殖民地政府對何啟也產生疑慮，故時任港督梅軒利指何啟在不同層面上捲入孫中山的革命事業（參考第四章）。何中中的憶述，可作相關的補充佐證。

在何高俊畢業後首十年期間，他的工作日趨穩定，已能憑自己的本領養家活口不再依賴他人，個人的醫學專長又逐步獲得肯定，加上婚姻美滿，兒女成群，應是相當順心遂意的人生階段。但不幸的是，長子何法中約七歲時因病夭折，二子何建中又體弱多病，更在 1924 年「溺斃於寓」（張慕貞，2005：21），[4] 兩子早逝令他大受打擊，家庭關係相信亦因此發生重大變化。由於二子先後離世，可能令何高俊有了繼後無人的憂慮，起了納妾之念頭，但馬仲英拒不接受，故二人勃谿日增。結果在各不退讓下夫妻決定分開 [5]。分開後，何高俊納了一名叫郭頌文的妾侍，不過她過門多年亦無所出。無論如何，何高俊與妻子本來有一個令人艷羨的家庭，但在面對不幸遭遇的衝擊時卻未能互相扶持共渡難關，最後一家人四分五裂，也留下了無法彌補的遺憾。

捲入政爭的拘禁

辛亥革命取得成功，滿清皇朝被推翻後，中華大地的政治空間自然瞬間開放，這種轉變一度吸引無數有志者投身其中，希望分一

4　其時何建中已近 20 歲，溺斃相信不會是一般家居意外，但未能找到資料確認其死因。

5　從何高俊的遺囑可知，他與馬仲英並沒有正式離婚，二人一直擁有合法的婚姻關係，只是長期各自生活。

杯羹或有一番作為，伍廷芳、何啟、李煜堂、楊西巖等便是其中一些常被引述的例子（Chung, 1997）。何高俊亦是其中一員，一度放下香港行醫的事業，返回廣東省，加入當時的民國政府。

據說，為了實踐革命事業，推翻滿清皇朝，孫中山曾「設立機關於香港」，何高俊則曾獲交託任務，「負責機密工作」（《華僑日報》，1953年6月7日）。另據何中中提及，何高俊是「反清的革命黨人，曾負責製造炸彈運上廣州」（唐仁等，2005：47）。何高俊會參與孫中山的革命活動一事其實不難理解，因為何高俊乃何啟之姪，又與孫中山一樣曾經就讀西醫書院，所以無論是舊生網絡或是家族關係網絡，相信均有多方重疊，加上他那時正值青年，具有較激進思想及愛國熱情，自然願冒風險支持革命推翻滿清。惟到底他「負責機密工作」有多核心？由於報章沒具體的透露，也找不到其他紀錄佐證，相信他在革命軍中的角色應不會太重要或太核心。

雖然何高俊或不如不少西醫書院舊生般全身投入革命，但到革命成功後，由於他始終屬革命軍一員，曾作出一定貢獻，加上屬香港的醫學精英，又有何啟乃孫中山老師的政治光環關係，故在當時民國成立初期極需用人之際，他亦能在中華大地的政治舞台佔一席位，「迨民國成立，受任為廣東省衛生司副司長」（《華僑日報》，1953年6月7日）。換言之，廣東省民國政府成立後，剛過而立之年不久的何高俊轉換了事業跑道，離港返穗，出任廣東省衛生司副司長，由醫護前線升上領導階層，期望在更高更廣的位置上發光發熱、一展所長（Bickley, 1997）。

在新崗位上，相信何高俊亦如無數一心獻身革命救國救民之士般，希望能幹出一番作為，讓民族擺脫積貧積弱，人民可以過更好生活，國家也重新屹立於世界。從他上任後接受傳媒訪問透露的見解與構思，可看出他的施政理念及政策藍圖。舉例說，他認為要解決當時廣東省醫療衛生條件落後、未能走向現代化等問題，他建議政府派送 20 至 25 歲學生到歐美等國學習西方醫學知識（*The Hong Kong Telegraph,* 24 July 1912），此舉反映他明白人才是發展的根本，要改進廣東省的醫療衛生水平，先決條件是有足夠的軟實力。

另一方面，由於長期參與防疫抗疫的工作，他對疫病的了解較一般醫護更深，也更為着緊。由於過去多場嚴重瘟疫都與人煙稠密的廣州市有關，故他曾發出公告，禁止民眾出售曬乾的鼠肉、殺貓或食貓，亦禁止秘密出售已染病或已死的禽鳥、牛、羊、豬等。公告指出，為了公共衛生及防止瘟疫傳播，民眾應清楚認識家禽乃瘟疫傳播源頭的問題，所以無論接觸、處理、食用時，均應十分小心（*South China Morning Post,* 23 January 1912）。

何高俊在新崗位上躊躇滿志，希望藉本身的專業幫助國家發展之時，無情的政治鬥爭卻狠狠將他從高峰拉下，令他吃了不少的苦頭。原來剛成立的中華民國政府領導權更迭頻頻，自然出現了「一朝天子一朝臣」的問題，何高俊亦被捲入其中，「及袁世凱稱帝，龍濟光任廣東都督，大捕革命黨人，何氏曾因此受禁旬日」（《華僑日報》，1953 年 6 月 7 日）。

在 1913 年 9 月，香港有報紙報道指何高俊在廣州被拘捕，經過家人努力，他不久獲釋，至於導致這次身陷險境的原因，據說是捲入政治，因他「偏好支持陳炯明」。但他接受訪問時表示：「我沒做任何這種事，從沒以任何形式捲入政治。我所有時間均給解決健康問題佔據，並盡全力於解決廣州的公共衛生。而我在這方面的努力，可以從我過去（在香港）成功防止瘟疫（散播）的工作得到充分說明」（*The Hong Kong Telegraph,* 22 September 1913; 4 October 1913）。另一報紙指何高俊被捕是「與暴動者有聯繫」（connected with rebellion），但已由英國大使館人員保釋外出，重獲自由（*South China Morning Post,* 6 October 1913）。

按這些表面資料推斷，雖然何高俊和孫中山有一定關係，又支持革命理念，願意在新政府中貢獻一己力量，改善廣東公共衛生和醫療。但沒想到孫中山的領導地位迅即為袁世凱取代，在嚴重的政權爭奪與地方割據下，他原來的政治人脈成了負資產，加上他過去只有行醫經驗，政治觸角應欠敏感，在政治上或自選或被動地站在勝利者的對邊，因此一度身陷囹圄，生命和安全受到威脅。經此一役，令原本滿腔熱血的他心灰意冷，更深感政治這頭巨獸非他所能駕馭，所以在逃出虎口後迅即辭官返港，從此不再染指政治。

何高俊在1913年10月回到香港後，一方面在民國政府的經歷令他對政治參與「聞虎色變」，再加上第五章中提及，時任港督梅軒利對何啟等熱心支持孫中山革命的本地精英甚為抗拒，認為這派華人華商與中國政治走得太近，會影響香港社會穩定，故寧可扶植那些傾向本地化、專注香港自身發展的華人華商（Chung, 1997）。由於殖民地政府有這樣的政治取向，他想在港從政亦是此路不通。何高俊短暫的政治生涯至此告一段落，他亦收拾心情，專注懸壺濟世，並盡力改善香港的醫療水平。

在港行醫的半世紀

事後看來，何高俊當年決定回到廣州，加入民國政府，應不是眷戀權勢或對參與政治充滿熱誠，而是希望在更高層次的崗位上發揮他的專業所長。但當他嚐到了政治的苦頭，敗興而返後，令他對政治這些「權力遊戲」敬而遠之，寧可在自身的崗位、憑自己微小之力量為香港的醫療服務。他回港後不久即重返灣仔石水渠街華人公立醫局，繼續擔任醫官。不過，從鄭紫燦（1915）編輯的《香港中華商業交通人名指南錄》「執業西醫」欄目中，卻可找到何高俊行醫紀錄，指他的診所在「皇后大道中 70 號 2 樓」（鄭紫燦，1915：698），未知這是否表示他除了在華人公立醫局工作，其實亦另有掛牌執業，或是提供另一些醫學服務。

可以肯定地說，何高俊並非那些藉私人執業以賺取更多收入的醫生。因為不少資料均反映，他除投入到公共醫療服務外，更費不少心神協助香港的醫療發展，解決一些尖銳的醫療衛生問題。如早年曾參與抗疫的工作，以及他積極改善香港婦產科服務，大大提升了嬰孩及產婦存活率，更令他贏得了無數家庭的感激及社會的稱頌。

眾所周知，香港開埠初期華人對西醫西藥十分抗拒，而在傳統男女授受不親的保守觀念下，產科更極少華人問津。但事實上，西醫接生能提升嬰孩及產婦存活率，故何啟等華人醫生一面努力向華人推廣，一面向政府游說設立產科醫院。何啟不但自己慷慨捐輸，在 1904 年於雅麗氏醫院內加設產科，也向胞姐何妙齡及其他華商募捐，然後有了何妙齡醫院及產科的設立，加上較早前設立的那打素醫院亦設立了婦產科，令相關服務得到很好的提升。其後，何高俊加入，成為這些產科醫院的外科醫生（*Report of the Alice Memorial, Nethersole and Alice Memorial Maternity Hospital,* 1904; *South China Morning Post,* 6 September 1949）。

這些產科醫院主要分佈於人口高度密集的上環、西環一帶，服務當區居民也應接不暇。自進入二十世紀後，原本人口相對較少的灣仔迅速發展，居民人數大增，但卻缺乏產科服務，主要在該區行醫生活的何高俊，提出在石水渠街的公立醫局內設立產科，應對社會所需，建議獲得當局接納並撥出資源。至 1919 年，該局的產科投入服務，並由何高俊負責領導，令灣仔區的孕婦不用再跨區就診。儘管該產科部門的工作量繁重，但嬰兒存活率則踞香港產科部門前列，可見何高俊領導有方，表現卓著（Ho, 2017）。

眾所周知，公立醫局屬於平民醫院，但隨着社會發展，富裕家族與中產階級的逐步壯大，自然希望獲得更高質素的醫療及護理服務。為了滿足這方面的市場需求，一些具商業觸角的醫生乃提出了創立私家醫院，何高俊是其中的帶領者。他聯同早年香港西醫書院舊友同窗，以及本地著名醫生如尹文楷、趙學、關景良、黃菖霖、馬祿臣等，在 1922 年於距灣仔石水渠街只有一箭之遙的銅鑼灣黃泥涌跑馬地旁創立了香港養和園（Yeung Wo Nursing Home），並由何高俊擔任創院主席（Hong Kong Museum of Medical Sciences Society, 2006; 養和醫院，沒年份）。

完成創院工作後，何高俊退任主席之職，由周懷璋接任，惟營運三年後的 1925 年，卻碰上了該年夏天連續多天大雨之後的嚴重山泥傾瀉，位於山坡的養和園受到巨大破壞，蒙受沉重損失，最後於

1926年改由李樹芬接手，他不但注入巨資，成為最大股東，亦進行重組，並將「香港養和園」的名字改為「香港養和醫院」，該醫院日後不斷發展，成為蜚聲海內外在香港首屈一指的私家醫院（養和醫院，沒年份）。

牽頭創立香港養和園但隨後淡出的何高俊，仍十年如一日地專注投入公立醫局的行醫診斷之中。1931年，日軍入侵東北三省，國民雖同仇敵愾，但日軍步步進迫，至1937年全面入侵，大量沿岸百姓不堪日軍暴虐，淪為難民湧到香港。由於人口急增，對醫療需求更殷，作為平民醫院的石水渠街公立醫局，門前自然長期大排長龍，令何高俊等前線醫護疲於奔命。

到了1941年，日軍擴大戰線，把槍口對準香港，一直以為可以逃過戰火的香港居民，從此掉進了三年八個月的黑暗歲月。在淪陷期間，何高俊的家人先後逃往廣州灣等地，但何高俊卻沒有逃走避難，而是繼續留在香港，堅持以醫者父母心的原則和使命行醫救人。可以想像，那段時間，病人不減反增，但資源卻無以為繼，何高俊除了盡量善用緊絀的資源外，還捐出自己的物資以救助更多病人。對於那段黑暗歲月的行醫，有報紙這樣介紹：「日敵佔港期間，醫局經費支絀萬分，其仍苦幹苦守，且對不足之數捐款支持，詢為難能可貴」（《華僑日報》，1949年9月5日）。

香港重光後，社會投入重建，惟不久中華大地又再爆發內戰，難民浪潮再現，醫療資源又見緊絀，已進入古稀之年的何高俊，儘管仍行醫問診如舊，但手腳畢竟變慢，相信亦覺力不從心。到了1949年，何高俊決定退休，而大英皇室則在同年6月公佈，將會授與他 OBE（官佐勳章）頭銜，作為對他一生為香港醫療服務作出貢獻的肯定與欣賞，授勳儀式則在同年底舉行（《華僑日報》，1949 年 6 月 9 日及 12 月 31 日）。

對於能夠獲得這個 OBE 頭銜的嘉許，當然讓何高俊感到高興，但更為實質的，則相信是有關當局在何高俊退休後，同意讓他繼續居住在石水渠街的醫局宿舍中，令他可以留在生活多年的社區，與左鄰右里保持往來。這種安排，在當年住屋問題極為嚴重的情況下，可說是十分難得的，亦可說是當局對何高俊一生服務醫局最為實實在在的認可與報答。

籠統地說，何高俊自 1901 年二十出頭時開始參與醫療工作，到 1949 年 9 月年過七十時正式退休，其間除 1913 年間短暫到廣州外，在港行醫長達半個世紀，可說是把畢生精力投入到懸壺濟世之中，位於灣仔石水渠街那家他主要服務的醫務所，則屬他長期出入的地方，加上他亦居住在那裏，可謂生活與工作融為一體，所以他與不少病人和街坊打成一片，亦醫亦友亦鄰居。

去世前後的安排

從生命階段理論上說，退休——從工作崗位退下——實在屬於人生關鍵轉變，這個轉變，既標誌着身體老化、健康日壞，同時亦帶出傳承接班、安排後事的逼在眉睫。身為醫生的何高俊，顯然亦十分明白這個階段來臨時個人所要思考和安排的一切，並基本上按自身的環境、需要和想法，作出囑咐與安排。

退休初期，由於何高俊有感自己健康精神仍相當不錯，故經常抽空到紅卍字會贈診所（Red Swastika Society Free Clinic），為貧苦街坊提供義診服務，一方面善用所長幫助別人，又可滿足他「坐不定、愛工作」的性格，相信那時他的退休生活過得相當充實及有意義。但不久，他的健康開始走下坡，腎臟與高血壓問題日趨嚴重，令他自 1951 年中起開始長期卧床。在患病期間，他想及自己略為複雜的感情關係，為免家人在他去世後因遺產問題而爭吵，故在 1951 年 5 月 27 日在真光中學兩位老師——陳簡卿及鄔淑昭——的見證下，訂立了一份遺囑安排名下財產。那份以中文手寫的遺囑內容如下：

> **我立遺囑人何高俊，住香港灣仔……職業醫生。將以前所立遺囑取銷並聲明此為最後遺囑，立何中中為承辦人，將我遺下光明街五號屋一間及所有一切動產與不動產（除雪櫃收音機洗衣機應交回劉美恩外），平均分為四份。一份給與我女何中中，一份給與我女何育中，一份給與我女何尾中，一份給與郭頌文及我姪何祿中，此份由郭頌文管理，只給予何祿中口糧。如郭頌文死後，該份有餘則交由何尾中管理，亦只給何祿中口糧，無得異言，此囑。**
> （Probate Jurisdiction Will No. 80 of 1955, 1955）

到了 1953 年 6 月 6 日，儘管三名女兒侍奉左右，用心照料，但始終未能避過死神召喚，何高俊在灣仔石水渠街宿舍內去世，享年 75 歲，除家人十分傷心外，不少社會人士亦深感哀痛。何高俊的喪禮於兩天後舉行，喪禮上，那些曾受他幫助的團體或組織，或與他共事交往的社會賢達，不是親臨送別，就是送上花牌唁電。由於女兒何中中乃真光中學校長，該校師生到場致祭者眾，加上他為基層前線醫療服務近 40 年，治病救人，不少市民亦親往弔祭，「執拂者達千餘人」(《華僑日報》,1953年6月9日),場面甚為盛大。

有一點值得注意的,是當時報章報道喪禮情況時,指出席者有楊國璋、岑維休夫婦、曹善允夫人、曹峻安夫婦、曹克安夫婦、伍朝樞夫人、林植宣夫婦、歐炳光夫婦等(《華僑日報》,1953年6月9日)。細心一點看,名單中除了伍朝樞夫人外,並沒有其他何氏家族中人的名字,此點相信屬何高俊一房與何福堂其他子孫關係並不密切的又一印證。

何高俊的喪禮以基督教儀式舉行,出殯後遺體送往掃桿埔火葬場火化,家人最後把何高俊的「骨灰在銀礦灣海面放散」,做到真正的回歸自然(《華僑日報》,1953年6月10日;*South China Morning Post,* 12 June 1953)。這樣的喪葬安排,顯然與一般華人期望入土為安,讓後人能前來拜祭的想法完全不同,故應該是何高俊的遺願,特別交代後事的處理方式。這種與眾不同的思考,亦在一定程度上反映出他的個性。

由於何高俊生前有立下遺囑,又留下一些遺產,家人或受益人乃按法律程序辦理各項手續。從他的遺願及安排,可讓人看到他本來較難確定的人生發展圖像,作為了解他的生平事跡提供重要證據。

一份於1953年11月4日由何中中等人向最高法院申請確立遺囑的文件中(Petition No. 276/1953: In the goods of Ho Ko Tsun, medical practitioner, deceased, 1953),可以找到不少有助了解何高俊人生與親人關係的資料,尤其可以讓人毫不含糊地確立某些人的身份,以及他們的年齡與關係,而這些資料具體上則可歸納為如下數點:

一、何高俊的訃聞上亦沒按一般格式列出妻或妾的名字，只有三女及其中一位已婚女兒（何育中）丈夫的姓氏，且用傳統的「適劉」簡單稱之，沒有名字。[6] 但在文件中，本來寫馬仲英為「妻子」，後改為「遺孀」，反映兩人雖感情生變，但一直維持合法婚姻關係，而二人分居已有約 40 年，即是他們在 1910 年代已各自生活。

二、何中中、何育中、何尾中時年各為 47 歲、46 歲和 44 歲，此點與前文提及她們分別生於 1906 年、1907 年及 1909 年的情況一致，這與其他地方提及她們的資料亦吻合，故應在 1909 年後何高俊與馬仲英感情生變，二人開始分居。

三、郭頌文時年 68 歲（即生於 1885 年），註明是妾侍，故可解釋為何會給她留下遺產。從郭頌文生於 1885 年推斷，在 1910 年代何高俊與馬仲英婚姻亮起紅燈時，她約在 20、30 歲。惟不知是何高俊與郭氏先有婚外情，抑或是夫婦鬧翻後再納她為妾。無論如何，他們處理婚姻的方法如何晚貴與曾篤恭般，堅持「分而不離」，可能是當時社會較常見的做法。

四、何祿中時年 32 歲（即生於 1921 年），註明是姪兒，但卻沒有遺產留給何祿中的父母或其他姪兒。不知是代表何祿中的父母已去世，抑或何祿中是過繼子，即何高俊收養了兄弟的兒子為他承嗣，延續香火，所以他才特別要給何祿中留下一些遺產？但從何高

6　何育中的丈夫為劉美恩。

俊海葬的安排看來，他顯然並不太在意傳統拜祭，也沒有維持祭祀的需要。

五、而從郭頌文及何祿中共享一份遺產，並由郭頌文負責管理及分發何祿中的生活費（口糧）上看來，若何祿中真是過繼子，亦應是過繼予妾侍而非正室，故不享嫡子的身份。安排似是讓郭頌文老有所靠，不致孤老無依。

六、遺囑見證人陳簡卿及鄔淑昭均為真光中學職員，這反映訂立遺囑主要得到長女何中中的協助，亦揭示他對長女最為依賴、信任與交託。

七、何高俊生前擁有的物業與財產，總值為 28,269.23 元，其中 100 元為現金，5,869.23 元為銀行存款，300 元為家中電器等物，另有兩個物業的部分權益 22,000 元。值得注意的兩個物業，其一在九龍上海街，與伍興培（Ng Hing Pui，譯音）共同持有，另一個在廣明街，與何伯平（Ho Pak Ping，譯音）和楊偉生（Yang Wai Sang，譯音）共同持有。[7]

八、致死病因是急性腎炎，且在家中去世，但死亡證則由一位

7　這裏的何伯平，應是伍朝樞次女伍艷莊的丈夫，惟這裏的楊偉生，不知是否何晚貴遺囑執行人之一的「楊生」，因為在那個年代，他們的名字總是被略去其中一字，如何神啟只簡稱何啟，何啟東只簡稱何東。

承辦喪葬的人士（劉榮，Lau Wing，譯音）作證，即是家人陪伴在側，確定他去世後，通知當局，派出仵工到家再確認他去世，揭示何高俊應是在家中安詳去世，身為醫生的他，其實亦不願在走到人生最後階段時被送到醫院搶救，做成死於醫院的局面，臨終時要與家人隔絕。

可以這樣說，退休後的何高俊在體力和健康明顯下滑時，已察覺到自己時日無多，因此在臨終前既草擬了遺囑，為去世後的遺產作好分配，亦交代了喪葬後事，讓親人知道他的意願作出配合。至於在家中壽終正寢，相信又是見慣生死的何高俊人生最後一項自主決定，由其後人配合和落實。

在一篇簡單介紹何高俊生平的文章中，何屈志淑教授表示她曾於 2008 年——即何高俊去世 55 年後——訪問一位長期生活在灣仔石水渠街的街坊，雖然受訪者（任先生，Mr. Yam 譯音）已是老年人，但回憶起半個多世紀前他仍是小孩時，對何高俊主理東區華人醫局的種種，以及其為人、作風和舉止，仍是印象深刻。他表示，他本人在那個醫局出生，他喜歡喝那種由何高俊調製帶甜味的咳藥水，他亦記得他的父親曾協助何高俊在路旁為街坊打防疫針，還有每逢新年何高俊會給街坊的孩子派利是，當然還有何高俊開設產科診所的深受街坊歡迎等等（Ho, 2017: 145）。從某種意義上說，人世間生活了 75 個寒暑的何高俊，在這個世界已沒留下丁點兒物質的痕跡。但人死留名，半個世紀的懸壺濟世，能夠令年老街坊念念不忘，心存感激，其功於社會，作福後人，實在不言而喻了。

結語

人生起落際遇總不是個人或家族所能掌控或預期的，雖然生於顯赫家族，但何高俊父親的生意或投資失敗，聲譽欠佳顯然影響了他的成長與家族關係。儘管處於這個不利環境中，能夠獲得教育機會的何高俊，發揮了逆境上進、發奮圖強的精神，因此能先後在皇仁書院和西醫書院以突出成績畢業，最後可以憑醫學專業闖出名堂，奠定其在香港醫學方面的地位，惟個人感情、親人關係，乃至於兩子早逝等，則相信讓他引以為憾。

當革命之火燒遍中華大地，滿清覆亡，中華民國成立時，何高俊曾和不少人一樣，一度心動，希望醫而優則仕，返回廣東省，加入民國政府衛生部門，投身政治，但很快便領教了政治明刀暗箭的殺傷力，於是急流勇退，回到香港一心行醫。這種生活儘管沒有大權在握、指點江山的氣勢，亦沒如舞台上主角在鎂光燈下的備受注目，但畢竟更能活出自我、自由自在，尤其能在贈醫施藥、救急扶危後獲得病人發自內心的感謝，這些非權力或金錢所能換得的東西，相信正是支持何高俊專注行醫半世紀的力量源泉。

第八章 外交長才

伍朝樞與傅秉常的連襟同科

引言

國際政治有一句相信不少人會琅琅上口的名言「弱國無外交」，此話可說是近代中國由強轉弱後屢遭外侮的最真實寫照，亦讓無數中國人體會至深、感受良多。不可不知的是，由於中國過去一直視本身為天朝大國，周邊為其附庸藩屬，所謂外交，基本上便是處理與藩屬之間的關係，清朝更設立了「理藩院」，專責統籌一切涉外事務。然而，隨着歐洲人自十八、十九世紀陸續東來，一來涉外事務日繁，二來是華南東南沿岸，尤其珠江三角洲一帶，變成了與外界接觸的前沿地段，既早染洋風，因此漸見具世界視野且能精通中西語言文化外交人才的湧現，他們當中不少人日後脫穎而出，成為近代中國的外交先驅，在國際政壇上叱吒一時。

在中國近代史上，家鄉祖籍來自南方的外交界領導人物，除了第三章中提及的伍廷芳、張蔭桓等，其實還有鄭藻如、梁誠、梁如浩、張蔭棠、陳友仁、李錦倫、羅文幹、張康仁、葉公超等等，他們在晚清國力不斷衰退，民國初年又內鬥不斷，列強仍虎視眈眈的環境下，不斷奔走於國際政壇，希望三寸之舌能強如百萬之師，力挽狂瀾，維護國家利益，減輕外敵侵擾（張金超，2014）。至於本文集中探討的伍朝樞和傅秉常，同樣曾在中華民國成立後領導中國外交，在國內外政壇名揚一時，更特別的是，兩人同為南方人，曾在香港生活，又屬何啟女婿，他們人生際遇的起落，不但揭示了家族的盛衰，亦折射了中國近代史的崎嶇曲折，同時更見證了時代的不斷變遷。

伍朝樞的成長與學業

正如第三章中談及，於 1887 年 6 月 10 日在天津出生的伍朝樞，實乃伍廷芳與一葉姓女子所生，之後交由無所出的何妙齡撫養，所以何妙齡為伍朝樞之養母而非生母。儘管如此，何妙齡將他視如己出，全力照料，對其學習亦要求嚴格，為伍朝樞日後事業仕途打下極重要基礎。至於伍朝樞日後又迎娶何啟之女為妻，親上加親，因此可說是強化了與何福堂家族的關係。

資料顯示，伍朝樞進入適學年齡後，曾在香港接受小學及初中教育，有報道指他曾在其父曾就讀過的母校（聖保羅書院）求學，惟尚未找到確實證明，這可能與父親工作性質有關，一家人經常要隨伍廷芳的調遷而轉換生活地點與環境，故伍朝樞在同一所學校就讀的時間不長，自然難以留下重要的資料紀錄。到了 1897 年，由於伍廷芳獲任駐美公使，大約十歲的伍朝樞，隨後亦轉到美國升學，據說入讀 Atlantic City High School，並於 1904 年的畢業典禮上以成績卓著獲選致辭（Valedictorian），成為該校首位獲此榮譽的華人學生（*South China Morning Post,* 3 January 1934）。

伍朝樞隨後返華，不久前往英國入讀倫敦大學，如父親般修讀法律，並在取得法律學士學位後考入林肯法律學院，[1] 攻讀大律師專

1　在英國求學期間，伍朝樞據說曾獲大清「二品蔭生」的頭銜（陶履謙，1935），之後，他應該還有一次回到新會和香港，然後轉到美國，再回到英國，因為香港的報紙曾報道，在 1908 年 5 月，他與何妙齡一同乘坐「亞洲號」由港轉美，與伍廷芳會合團聚，然後會回到英國繼續學業（*The Hong Kong Daily Press,* 18 May 1908）。

業。其間，伍朝樞據說曾與張繼、王寵惠等到巴黎訪問孫中山（羅剛，1988），可見年輕的伍朝樞對政治相當關心，也應有一定的人脈及名氣，才能接觸革命的最高領袖。1911年，革命黨成功推翻滿清，伍朝樞也在同年取得大律師專業資格。據說，伍朝樞畢業成績同樣十分突出，曾取得當地「法律教育議會」（Council of Legal Education）的獎學金，金額為100個「幾尼亞幣」（Guineas）。能以華人身份取得那個大獎的，只有大約30年前的何啟（*South China Morning Post,* 10 July 1936）。

學成後，由於碰上中華大地出現巨大變局，伍朝樞沒有立即踏足中華大地，而是先回到香港，謀定而後動。在這段時間內，他可能曾在殖民地政府中「擔任翻譯」工作（*The Hong Kong Telegraph,* 3 January 1934），不久後在父母之命下成家立室，迎娶何妙齡外甥女、何啟的女兒何瑞金（日後易名何寶芳）。[2] 正如前文提及，伍朝樞非何妙齡所出，與何福堂家族沒有血緣關係，但自小聰明過人的伍朝樞顯然深得何妙齡及何啟夫婦的喜愛，何妙齡可能為了拉近與養子的關係，決定「親上加親」，創造不少機會讓年輕一輩接觸交往，並在伍朝樞同意後即安排他迎娶合心意之人。

婚後不久，當內地勢局稍定，伍廷芳亦站穩陣腳後，伍朝樞於1912年5月攜同新婚妻子北上。當時他獲任命為「湖北交涉司司長」

2　按一般情況，以伍廷芳和何啟在中國政壇和香港社會的地位，子女大婚沒可能不大宴親朋、鋪張慶祝一番。然而，遍尋當時中外報章，均找不到相關資訊，相信那次婚禮低調進行，背後原因甚為耐人尋味。

（《申報》，1912 年 5 月 16 日），這職位相信是伍廷芳為他安排的，工作主要是協助處理對外事務，算是開始他外交家的生涯。至於隨夫北上的何寶芳，於 1912 年誕下長子伍繼先，後來伍艷莊、伍礪瓊、伍競仁、伍慶培、伍礪瑛、伍礪瑜、伍礪琨等八名子女相繼出生，可謂兒女成群，日常單是相夫教子已忙碌非常（張金超，2014）。

在擔任湖北交涉司司長期間，伍朝樞曾與漢口日本領事及沙俄駐華人員交涉在華事務的糾紛和權益，亦參與了處理輪船招商局改組的討論，表現突出。同年 11 月，他接獲袁世凱之命，轉赴北京，「襄辦外交」（《申報》，1912 年 12 月 5 日）。年底，他獲選為中華民國國會議員——廣東省代表，踏上政壇的另一台階（張朋園，2008；*The Hong Kong Telegraph,* 14 November 1911; 3 January 1934）。

有了更好的職位與權力，伍朝樞無論對外交涉或是參與論政均有了更大空間，並曾在不少涉外事務上與日、德、英、俄等國多方斡旋，化解糾紛，維護國家權益。其中較受注目的，是於 1915 年出任外交部參事，並與同在外交界嶄露頭角的青年精英顧維鈞等草擬「山東問題之分析」的外交文件，為與日、德交涉作好準備。1916 年，伍朝樞因袁世凱稱帝而請辭外交參事一職，但獲任為國務院參議員。到袁世凱憂憤而死，伍朝樞獲黎元洪延攬，留任外交部參事。那時中國政壇的紛爭並沒因袁氏去世而斷絕，反而更趨激烈。在隨後的「院府之爭」中，伍朝樞與父親伍廷芳站在同一陣線支持孫中山一派，因而在 1917 年 7 月被免去國務院參議員之職，他隨後回到廣州，於 1918 年 8 月 22 日獲聘為外交部次長，個人仕途出現更大變化（《申報》，1918 年 8 月 31 日；張金超，2014）。

可以這樣說，由於有個顯赫父親，伍朝樞與英美等西方國家早有接觸，尤其能夠獲得普羅百姓不易獲得的負笈海外機會，加上天生聰敏，又肯勤學用功，伍朝樞的成長和求學之路自然一帆風順，暢通無阻。哪怕他大學畢業取得專業資格之時，碰上了國家改朝換代，但仍無阻他在政壇的崛起，因為一來其父在政界炙手可熱，有能力左右大局，二來他本人亦才華漸顯，且結交不少與他一般具有西學背景的青年精英。

傅秉常的成長與學業

本章另一位主人翁傅秉常生於南海，是何啟的「同鄉」，稍後更成為他的女婿。相較伍朝樞這位連襟兄弟，他的家族背景並不太顯赫雄厚，年紀亦較輕，但他的學業成績則與伍朝樞一樣突出。資料顯示，傅秉常於 1896 年 2 月 16 日生於南海佛山，父親傅慶兆曾為科舉而寒窗苦讀，惟一直無法如願取得功名，後來只好轉為私塾老師，相信年幼時傅秉常已在父親教導下攻讀經史、背誦古文，因此有很堅固的古文基礎與修為。

1908 年，12 歲的傅秉常轉到香港求學，寄居於伯父傅翼鵬家中，與堂兄弟們一起生活。傅翼鵬早年到港經商，創立元利建築公司，生意有相當規模，在香港亦建立起不錯的人脈關係。傅秉常到港後初期入讀育才書院，先打好英文基礎，後來考進何啟牽頭創立的聖士提反中學，並結識了同樣在該校求學的何啟三子何永乾，大家成為同學書友。

中學畢業後，傅秉常與何永乾雙雙考入剛創立的香港大學，大家均主修工程，屬於港大首批學生。在唸大學期間，相信兩人交情更深，並可能在何永乾介紹下認識了何啟其他子女，亦在不同家族與社交上與伍朝樞有了初步接觸。1916 年，傅秉常和何永乾同時畢業，傅秉常的學業表現更十分突出，成為香港大學首名取得一級榮譽的畢業生，可說是先拔頭籌地寫下了人生亮麗一筆（黃振威，2018）。

大學畢業踏出校門自然要在社會上謀工作。據羅香林（1971：19）憶述，傅秉常在何永乾介紹下，認識了叱吒中國及國際政壇的伍廷芳；但黃振威則指傅秉常是伍朝樞按其所學推薦給北洋政府的交通部。不過無論誰是拉線人，傅秉常在交通部的崗位並沒久留，在 1917 年他辭職並轉到上海生活。他在上海停留期間，發生了兩件大事，可說是他人生的重大轉捩點，一是他在當地成家立室，結束單身；二是相信在伍朝樞的推薦下，傅秉常加入了國民黨。

在上海居住期間，傅秉常與何啟六女何燕芳（原名何瑞錫）結婚，[3] 婚禮於伍廷芳公館（觀渡廬）進行。這次的婚嫁，令傅秉常與何家及伍家關係變得更緊密，他與伍朝樞成為連襟，而因伍朝樞是何妙齡的兒子，他亦成為其表妹夫。就在傅秉常婚後不久，他即獲

3　何啟諸女日後各自改了自己的名字，例如前文提及何瑞金改名何寶芳。至於傅秉常與何燕芳之間，很可能早已結識，但有否相互戀愛，則缺乏資料。若單從那場頗為倉促、沒有鋪張的婚禮情況看，二人婚姻則帶有較多的「父母之命」色彩。夫婦日後育有一子，是為傅仲熊。

年輕時的傅秉常與何燕芳。(Image courtesy of C.H. Foo, Y.W Foo and Historical Photographs of China, University of Bristol (www.hpcbristol.net).)

伍廷芳聘為私人秘書，協助處理內外事務。可以這樣說，從傅秉常讀書成績看來，他應是一個聰慧而有才能的人，但若不是他與伍家有姻親關係，被視作「自己人」，相信他甚難在這樣短時間內得到伍廷芳的信任，並讓其接觸個人機要事務。

事實上，有了這種姻親關係後，被傅秉常稱為「內姑夫」的伍廷芳，不但成為傅秉常工作上的老闆，更成為人生事業上的良師與貴人。具體地說，作為伍廷芳的私人秘書，傅秉常自然有很多時間留在伍廷芳大宅的書房工作，該書房據說收藏了很多中外書籍，當中不乏法律與外交方面的專書，當然亦有不少影響世人深遠的中外名著，這對喜好閱讀的傅秉常而言自然如獲至寶，所以他在工作之餘經常借來閱讀，增加知識（羅香林，1971；黃振威，2018）。

無論是草擬英文信函，或是看書時碰到不明白之處，傅秉常總會向伍廷芳請教，伍廷芳覺得傅秉常的英文基礎不錯，但仍有改善空間，因此曾作出不少指導，至於有關書本上的問題，亦樂意傾囊相授，作出深入而詳細的解釋，有時更會深入分析某些國際法律觀點及外交形勢，令工程出身的傅秉常眼界大開，十分受用。或許是受伍廷芳的啟發，他對法律及外交工作產生興趣，從而改變了他人生事業的軌跡，所以到他晚年時仍會經常提及伍廷芳對他人生事業的重大影響（羅香林，1971；黃振威，2018）。

可以這樣說，傅秉常若不是迎娶了何啟之女，與伍朝樞成為連襟，令朋友關係提升為姻親關係，有了更高層次的社會情感與責任，他實在很難有機會獲得伍廷芳垂青，遑論可以聘為私人秘書，登堂入室，掌握機要，當然更沒可能得到伍廷芳傾囊相授，親自教導英文、法律和外交等知識與經驗，尤其令本來工程出身的他日後能踏上外交之路。這種人脈關係上的連結，日後更助他扶搖直上，在中國政壇上有了更多的發揮。

政治與外交舞台的嶄露頭角

無論伍朝樞或是傅秉常，二人在大學所主修和訓練的，其實均非國際關係或外交，他們最終走上外交之路的核心因素，是他們曾受西方教育，掌握中英雙語，當然亦包括他們既了解西方歷史與文化，又能以英文和外國人溝通，更擁有一定西方社會的人脈關係，能夠較好地奔走於華洋中外之間。至於二人作為連襟的姻親關係，則可以增強互信，也能互助互補，成為外交官場上互相支援同進共退的戰友。

傅秉常擔任伍廷芳私人秘書，開始參與涉外事務之時，中國政局仍是波譎雲詭，伍廷芳和伍朝樞父子則可謂風頭強勁，其中吸引全球及中國目光的，自然是第一次世界大戰結束後為了召開巴黎和平會議，中國以戰勝國身份參與其中一事。由於德國在華佔有巨大利益——尤其山東半島，日本一直虎視眈眈想取而代之，中國政府對其司馬昭之心亦早已看得通透，並希望能在和會上維護國家權益。惟當時的國家卻陷於南北分治、各有圖謀的局面，單是應由哪一方作代表出席巴黎和會已有一番激烈爭鬥，最終南北各派代表，北方由陸徵祥等人赴會、南方則是伍朝樞等人出席，而傅秉常亦是伍朝樞團隊的其中一員，於 1919 年初一起赴歐（*South China Morning*

Post, 6 February 1919）。

正如第三章中提及，伍廷芳堅持維護國家利權，不能在和會上作出讓步，這觀點基本上是南北政府的共識。伍朝樞等南方政府代表與陸徵祥等北方政府代表，在會議上曾一致地盡力維護中國領土完整的立場，反對讓日本取得德國在山東半島的權益。但是英美等國卻偏袒日本，無視中方抗議，作出了將德國在山東利權轉交日本的議決，消息令國人——尤其大學生——大為憤怒，觸發一場波瀾壯闊的社會運動——「五四運動」（郭廷以，1979）。伍朝樞等則作出了拒絕在條約中簽署的決定，一來以示強烈反對，二來則拒不承認其安排。

和會結束後，伍朝樞和傅秉常先後於同年9月返華，並曾過境香港，作短暫省親訪友的停留，之後才回到廣州述職（*South China Morning Post,* 6 September 1919），並立即向當局提交參加和會、展開交涉之報告。之後，伍朝樞獲任回原職的外交部次長，傅秉常則仍擔任伍廷芳私人秘書，在他們原來的崗位上繼續工作（張金超，2014；黃振威，2018）。

為了強化南方護法軍政府的管治，孫中山於1921年在廣州召開非常國會會議，然後宣佈組織中華民國政府，並獲選舉為「非常大總統」（郭廷以，1979）。他就職後委任伍廷芳和伍朝樞兩父子為外交部部長和次長，成為該部門的第一和第二把手，父子同科，前所未見，所以成了一時美談。至於傅秉常則獲任命為廣東外務部專員，兼任粵海關監督，駐守海南島，[4] 職位有所提升。

傅秉常在 1922 年 2 月由海南島回廣州公幹，住在伍廷芳廣州的大宅。他在赴香港公幹期間接獲有關陳炯明計劃兵變的情報，並向伍廷芳報告。可惜，由於未能確證事件真偽，加上陳炯明軍權在握，伍廷芳等在半信半疑間亦無化解之法。至 6 月，陳炯明果然策動兵變，孫中山被迫逃往上海，伍廷芳趕往與之會合商討對策時，卻不幸染病急逝。伍朝樞等親人甚為悲傷，傅秉常亦在廣州協助辦理喪事（張金超，2014；黃振威，2018）。

1923 年 1 月，孫中山發起討伐陳炯明，同年 5 月，伍朝樞獲擢升為外交部長，兼任軍委會成員，遊走於英、美、日、俄之間，向國際社會爭取南方中華民國政府的地位，那時他剛年過 36 歲；至於傅秉常除了海關監督的職位外，還獲兼任外交秘書，以及「兩廣交涉員」之職，經常要奔走於港澳和廣州之間，協調各方，那時他才 27 歲。可以這樣說，在二十年代中，二人均可謂風華正茂，如日初昇，在外交界已經露出頭角，備受注視（張金超，2014；黃振威，2018）。

4　派赴海南島期間，傅秉常或者沒有攜妻兒同行，他約在 1922 年納了一妾，是為宋瓊芳（羅香林，1971：24），此點相信一定程度上影響了何燕芳與他的關係，宋瓊芳日後誕下兩女傅慧明和傅錦培。事實上，傅秉常看來感情生活豐富，他日後還再納一妾，是為江芳苓，江氏日後誕下兩女傅錦涂、傅錦煊。除此之外，有指傅秉常與另一女子胡濟邦有私交，而喜好攝影的傅秉常，私人相簿中更有不少不知名女子的照片（黃振威，2018），可見在感情問題上，傅秉常沒有伍朝樞的專一，反而較有風流才子的特質。

在討伐陳炯明行動上有突出表現的蔣介石，獲交託重要任務，於 1924 年創立黃埔軍校，該校迅即成為培訓軍官人才的搖籃，蔣介石則逐步掌握軍權。翌年，廣州發生商團之亂，立場親英的伍朝樞和傅秉常雖傾向和平處理，但蔣介石則選擇強硬應對，命黃埔軍校將士平亂。此舉雖與英國政府關係緊張，但卻化解了一場潛在動亂，蔣介石不但再次得到孫中山欣賞，更進一步鞏固了個人領導地位與軍權（郭廷以，1979）。

1925 年 3 月 12 日，孫中山在北京去世，消息轟動中外，政權爭逐更趨激烈。同年 5 月，據廣州《民國日報》報道，伍朝樞與太太非正式訪問菲律賓，參觀遠東運動會，並曾會見當地 20 多個華僑團體，於同月 28 日返粵（《民國日報》，1925 年 5 月 14 日及 29 日），不過行程真正目的則未有記錄披露。伍朝樞返抵國門三天後，上海發生「五卅慘案」，舉國上下對洋人在中國土地上肆意殺害華工的舉動極為不滿，發起罷工罷市的抗議行動，運動不久蔓延至廣東、香港和澳門，引來更大呼應與聲援，是為「省港澳大罷工」，曠日持久，給三地社會帶來巨大影響（蔡洛、盧權，1980）。

運動蔓延開去之初，於 1923 年又再轉赴海南島擔任海關監督但仍兼任「兩廣交涉員」的傅秉常，與伍朝樞及孫中山之子孫科到了香港，與香港華人社會領導周壽臣、港英政府官員蔡德民（D. W. Tratman）及費力卓（A. C. M. Fletcher）等人會晤。港英政府要求孫、伍和傅三人運用其政治影響力，壓止工人怒火、平息風潮（Kotewall, 1925；鄭宏泰、周振威，2006）。然而，由於那次罷工浪潮聲勢浩大，加上背後有強大政治力量在動員，哪怕孫、伍和傅三人試圖運用政治影響力降温，但始終沒法如願。

從某個角度看，孫中山去世後的中國政局，無疑變得更為波譎雲詭。作為孫中山之子，孫科自然亦會爭取問鼎更高位置，與他走在一起的國民黨高層或青年精英，則被稱為「太子派」，伍朝樞、傅秉常、吳鐵城、馬超俊、陳策等則因經常走在一起，互相配合，被外界視為「太子派」人物。不過，在「省港澳大罷工」愈演愈烈的1925年8月，屬於國民黨左派人物的廖仲愷突遭暗殺，又令政治鬥爭變得尤其激烈。至於在創立黃埔軍校、平定陳炯明叛軍及商團之亂等事件上表現突出的蔣介石，則在這個轉折過程中崛起，奠定了個人在黨和軍隊中的領導地位。

當蔣介石登上權力高峰後，隨即進行國民政府的改組。其中外交部長一職由胡漢民出任，孫科任建設部長，伍朝樞則改任廣州市長，吳鐵城任廣州公安局局長，傅秉常的職位則沒變動。1926年，同為「太子派」的吳鐵城被指處理廖仲愷被殺一事失當，伍朝樞受到牽連被令解除廣州市長之職，並需離穗，他因此攜同妻兒家人等轉赴上海（《申報》，1926年6月9日）。至於傅秉常則被革去粵海關監督之職，亦離開了海南島，只有孫科因屬孫中山哲嗣，仍保職位（黃振威，2018）。

到了1926年，蔣介石組織國民革命軍，自任總司令，然後在經過一番綢繆後的7月初宣佈北伐，「省港澳大罷工」因為政治焦點轉變戛然而止，而蔣介石軍隊所到之處，則可謂氣勢如虹，不但長沙、武漢、南京、上海及華中等地手到拿來，原本由馮玉祥、閻錫山等軍閥割據的地區亦接受招撫，同意歸順。到了1928年，當攻克北京之後，在父親張作霖遭日軍炸死後代之而起的東北軍領導張學良，亦接受蔣介石結束分裂、實現統一的號召，東北易幟，令分裂近 20 年的中華大地終於再次統一（郭廷以，1979）。

北伐取得首階段成果時，大權在握的蔣介石於 1927 年 4 月任命伍朝樞為外交部長（《申報》，1927 年 5 月 25 日；張金超，2014），而伍朝樞上任後的重要任務，則是爭取列強平等相待，及早廢止過去的不平等條約。到統一全國後，傅秉常獲調任為國民政府財政部關務署長，兼外交部顧問，後來更任立法委員，成為「民法修訂委員會」委員，參與編訂中國民法。由於蔣介石當時把首都定於南京，伍、傅兩人的辦公地點亦隨之轉到當地（羅香林，1971；黃振威，2018）。

無論是年紀較長的伍朝樞，或是相對年輕的傅秉常，關係屬於連襟的兩人，在踏上仕途後同樣因為伍廷芳的關係，參與了中國外交，經常要奔走於華洋內外之間。軍伐割據下的槍來炮往，國民黨高層的權力鬥爭，他們亦難以置身事外，很多時都被捲入其中，故仕途常有起落，當站到政治風頭之上時迅速上揚，反之則需辭官解甲，甚至掉進困境。

政局大變的世事無常

當軍閥割劇局面漸漸遏止，國家可逐步走向統一，內耗得以減少，人民亦可免受戰亂之苦，把精力和時間投入到建設與生產之上。作為政治家與外交人員的伍朝樞和傅秉常，則可把心思集中到爭取外國對我國平等相待，取消過去訂立的不平等條約，讓國家民族可擺脫過去困局，逐步邁向富強。可惜，自甲午戰爭後對中國掠

伍朝樞照片。

奪不斷的日本，終於按捺不住野心，向中國發動大規模的侵略。戰事不但令無數生靈塗炭，亦改變了中國的政治力量結構，出現了自三十年代至五十年代的政權變天，包括伍朝樞和傅秉常在內的無數家族，自然亦受到極重大的衝擊。

資料顯示，1927 年 4 月才獲蔣介石任命為外長的伍朝樞，於年底辭去外長一職；翌年 1 月他再獲委任為「赴美訂條約特使」，但他婉拒正式任命，並要求政府不要發佈消息，似是寧可作低調行動。同月 25 日，伍朝樞與胡漢民、孫科等以外交委員會委員的身份一同出國考察，身為外交部政務次長的傅秉常那時亦有同行（羅香林，1971：66），至於該次外遊，名為考察，實際目的是游說西方國家廢除自清以還已近半世紀的不平等條約。此行自上海出發，取道東南亞而歐洲，最後抵美。伍朝樞在新加坡期間更曾遭刺殺，慶幸他逃過一劫，並沒有受傷，而兇徒則被擊斃（《申報》，1928 年 2 月 11 日）。惟行刺動機或背後的指使人等，一如其他政治暗殺般無法追查，事件亦不了了之。

1928 年 3 月中，伍朝樞一行人抵達土耳其，他和胡漢民曾晤該國外交部長、教育次長、商務總長及國務總理等，大家除商討中土貿易交流，當然還有爭取修訂平等條約一事，得對方正面回應。之後，他們抵意大利，作短暫停留後轉赴美國。在美期間，伍朝樞等會見當地華僑以及美國政界，主力仍是爭取各國及早廢除不平等條約，並且要求美國及西方國家關注及約束日本對華的野心（《申報》，1928 年 8 月 21 日）。

1929 年 1 月，伍朝樞獲任命為駐美公使，可說是歷史上兩父子先後同任此職的先例。不過與當年的伍廷芳不同，伍朝樞更獲委任為與土耳其訂約全權公使，反映其權力更大。他上任後馬不停蹄地工作，妻子何寶芳及年幼子女相信亦如當年伍廷芳出任駐美公使般同行，在美一起生活（*Chicago Tribune historical photo*, March 10, 1931）。由於伍朝樞曾在美國求學和生活多年，既對美國社會文化有深入了解，亦在當地擁有一定人脈網絡，擔任大使之職可謂駕輕就熟。而且他事事親力親為，大力爭取美國廢除不平等條約，亦為居美華僑爭取權益，更經常在當地報章或社交場合發表言論，闡述中國文化、政經變化等，讓美國各界對中國有更多更好了解，亦有助促進兩國的建設性互動與交流。當然還有加強中美貿易與人民往來，以及處理兩國間不少突發問題，如曾有駐美使節人員家屬疑因攜帶違禁品入境遭到拘禁，他亦努力斡旋奔走，以免因小事釀成兩國外交風波。

一個不爭事實是，自國家結束分裂，重歸統一後，[5] 由於人民可以把精力投入生產之中，經濟便有了很大改善，像伍朝樞等駐外使節在海外爭取國家利權時便更有發揮空間。外交經驗豐富、具有國際視野與網絡的伍朝樞，又確實能在這方面作出更好貢獻，無論是在美國本土，或是在其他國際外交舞台如日內瓦、海牙等不同會議或平台上，均做到了有禮有節，維護了國家利權，哪怕當時的中國仍國力薄弱，不平等條約仍沒取消（張金超，2014）。到了 1931 年 7 月 3 日，任期完結，伍朝樞攜同家眷取道歐洲回國，人生與仕途進入另一階段（《工商日報》，1931 年 7 月 4 日）。

1929 年當伍朝樞獲任為駐美大使時，傅秉常則獲任命為駐比利時大使，希望他能在不同崗位上為國家爭取國際地位，維護本身權益。但是，據羅香林（1971：86-86）查核，傅秉常「因故未就」，即留在中國並沒成行。到底他是因何「故」而放棄該職？一般說法是他想留在立法院繼續草擬民法工作。但按現實情況分析，那時傅秉常無論名望、地位與權力均不算高，甚至尚未進入國民黨的核心領導，與伍朝樞更有很大的距離。他能獲委任為駐比利時大使，照理是很好的經歷和機會，雖說其重要性不及駐美駐英等大使，畢竟仍

5 當然，稍見統一之時，國民黨內部又因處理與共產黨合作問題鬧分裂，之後更演變成另一場曠日持久的分裂與內戰，日後有了共產黨打敗國民黨，蔣介石被迫退守台灣（郭廷以，1979），這是後話。

可以獨當一面。加上他應該已答允出任該職政府才會公告天下，但他卻在最後關頭放棄，真正原因何在，實在令人不解。

除仕途進展不順外，傅秉常的家庭關係亦出現了問題。其時他已有一妻一妾，而據黃振威所指，「傅秉常與何燕芳關係一直弄得不太理想，吵架時常發生」。就算是與妾侍的關係，哪怕羅香林（1971：147）曾美言指「以賢慧著稱，於傅先生志業的發展，亦曾為相當的助力」，但黃振威亦指「他與宋瓊芳亦不協」（黃振威，2018：249）。由此推斷，可能受家庭或感情問題困擾，傅秉常不能如伍朝樞般可以全心全意拼事業。在1930年代末，何燕芳更攜同年幼兒子傅仲熊轉到澳門居住，與傅秉常分開生活，對外說法是為了讓傅仲熊在澳門培正小學唸書，但若論教育質素與環境，香港畢竟應該更有優勢。故何燕芳的做法，應是夫妻失和不願再生活在一起的結果。

進入三十年代，雖然國家統一，但日軍的威脅卻有增無減。自1931年7月返華的伍朝樞，對那時蔣介石的對日政策或態度甚為不滿，因此與孫科、胡漢民等同樣不滿蔣介石執政者走在一起，討論反抗之道。「九一八事變」日軍突然侵佔東三省一事及「一・二八事變」日軍再襲上海之後，他們對蔣介石的「不抵抗」政策更感不滿，伍朝樞甚至曾經公開發表反對政府「不抵抗政策」的言論，主張要以「長期抗戰」的策略應對日本的侵略，認為中國兵力武器雖不及日本，但經濟結構則有其長處，所以應「以長制短」，與日本打持久戰（張金超，2014）。

老謀深算的蔣介石對異見者的想法自然清楚，並曾以不同方法去化解，以維持黨內大一統，並鞏固自身的權力。如面對伍朝樞的公然反對，他便想透過高官厚職作安撫，並在 1931 年 12 月推舉他為廣東省政府主席，同月又建議推舉他為外交部長（《申報》，1931 年 12 月 6 日及 24 日），之後更指會委任他為司法院長。伍氏除接受了廣東省主席一職，其他均一一拒絕。就是廣東省主席的工作，他於 12 月 7 日接任，但兩個多月後即辭任，寧可改當海南島行政長官。由此可見他對當時中國政局之不滿，或想與政治漩渦保持距離。

中國政局急速轉變，政治鬥爭更趨激烈之時，伍朝樞花了更多時間於廣州與香港兩地走，並在兩個月間連嫁兩女，可謂喜事重重。資料顯示，在 1932 年 3 月 21 日，其長女伍艷莊嫁給何僑康（Ho Kiu Hon 之譯音）之子何伯平，何家乃香港著名的華商。婚禮在香港舉行，特別邀得胡漢民和周壽臣在婚禮上致辭，伍朝樞則叮囑一對新人相親相愛，中外社會賢達如何東、羅旭龢、曹善允、周埈年、陳策等到賀者眾，好不熱鬧（*South China Morning Post,* 22 March 1932）。

伍朝樞公私兩忙時，傅秉常於 1931 年獲任為外交部次長，作為時任部長陳友仁的輔弼，但他在此崗位上任期不長，之後重返立法院，繼續草擬民法工作。當伍朝樞嫁女廣發請帖時，過去一直埋首草擬民法的傅秉常，乃攜同妻子何燕芳和舅母黎玉卿於 1932 年 3 月 15 日回到香港，出席那次喜宴（《工商日報》，1932 年 3 月 16 日；黃振威，2018：195）。之後，伍朝樞、傅秉常相信再和胡漢民等反對蔣介石人士繼續商談國是、月旦時政。

到了 4 月 3 日，伍朝樞次女伍礪瓊亦出嫁，丈夫是先施創辦人之一馬永燦的三子馬惠民醫生。[6] 由於在大約兩星期前才剛辦了一場盛大婚宴，這次則沒那麼高調進行了，但因兩家均屬香港顯赫家族，婚禮還是吸引了傳媒報道（*South China Morning Post,* 4 April 1932）。辦完這次婚禮後的 1932 年 5 月，伍朝樞與傅秉常、葉恭卓、羅翼群等一同遊歷廣西，表面似是散心玩樂，實際上應是三五心腹知己深入討論時局，謀求解決當時內憂外患之道。

綜合多方資料顯示，一直不滿蔣介石的孫科、胡漢民、伍朝樞和傅秉常等，在 1931 至 1933 年間很多時因為他們在香港有極深厚聯繫，於是會常在香港聚首，討論如何制約蔣介石，扭轉那時中國的政治格局，所以有人形容三四十年代的香港，是「反蔣活動的一個重要基地」（黃振威，2018：211）。多次推卻蔣介石邀請出任司法院長的伍朝樞，在香港期間，多居於母親何妙齡的九龍啟德濱 1 號大宅，相信是為了陪伴孀居的母親。有時若要在港島半山干德道一帶聚會，則會到香港大學旁的興漢道單位居住。[7] 至 1934 年 1 月 1 日晚上，他與朋友飲宴回家後，卻突然腦中風（腦出血），家人立即請來名醫如任芝烈及郭首德等治療，身為西醫的女婿馬惠民亦有在場搶救，惟均束手無策，延至翌日下午在興漢道居所中去世（*South China Morning Post,* 3 January 1934;《申報》，1934 年 1 月 10 日）。那時他虛齡只有 47 歲，正值壯年，實屬英年早逝。

6　馬永燦之女馬淑德嫁何啟之子何永乾（參考第九章），可見藉着婚姻關係，馬、伍、何三家緊密地連結在一起。

7　據說，興漢道單位是伍朝樞「為就便其子讀英文起見，乃租西營盤興漢道三號全間，伍氏本人則睡於三樓」（《工商日報》，1934 年 1 月 4 日）。即是說，興漢道的居所，其實就如現今不少家長搬到名校區居住一樣，是為了便利子女求學之故。

廣州越秀公園的伍廷芳墓及伍朝樞墓。（圖片來源：PQ77wd，CC BY-SA 4.0）

對抗日立場強硬堅定的伍朝樞突然去世，自然削弱了反蔣介石的力量，而對一直以伍朝樞馬首是瞻的傅秉常影響尤深。事實上，他自放棄出任駐比利時大使一職而留在立法院，把精力全投放到修訂中國民法工作（羅香林，1971），據黃振威（2018）的記述，在那段中國政治明爭暗鬥極為激烈的時期，傅氏除了花心思於修訂民法，其餘時間多埋首書本之中，看了不少中外名著，相信他除了想令自己的思想和目光更開闊外，更想沉澱下來思索前路。

伍朝樞去世後，傅秉常明顯失去了一個重大依靠，連襟之間互相照應提攜不再。但在另一層面上看，他又可說是卸除了一些包袱，開展另一些以他自己為主的人脈關係。簡單而言，由於獲伍廷芳提拔，加上伍朝樞之助，傅秉常得與不少國民黨領導人物交往結識，但這些聯繫基本上均與伍廷芳父子有關。這種關係雖有其好處，但亦有一定制約，例如必須緊跟他們的腳步，與他們採取同一立場、維持同一陣線，某程度上失去了本身的自主性。至伍朝樞去世後，傅秉常沒有了這種束縛，能更放膽拓展人脈關係，故其仕途不抑反揚。

傅秉常的輝煌與漂泊

伍朝樞去世前一年，孫科出任立法院長，傅秉常獲邀留任立法院，且深得其信任。由於孫科主張提早落實憲政，於是成立憲法起草委員會，傅秉常乃委員之一，兼任外交委員會委員長，繼續在草擬國家法律方面作貢獻。一如起草民法，傅氏本身雖非律師或法律學者出身，但由於曾得伍廷芳親自傳授指導法律與外交知識，加上本身天賦與喜好閱讀，因此最終能夠達至孫科設定的目標，完成了草擬憲法的工作。

1937 年 7 月 7 日，日軍藉盧溝橋事件侵略中國，抗日戰爭爆發。為了爭取蘇聯的戰爭物資支援及借貸，已成孫科心腹的傅秉常，曾在 1937 及 1938 年間兩度陪同孫科訪問蘇聯，打點一切，而這兩次訪蘇均曾與史太林會晤，算是取得預期的外交成果。到了 1939 年，傅秉常獲國民黨任命為「駐港澳總支部執行委員」（黃振威，

2018：239），此點既突出港澳在抗戰時期的重要性，亦揭示傅秉常在港澳的優勢與背景。他接受了該任務後，經常要穿梭於香港、澳門，甚至廣州、上海和重慶等地。

在那段時間，傅秉常的仕途又出現較大變化。1941 年，時任外交部長郭泰祺大力拉攏傅秉常，希望他能出任次長，傅秉常因覺其盛情難卻，加上孫科亦同意讓他離開立法院，因此答應此職。翌年，郭泰祺去職，其職位由蔣介石兼任，但他畢竟只是掛名，日常工作均是由傅秉常全權處理，基本上承擔了外交部的行政及領導工作（羅香林，1971；黃振威，2018），角色更顯重要。

在為公務忙碌奔波之餘，已有一妻一妾的傅秉常，又開展了一段新戀情。據說他在重慶工作期間，結識一位名叫江芳苓的女子，並收為情婦。二人分別在 1941 及 1943 年誕兩女，是為傅錦涂及傅錦煊。可以想見，那段時間傅秉常與何燕芳和宋瓊芳關係更差，更時有吵架（黃振威，2018：249-250）。如在 1941 年底，日軍攻佔香港，那時在香港生活的何燕芳，便帶同兒子傅仲熊等家人逃難到廣西，但公事繁忙且有新戀情的傅秉常，那時顯然沒有分心照顧他們，故有研究指他們在廣西過着艱苦的生活（黃振威，2018：246）。[8]

到了 1942 年 12 月，傅秉常獲蔣介石任命為駐蘇聯大使（羅香林，1971：101）。當時蘇聯對中國有極重要的戰略意義，他獲得此職

8 與香港一衣帶水的澳門因為葡萄牙政府採取中立政策，當時仍保和平，早前曾在那裏生活和求學的何燕芳與傅仲熊照理可逃往澳門，但他們卻選擇了廣西，原因耐人尋味。

中年傅秉常。(Image courtesy of C.H. Foo, Y.W Foo and Historical Photographs of China, University of Bristol (www.hpcbristol.net).)

不但可對國家作出巨大貢獻，也代表獲取了蔣介石的信任，加上他早前錯失了任比利時大使的表現機會，所以無論於公於私，他都會接受任命，踏上了駐蘇之路——雖然這意味往後一段不短的日子要與情婦及剛出生的幼女等家人分開。那時蘇聯的首都設於古比雪夫（Kuybyshev），大使館自然亦位設於當地，惟那裏的生活條件甚差，傅秉常工作和生活都要留在這個寒冷的城市，故吃了不少苦頭。據說，何燕芳曾表示想跟傅秉常到古比雪夫，相信是有修復雙方關係的意圖，但不知是傅秉常不想家人陪着捱苦，想專心工作，還是不待見何燕芳，她的要求「遭傅拒絕」（黃振威，2018：250），夫妻關係未能趁機修復。

1943 年，蘇聯把首都搬回莫斯科，大使館亦同步搬離古比雪夫，回到物質條件較佳的莫斯科，傅秉常的生活環境自然亦得到一定改善。惟當時中國正值抗日戰爭時期，資源緊絀，自然不能花費太多於提升使館設施，或作日常交際應酬之用，所以那時外交家的生活條件和可動用的資源，與今天相比實有很大距離。雪上加霜的是，史太林領導下的蘇聯，與當時國民黨的關係並不太好，其中一個原因是「史太林看不起國民黨政府」，所以在駐蘇期間，史太林甚少與傅秉常單獨會晤（黃振威，2018），這令傅的外交工作極難展開，再加上當時蘇聯的官僚作風甚烈，令他辦起事來舉步維艱，更難以取得實質的成果。

日軍投降前夕，時任外交部長的宋子文訪蘇，傅秉常陪同在側，目的是與蘇聯談判有關中國共產黨問題。當時蔣介石打的算盤是想用讓外蒙古獨立，「換取蘇聯在中共問題上讓步，以及保持國民政府在東三省之主權」，惟交涉一直沒法取得成功，反而被蘇聯摸清外蒙古可以獨立的底牌。此點相信令宋子文感到不快，最終選擇辭職，改由王世杰接替，傅秉常亦曾提出引退，但不獲蔣介石接納，顯示蔣介石並不以為傅秉常有錯（黃振威，2018：293-295）。

抗戰勝利後，傅秉常曾陪同曾在蘇聯留學的蔣經國會晤史太林，到了 1946 年 2 月，傅秉常返華，主要是出席國民黨的二中全會，之後又匆匆返蘇，繼續駐莫斯科大使的工作。據黃振威（2018：319）介紹，這次重返莫斯科的傅秉常，儘管已年過半百，卻又再次鬧出戀情，而那位闖入傅秉常生命，取代何燕芳、宋瓊芳及江芳苓的女子，則是在大使館擔任「新聞專員」的胡濟邦，[9] 也是《中蘇文化》雜誌駐蘇記者，她出身中央大學經濟系，後在外交部工作，由於俄語強，被派到蘇聯，曾進入莫斯科大學主力研究計劃經濟，並因工作關係與傅秉常有了接觸機會，相信因此發展感情，惟最後不了了之。

戰後和平不久，國共兩黨再次爆發槍來炮往的內戰，由於史太林支持中國共產黨，與國民黨領導的中華民國政府自然關係嚴峻，令傅秉常的處境甚為不利。國民黨軍隊在戰場上的節節敗退，全國上下物價高漲，米珠薪桂，更讓身在莫斯科的傅秉常極為憂心，恐怕國民黨快將失去江山。進入 1949 年，敗相早現的國民黨軍隊，可說是失去了抵抗之鬥志，瀕於毫無戰鬥力的地步，令共產黨軍隊所到之處，勢如破竹。看到這種景象，憂心如焚的傅秉常，據說「萌生退意」，對前途流露了悲觀失落情感（黃振威，341）。

為了挽救危局，孫科於 1949 年 3 月辭去行政院長之職，改由何應欽接任，並重組內閣，其時身在蘇聯的傅秉常，獲任為外交部長。[10] 為此，他不久離蘇返華，惟因那時政局變幻莫測，他表現觀望，「始終未表示就職」（黃振威，2018：354）。1949 年 10 月 1 日，中華人民共和國宣佈成立，蔣介石的殘餘力量要不撤往台灣，要不

9　胡濟邦表面上是被國民黨派往莫斯科大使館，但她其實於 1934 年已秘密加入共產黨，故應是一名地下間諜。她對傅秉常是真的動了感情還是使出美人計，相信不言而喻。

10　以數字計，何福堂家族有三位曾出任外交部長的女婿：伍廷芳、伍朝樞和傅秉常，可謂一時無兩，說何氏家族顯赫，一點亦不誇張。

流亡國外，亦有不少寄居香港。傅秉常亦曾在香港停留一段不短時間，最後帶同妻兒離開國土，目的地則是不少駐外國民黨官員選擇的法國，確實地點是巴黎東北郊一個名叫沙圖魯威爾（Sartrouville）的地方，在那裏生活至 1957 年 2 月，才按蔣介石電召回到台北（羅香林，1971：137）。

遠居法國期間的 1950 年，除兩女傅慧明和傅錦培先後出嫁帶來一點喜氣，[11] 其餘時間傅秉常都可說是充滿憂慮，甚至是掉進了人生的低谷。原因一方面是國民黨大敗後士氣低沉，人心渙散，充斥着悲觀情緒，傅秉常身為當中一員，自然亦是失落難過；另一方面因國民黨財政緊絀，他領不到任何薪水，令一家生活陷於困難。為解決財政窘困，他在 1953 年請香港的胞弟代把他手上一個屬於家族「祖宅」的物業拿去抵押借貸，藉以渡難關，他同時亦「將香港西營盤福壽里 1 號之祖宅抵押」；其次，其胞弟「傅秉坤則變賣福壽里 5 號之祖宅」，再將所得之款「美金二千五百元滙給傅秉常」，連串舉動無非是套取現金，用以支持手頭緊絀的傅秉常應對在異地的生活開支（黃振威，2018：383）。

為怕坐食山崩，作長遠計，傅秉常那時在巴黎拉丁區開設一家名叫「香港樓」的中餐館，傅秉常本人打理一切，妻子何燕芳負責管帳（羅香林，1971：140 及 153），黃振威推測該餐館可能是「從他人處承頂回來的」（黃振威，2018：383），並非他一手一腳新創，此

---

11 傅慧明嫁司徒灼輝，傅錦培嫁前駐英大使鄭天賜之子鄭斌，鄭斌乃著名大學教授。

點應該符合實情，因為以他一生為官，實在沒有經營餐館的經驗和知識。

到了 1957 年 5 月，傅秉常最終答允蔣介石要求，離法返台，結束了近十年漂泊生活。回到台北後，傅秉常獲蔣介石任命為國策顧問，後又出任司法院副院長之職，兼公務員懲戒委員會委員，又再可獲政府俸祿。不過，這些均屬有名無實的職位，難有發揮，亦沒有甚麼實權，所以過往曾在不同政治舞台上出謀獻策、四出奔走的傅秉常，基本上只屬「走過場」的「政府花瓶」，不具實質影響力，黃振威（2018：389-391）指他已成為「政治的旁觀者」，原因是他不再具備昔日可以指點江山的政治力量了。畢竟，那時他已年過 60 歲，國民黨失去了大陸江山，他本人又曾經歷近十年漂泊生活，過去那份自信心和優越感不再，曾有過的雄心壯志也消磨殆盡了。

雖然傅秉常寄居法國期間何燕芳一直陪同左右，與他共渡了一段漂泊窘迫的歲月，不過當傅秉常選擇定居台灣後，她卻沒有跟隨，反而轉到英國與兒子過活。傅秉常獨子傅仲熊早年留學英國，曾服務於英國空軍軍部，並在英國生活與發展，何燕芳晚年在兒子的照顧下安渡。至 1964 年，她於英國去世，享年 66 歲。翌年 7 月 29 日，傅秉常亦於台灣去世，享年 70 歲。家人將何燕芳和傅秉常骨灰「一同安葬於陽明山公墓」（羅香林，1971：148）。傅秉常生於廣東南海，何燕芳生於香港，二人在香港結識，到在上海結婚，但之後似乎聚少離多，既曾因傅秉常的公務而分隔異地，也曾因夫婦失和而各自過活，但無論如何，這對少年結緣的夫妻老來最終聚在台北，結伴長眠。

傅秉常生於普通小康之家，但憑藉本身的才能與姻親之助，在民國官場愈攀愈高，更成為中國近代外交史上一位重要人物。他大半生奔走於港澳、中華大地，乃至於蘇聯（即今之俄羅斯）及歐美等地，最終骨灰長埋台灣。他的傳奇經歷，不只標誌着非凡人生，亦折射了中國近代史的迂迴曲折。當然 1934 年伍朝樞去世，傅秉常卻塞翁失馬，沒有了姻親之助仕途反而有更輝煌發展，既是他能力的證明，也是時勢使然。至 1949 年 3 月他獲任命為外交部長，本應屬其事業高峰，但歷史的巨大變遷猶如滔天巨浪捲至，他根本無從發揮，最終留下不少令人慨歎的遺憾。

何寶芳的長壽與淡泊

相對於伍朝樞在政治及外交舞台上的叱吒風雲，其妻子何寶芳一直留家中相夫教子，自然顯得平凡而不起眼。但當伍朝樞突然去世，一家九口頓失樑柱，而且大部分子女其時年紀尚幼，仍需依賴父母照料，情況猶如當年何啟去世時「仔細老婆嫩」，頗為風雨飄搖，令人擔憂。不過，一直站在丈夫背後的何寶芳毅然擔起重責，成為家族的支柱，也書寫了個人與家族的重要篇章。伍朝樞名留青史卻英年早逝，何寶芳寂寂無聞卻子孫承歡並得享高壽，可見人生難得四角俱全，得失進退是個人選擇，也是時勢命運使然。

綜合各方資料顯示，在 1934 年伍朝樞突然去世時，除了前述伍艷莊和伍礪瓊已出嫁，生於 1912 年的長子伍繼先已出身，在上海工作，但未成家立室外（參考第十一章），其餘五名子女年紀尚未成年，還在求學階段。生於 1918 年的伍競仁和 1919 年的伍慶培分別只有 16 及 15 歲，兩人均在香港島讀中學；至於兩女同樣年幼，生於 1917 年的伍礪瑜年約 17 歲，正在伍艷莊和伍礪瓊的母校聖士提反女子書院（St. Stephen Girls' School）攻讀預科，打算報讀香港大學，而生於 1927 年的幼女伍礪琨，那時只有 7 歲，剛進入小學。故前文提及伍朝樞在興漢道租賃的單位，相信是為方便子女上學之用。

幸好伍朝樞雖然早逝，但他的「家底」（財富）比何啟當年豐厚。財產除來自其俸給外，還因他是伍廷芳獨子，所以承繼了父親的遺產。加上母親何妙齡亦身家豐厚，相信對孫子孫女的生活亦不會袖手旁觀。儘管如此，何寶芳可能擔心會坐吃山空，加上家姑及大部分年幼子女均在香港，故她選擇在香港長期定居，於是在辦好伍朝樞的喪葬後，[12] 即着手處理伍家在上海的資產，包括出售上海家族大宅「觀渡蘆」（《天光報》，1934 年 8 月 14 日），然後回港定居，專心侍奉家姑照顧子女。

伍朝樞去世翌年，發奮讀書的伍礪瑜預科畢業，以優異成績順利考入香港大學（*South China Morning Post,* 27 July 1935）。到了 1937 年 6 月，何妙齡去世，按照傳統，喪葬工作則由三名男孫伍繼先、伍競仁、伍慶培負責，身為媳婦的何寶芳則在幕後打點。何妙齡的財產根據其遺囑安排，大部分分配予伍繼先等兄弟姐妹，令他們的生活有了更好的保障。何寶芳亦在何妙齡去世後，成為伍廷芳一脈的女家長，有了更高的家族地位。

12　或者是伍朝樞生前要求，家人將伍朝樞葬於廣州伍廷芳墓旁，長伴其父。

1937 及 1938 年，伍競仁與伍慶培兩兄弟先後考入香港大學。三女伍礪瑜則於 1938 年大學畢業，並在畢業不久的 1939 年 5 月，與盧榮康（Loo Wing Kon 之譯音）共諧連理。盧榮康來自澳門的大家族，其祖父盧九乃澳門第一代賭王，可謂來頭不少，其父盧興源排行第四，乃時任廣東高等法院總法官，在法律界地位顯赫。新郎自小在香港長大和接受教育，在英國雷格法律學院取得大律師專業資格後返華，並曾在上海執業（*South China Morning Post,* 30 May 1939）。顯然，此婚嫁安排並非單純的「自由戀愛」，反而有不少「父母之命」的色彩。

伍礪瑜結婚之時，中華大地正陷入烽火連天的苦戰。不久，香港亦落入日軍之手，只有澳門因為葡萄牙政府宣佈保持中立而免於戰火，相信伍礪瑜應與夫婿避居當地。至於何寶芳等家人，可能亦如何燕芳等人般，走難到廣西或廣州灣等地避難，經歷一段既擔驚受怕，又生活條件極為惡劣的生活，直至日軍投降，世界重見和平之時才重回香港。

可惜，和平不久的 1945 年 10 月 10 日，何寶芳之母黎玉卿去世（參考第四章），何寶芳及家人自然十分傷感。何黎氏自何啟去世後不久即移居上海，相信是投靠了伍朝樞和何寶芳，大家共同生活了一段時間。何寶芳等將黎氏遺體運回香港與何啟合葬，在 1946 年辦好所有喪葬事宜後逐漸回復正常生活。惟不久又遇上國共內戰，無論是何家或伍家均有不少為成員與國民黨關係密係，如伍繼先不但是國民黨人，又有官職在身，可說是處於不利位置。最終，國民黨敗走台灣，伍繼先則退回香港（詳見第十一章），並選擇了不再參與政治，寧可投身商界，走上一條較平靜安定之路。

自五十年代後，那時已年過 60 的何寶芳，其盡心照料的子女早已長大成人，她亦開始過起閒逸的生活。當然，在那段時間裏，中華大地變天，香港社會和經濟亦出現巨大變化，子女們的事業亦有不同發展，但相信對她影響不大，每天如常由家人作伴，含飴自甘，弄孫為樂，不問餘事。至 1980 年 5 月 23 日，何寶芳在聖保祿醫院去世，享壽 91 歲。[13] 當然，相當對於大約半個世紀前去世的丈夫，她去世的消息和喪禮，沒有那麼轟動和具規模，但卻同樣地讓其子孫銘記和懷念。

相對於伍朝樞突然去世時尚未立下遺囑，何寶芳臨終前則已作好遺產安排。簡單而言是把主要遺產均分諸子，當然亦有部分給予一直在身邊照料的女兒，哪怕她們已出嫁了，尤其指派女兒們為遺囑執行人。從資料看，何寶芳一生留下的遺產約值 718,765 元，主要是分配給伍繼先、伍競仁、伍慶培等子女，由於三子那時居於加拿大及美國等地，後事及遺囑主要由兩女伍艷莊和伍礪瓊打理（Probate Jurisdiction, Will File No. 2811 of 1981, 1981）。

毫無疑問，由於伍朝樞遺孀何寶芳並非公眾人物，活動場域只限於家族，丈夫去世後更加極少出現在社交場合，社會對她了解甚少。儘管如此，從其子女事業發展與遺產安排等資料中，仍不難找到她一些人生足跡，揭示個人及家族遭遇，當然還有中國近代史的

13　資料顯示，何寶芳於 1951 年 10 月 30 日曾補辦出生登記，該出世紙上的出生日期為 1889 年 5 月 14 日，出生地點是 3 Alveston Terrace，而那時她的登記地址是 2nd Floor, 28 Fly Dragon Terrace（Probate Jurisdiction Grant No. 2811 of 1981）。

變遷，尤其是後代的遠走他方與不再染指政治。促使他們這樣做的原因，當然是人所共知的中華大地政權逆轉，國民黨敗北，共產黨取得天下，中華人民共和國成立。至於一介女流的何寶芳，在那個變局之下，則在香港這個彈丸之地過着與過去截然不同的生活，少了丈夫在中華大地的叱吒風雲，卻多了一份生活的寧靜安逸。

結語

由於在香港求學和生活相聚之故，伍朝樞和傅秉常因婚姻成為連襟，有了更強關係基礎，然後又因大家同樣精通雙語，了解西方社會與文化，日後走上了外交之路，至於發展事業的舞台，亦由彈丸大小的香港，轉到幅員遼闊的中華大地，大家關係緊密，具高度互信，則可彼此扶持，令大家在中外政壇上發光發熱，取得突出表現。

當然，無論個人，或是家族，在社會或國家出現巨大變遷時，實在亦無法抵抗，只能順其自然，命運安排更非任何個體意志所能改變。伍朝樞的英年早逝，傅秉常獲任命為外交部長卻碰上國民黨大勢已去等，均屬最好說明，兩者均令二人才能無法更好發揮，留下了人生與家族發展進程中令人無奈的感慨。

第九章 轉換舞台

何永乾諸兄弟的闖蕩上海

引言

儘管民間社會有所謂「虎父無犬子」之說，但現實中世家名人子女不成材的例子亦俯拾皆是，揭示一個人要成就事業，單有父蔭未必足夠，有時更會出現強人父親反而抑制子孫發展，或是讓子孫養成依賴，不思進取等問題。就以後者為例，歷史上的「阿斗」——即劉備兒子劉禪的小名，便成千古笑端，泛指那種庸碌無才的子孫淪為歷史笑話。顯然，個人成就最重要的條件始終是才能、努力，以及際遇、運氣的多重結合，至於家族背景、人脈關係及宗教資本等，畢竟只是輔助因素而已。

香港開埠初年，在華人社會中，論個人名望、政治力量，乃至社會地位，何啟絕對獨一無二，位尊權重。但他的十多名子女，不少雖然擁有突出學歷，精通中英雙語，當然亦有祖及父輩留下的豐厚人脈關係和宗教資本，可他們卻未能或無法充分利用，在極為堅固突出的基礎上帶領家族更上層樓，反而是淡出政治、急速滑落。有看法指因他們在何啟去世後移居上海，基本等同放棄了早已在香港建立的豐厚人脈及社會資本，因此令家族在社會上的名聲無復當年。真實情況是否如此？本章則會作一概括分析。

調整政治立場的衝擊

從某個角度說，何啟晚年政治立場或政治聯繫的改變，影響了他個人的禍福，亦左右了他一脈子孫們的發展格局。可以這樣說，一生對港英殖民地政府忠心耿耿、貢獻巨大的何啟，受殖民地政府種族政策壓抑下始終沒法更上層樓，當早年學生孫中山帶領的革命取得成功後，他可能想到在那個重大歷史時刻貢獻一己所長，於是有了不少奔走中華大地的舉動。惟這種政治立場或目標上的轉變，卻引起了殖民地政府憂疑，破壞了彼此關係，結果被打入政治「冷宮」，此點既令他憂鬱難抑、抱憾而終，亦影響了諸子女日後的人生和事業發展。

正如第四章中曾提及，因為孫中山曾在香港華人西醫書院求學，何啟曾是他的授業老師，向他灌輸了不少西方革命性的思想，也影響到孫中山及不少同窗（如「四大寇」）的政治取向及革命決心。故當孫中山振臂一呼要推翻滿清時，不少西醫書院的校友均受到感召，因此直接或間接地參與了孫中山的革命事業。這些人大多在香港生活、工作或營商，李煜堂、李自重、馮自由、楊西巖、李樹芬，甚至何啟姪兒何高俊等，他們在革命取得成功後自然充滿期許地回到中華大地，有人希望「論功行賞」，謀得一官半職，為建設更好的新中國而獻身。

由於當年不少革命黨支持者利用粵港緊密交流的便利，進行政經和金融操作，如「電車罷工事件」便是其中一個例證（蔡榮芳，1997；鄭宏泰、陸觀豪，2017），因此，殖民地統治者覺得革命黨活動不利香港社會穩定與商業發展。何啟在港參與殖民地政治 20 多年，極接近港英權力核心，但他卻有不少支持革命黨人的舉動，自然引起了殖民地統治者的警覺、擔心及不滿，令其如鯁在喉，芒刺在背，最終在 1912 年決定除之而後快，把何啟踢出了「政治吸納」的名單，甚至視之為「麻煩製造者」。這種由親轉疏，再變得反感抗拒的關係，在何啟去世後可謂更清晰流露。當然，殖民地政府不再重視何啟一家，也可能與他去世時子女尚幼，也沒有人如當年的何啟般年紀輕輕便表現得出類拔萃有關。

由於過去全心投入到立法局的議事堂中，並沒專注於個人專業的經營，加上商業投資又屢遇挫折，所以何啟並沒如其父親般留下多少財產，令遺孀及一眾子女的生活在他去世後立遇困難。其姻親好友韋玉致函殖民地政府尋求協助，雖獲政府首肯，但所得的支援協助卻只能達至基本溫飽的半死不活的水平，就如廣東俗語所謂「飽你唔死、餓你唔親」。這種敷衍了事的姿態，對比起過去殖民地政府多次對何啟的高度稱讚，不但予人「人走茶涼」的觀感，更直接反映政府對何啟政治立場改變的不喜不滿。

從某個角度上說，韋玉致殖民地政府的那封求助信函，其實揭示了何啟以華人社會代表的身份，走進政治核心，卻又兩袖清風，反映他在那個貪污肆虐的年代其實一直潔身自愛，應該獲得進一步肯定才對。但統治者似乎從中只看到何啟眾子女——特別是已成年的不甚出色，無力在父親死後撐起生計，所以決定按韋玉所求，給予未成年者最基本的扶助，情況就如今天社會所給予的綜合援助，而不予特別的提拔或協助。當然，平情而論，由於韋玉當時欲爭取政府的財政資助，相信又會將何啟遺孀及子女的財困說得誇大或較差一點。

到底韋玉筆下的何啟諸子女在1914年處於一個怎樣的狀況呢？正如第四章中提及，何啟繼室黎氏為他誕下十子六女（不包括雅麗氏所生一女），何啟在生時，二子已成家立室（何永貞、何永亨），另外三女（何瑞金、何瑞銅、何瑞鐵）則已出嫁，但其餘子女則有的仍在學，而且大學、中學及小學均有，有些則仍在襁褓之中。在呈請中，韋玉指雅麗氏[1]所出的長女自小被送回英國生活，雖然沒結婚，但因她承繼了母親在英國的財產，所以亦生活無憂，不用政府協助。其餘一眾子女除已出嫁者，均在何啟去世後生活遇到困難，韋玉這樣介紹（CO 129/413, 1914）：

- 長子何永貞，他在 1914 年已年過 26 歲（即約生於 1888 年），他雖有大學學歷，且已結婚，妻子乃歐德之長女，來自大富人家，夫婦當時已育有一女（沒提及名字），但何永貞卻「沒有一份長工」（no permanent employment）。

- 次子何永亨，那時他已 24 歲（即約生於 1890 年），任職北京財政部門秘書處，月薪 200 元，同樣已婚，妻子亦來自大戶人家，乃曹有第十一女，夫婦尚未有生育。[2]

- 三子何永乾，當時年 22 歲（即約生於 1892 年），未婚，仍在香港大學求學，主修工程，獲伍廷芳博士獎學金。

- 四子何永元，當時年 20 歲（即約生於 1894 年），仍在香港大學求學，同樣主修工程，獲張弼士獎學金。

1　1914 年她應已年過 30 歲。

2　對於這兩子，韋玉指：「長、次兩子已婚但他們沒做甚麼事情，或可賺取足夠金錢養妻活兒，他們仍是依靠著母親維生」（CO 129/413, 1914）。

- 五子何永利，時年 19 歲（即約生於 1895 年），剛考完預科，結果未公佈，打算入讀香港大學工程學院。

- 六子何永安，時年 14 歲（即生於 1900 年），仍在聖保羅書院求學，修讀標準牛津預備班。

- 七子何永康，時年 11 歲（即約生於 1903 年），仍在聖保羅書院求學，修讀標準預備 2B 班。

- 八子何永感，時年 5 歲（即約生於 1909 年），就讀「華人預備學校」（Chinese Preparatory School）。

- 九子何永德，時年 4 歲（即約生於 1910 年），未上學。

- 十子何永謝，時年 20 個月（即約生於 1912 年），襁褓之中。

在諸女方面，除雅麗氏所生長女長居英國不談，其他均有介紹：

- 次女何瑞金（又名何寶芳），[3] 當時年過 25 歲（即約生於 1889 年），嫁伍廷芳長子伍朝樞，[4] 婚後移居北京。

---

3 即黎玉卿所生之長女，坊間時會錯誤地稱之為何啟長女，同時又會混亂其他諸女的次序，當然當中又與其中一女何瑞銀早夭之故有關，因為有時家族不把她計算在內。

4 大約 1911 年，何瑞金嫁伍朝樞，翌年誕下兒子伍繼先，之後再育一女伍艷莊，即是何啟去世時，何寶芳和伍朝樞已育有一子一女。

- 三女何瑞銅，時年 21 歲（即約生於 1893 年），已嫁在港執業牙科醫生杜賀拔（Herbert To，譯音）。[5]

- 四女何瑞鐵，時年 18 歲（即約生於 1896 年），在上海嫁輪船招商局經理陳輝亭六子。[6]

- 五女何瑞錫，時年 16 歲（即約生於 1898 年），未婚，仍在「華人女子預備學校」（Chinese Preparatory Girls' School）求學。

- 六女何瑞華，時年 13 歲（即約生於 1901 年），仍在「華人女子預備學校」求學。

- 七女何瑞美，時年 7 歲（即約生於 1907 年），仍在「華人女子預備學校」求學。

撇除那些仍在求學及未成年者不談，已經成年且已成家立室的長次二子，明顯沒有在父親突然去世後一如傳統「長兄為父」，承擔

5　Herbert To 杜賀拔可說來自醫學世家，其父杜明（To Ming，譯音）乃一名西醫，在廣州及香港均有名氣，他在廣州醫院行醫，育有多名子女，而諸子均屬醫生，如長子杜應勳（又名杜閣臣，Coxion To，香港西醫書院畢業）、次子杜應坤（愛丁堡大學醫學院畢業）均是一時名醫；三子杜賀拔和四子杜達昭（To Tat Chiu，譯音）則是牙醫，同樣甚有名氣（*South China Morning Post,* 22 August 1928; 17 September 1932; 羅婉嫻，2018）。

6　1914 年 1 月，何啟五女下嫁輪船招商局陳輝亭六子陳榮禮，婚禮在上海舉行，此點揭示有些家族成員早已由香港轉到上海生活，喜宴在上海福州路「麗香園酒家」（譯音）舉行，多達 250 位親屬朋友出席。婚禮上，身為姑丈的伍廷芳以主禮人身份向一對新人及到賀親屬祝酒（*South China Moring Post,* 12 January 1914）。

照料一家上下的責任，反而在擁有高學歷的情況下沒有固定工作，甚至還要「伸大手板」向母親拿生活費，這種情況相信會讓殖民地官員覺得他們不思長進，有辱何啟名聲。至於最終批出的財政資助，其實每季只有區區不足 300 元（CO 129/413, 1914），即每月不足 100 元，而何家上下十多口人，顯然只能剛夠温飽。

回頭看，一生為港英政府出謀獻策、貢獻良多的何啟，晚年由於政治立場的轉變，明顯影響了他和殖民地統治者的互信和關係。到他突然去世後，家人親友希望殖民地政府能體恤其貢獻，給予額外援助照料時，卻如今日社會低下層申請福利救濟，受到冷淡對待，最後批出金額更予人施捨之感，令人覺得情何以堪。可能亦因此促使黎玉卿和子女移民上海，開始新的人生。

更換人生跑道的挑戰

無論是何福堂思考傳教事業時，或是伍廷芳在香港遭遇投資失利時，他們均會想到投身中華大地更大人生事業舞台的問題，其他何氏家族成員如何神添、何神祐、何永紹、[7] 何高俊，乃至於伍朝樞和傅秉常等，也抱持相同看法。自何啟去世後，一來殖民地政府對

7　何永紹（又名何述初），於 1912 年 10 月去世，享壽不詳，其妻為韋玉長女。1917 年，何永紹遺孀去世，報紙指她於廣州去世，享壽 38 歲（*South China Morning Post,* 11 May 1917）。按韋氏享壽 38 歲推斷，她應約生於 1879 年。若按夫妻年齡起碼相差一、兩歲推斷，則何永紹約生於 1878 年或之前，即是他應較何高俊年長，因此推斷何永紹可能是何啟長兄何神賜之子。

何家已失去了昔日的「熱情」及尊重，反而因為那每月約 100 元的「資助」招來冷眼；二來是伍廷芳在中國政壇地位日重，不少何氏家族的成員又已到了上海生活，大家可互相照顧。最終黎玉卿及子女亦於 1919 年離港，停止向殖民地政府拿取生活資助，轉到上海生活。

到底何啟一眾子女在他去世後，生活是否如韋玉所描述的「不堪」呢？先說長子何永貞。資料顯示，何永貞中學時進入何啟有份倡建的聖士提反書院（St. Stephen College）求學，本性看來熱愛體育，尤其木球，其身影經常見於木球場，也因積極參與木球比賽而備受注視（*South China Morning Post,* 23 March 1908），但他的學業成績看來並不太好，故在高中畢業後並沒考進更高級別的高等學府。[8]

在何啟確定不獲殖民地政府續任立法局議員的 1912 年，何永貞進入北京交通部工作。看來他獲得這份工作應是由伍廷芳安排的，因為傅秉常畢業後也是在伍朝樞推薦下進入這個部門，反映伍廷芳應該在這部門有一定影響力及人脈關係。但何永貞在這部門停留不久，到了 1914 年——即何啟去世那年，便轉到寧滬火車部任職，負責杭州路段的工作。可能因他對這份工作有興趣，又或是因父親去世令他有要力爭上游的壓力，何永貞在這崗位上表現理想，並在 1916 年獲提拔至署任總經理之位，屬於一個具有實權且重要的職位。

至南方護法軍政府成立後的 1919 年，何永貞再次「跳槽」，轉

8　此點與韋玉的介紹不符，不知是否有人刻意曲筆，或哪方出錯，現時未能求證。

往外交部出任副外使（*South China Morning Post,* 14 March 1919; 12 December 1919）。巴黎和會之後，孫中山開始謀求更大政治空間，而伍廷芳和伍朝樞父子是他的重要支持者，掌握外交實權，加上那時何永貞的妹夫傅秉常亦有參與外交工作，何永貞那時轉到外交部，自然是希望在姻親手下工作能獲樹大好遮蔭之利。從伍廷芳的角度，在可能的範圍下對何家多加提攜照料是義不容辭的責任，特別是當時何啟遺孀黎玉卿仍在生，伍廷芳與何妙齡應該都想讓何家長子有更好發展，以免黎玉卿憂慮掛心。

不過，綜合資料顯示，何永貞在這個崗位上並沒有做出甚麼大成績來。到了 1921 年 10 月，香港報紙再次出現與何永貞有關的消息，是何永貞太太——即歐德長女，因心臟病於澳門去世，那則在 1921 年 10 月 29 日出現在《華字日報》上的訃聞如下：

> **家主何永貞字君幹老爺之夫人歐太太，於本月廿七日寅時在澳門醫院仙遊。謹擇本月廿九日早於澳門輪船運柩回港，即午出殯，安葬香港仔華人永遠墳場，特此訃聞。**
>
> **何積善堂家人稟告**
>
> **喪居安瀾街四號三四樓**

訃告上的安瀾街，即現時位於中環心臟地段的安蘭街，四周高級商廈林立，由東至西不足五十公尺，西端與雲咸街相接，東端接新世界大廈，屬「掘頭路」（死胡同），乃新興時尚名牌集中地。但在上世紀二三十年代，這條小巷卻遠不是今天風光的模樣，當時安瀾街的樓宇全是三四層樓高的舊式唐樓，每戶建築面積不大，設施簡陋，惟商業活動則十分活躍，何永貞居於此地，反映其生活只屬中等水平，並不如父輩般顯赫了。當然，可能他的真正居所是在內地，但因自己與歐氏尚有親人在港，因此用名下物業的地址刊登廣告。不過，以何家及歐家人的名聲及社會地位，訃聞卻只有大約一寸乘寸半的面積便顯得十分寒酸，故此，較大可能是他沒甚麼成就，交遊自不廣闊，妻子喪事便一切從簡了。由此可見，何家已是今非昔比了。

到了 1921 年 11 月 1 日，家族再刊謝聞，指歐氏已出殯，「蒙誼親親臨執紼，惠贈厚貺」，家屬中除何永貞外，更列出兩子鴻鈞、鴻鑄（《華字日報》，1921 年 11 月 1 日），早年在韋玉致殖民地政府信函中提及何永貞有一女的名字，則沒有出現在訃聞之中，可能是韋玉資料有誤，或該女早夭，當然也可能是何永貞仍抱有重男輕女的觀念，並未做到「男女平等」。

至於二子何永亨，他的學業成績與兄長一樣，似乎也乏善可陳，故高中畢業後即投身社會工作。中華民國成立後不久相信他已經北上工作，因為在韋玉介紹中，他在何啟去世前已任職北京財政部門秘書處，並每月有月薪 200 元。何永亨在這個崗位上看來工作了相當長的一段時間，沒有如兄長經常變動。亦有資料指他曾在中國銀行，惟不知其具體職位及任期（Choa, 2000）。但無論如何，從坊間對他的記載甚缺，也可推斷他應該只如你我一樣，是普通「打工仔」一名，一生平淡，沒甚麼豐功偉績可供談資。

相對而言，三子何永乾的人生事跡有較多紀錄。正如第八章中提及，何永乾和傅秉常乃中學及大學同學，在大學期間同樣主修工程，並同於 1916 年畢業。之後，何永乾進入 F. E. Rosser 建築師樓工作，傅秉常則北上，在伍朝樞或伍廷芳介紹下進入北洋政府交通部。翌年 4 月，何永乾迎娶先施馬永燦長女馬淑德為妻，婚禮在教堂舉行，何、馬兩家親屬朋友雲集，熱鬧非常。儀式完成後，一對新人離港，前赴澳門共渡密月（*South China Morning Post,* 18 April 1917）。如前文所述，傅秉常亦於同年在上海迎娶何永乾之妹何燕芳，當時何燕芳只有 18 歲，才剛剛中學畢業，這樁婚事相信是由何永乾作「紅娘」促成。傅何的婚禮在伍廷芳上海大宅內進行，可見那時的何燕芳應是在上海生活。可以這樣說，何燕芳和傅秉常的婚姻，增強化了家族人力資源的力量，令何福堂家族的名聲更為響亮。

何永乾轉換事業舞台到了上海之初，與一名羅姓友人創立了「何羅合伙人公司」（Hall, Law & Co），主要從事建築工程的生意（*The China Mail,* 7 December 1924）。據蔡永業所述，後來其弟何永元在香港大學工程學院畢業後亦到了上海發展，曾進入上海浦東鐵路工作，惟有關職位與任職時期等資料則不詳（Choa, 2000）。後來，何永乾與弟弟何永元共同創立了一間工程師行，名為「何何合伙人公司」（Hall & Hall Associates），一同開拓工程生意（Choa, 2000: 34）。

有趣的是，何永乾妻子日後在上海誕下一子，是為何鴻威（Arnold Hall），[9] 而何鴻威的英文姓氏選用了「Hall」，而非何啟、

9　何鴻威的名字和何東家族成員——主要是「鴻」字輩——相同。其實何福堂家族「鴻」字輩的名字，很容易和何東家族「鴻」字輩的名字混淆，例如何鴻威的姐妹何鴻卿（Blossom Hall），中文名字便與何東之孫何鴻卿（Joseph Ho）相同，就算是何福堂的名字，亦很容易令人與何東胞弟何福混淆，其實兩家毫無血緣與親屬關係（鄭宏泰、黃紹倫，2007）。

何永乾等常用的「Ho」，表面看來應與何永乾在上海開辦工程師行時取了「Hall」作為公司名稱有關，至於何永乾年幼胞弟，例如何永謝（Francis Hall）可能亦已採用了「Hall」的英文姓氏（*South China Morning Post,* 9 May 1938）。

何啟眾兒子中，除了上述四名較年長的兒子有較多資料，年紀較幼的如何永安、何永康、何永感、何永德及何永謝等——即是何啟去世後需要殖民地政府給予生活費資助的兒子們，相關資料及紀錄極為有限。一方面是因為自 1919 年後，黎玉卿不欲再向殖民地政府索取資助，帶同眾子女到上海生活，故香港自然缺乏他們的消息——儘管何家仍然保留了香港的居所，也經常遊走於滬港穗澳之間。另一方面，也反映其餘數子應該未成大器或創出一番事業，只如一般尋常百姓過日子了。

從很現實的角度看，無論是伍廷芳當年北上開拓人生新平台，或是伍朝樞與何寶芳婚後北上，乃至於何啟去世後黎玉卿帶同多數子女轉赴上海，基本上都是因為香港的生活未如理想，而上海因有更好支援網絡，故他們相信移居當地會更有大發展空間。若回過頭看，自何黎氏因法庭指示，無奈地將何福堂遺產分派各子女後，既傷了家人的感情和關係，何家亦明顯失去了團結子孫的重要物質基礎。各子女獲得分配後各有應用，但大多遭遇卻並不順利。至何啟死後，由於他一房嗷嗷待哺的人口眾多，其他房亦難以長期支援，反而伍廷芳在上海有權有勢，伍朝樞、傅秉常等都在上海發展順利，故二十世紀二十年代初黎玉卿攜同諸子女移居上海自然是順理成章。

闖蕩上海的另一種經歷

相對於英國殖民地的香港，歐美日等列強資本、商人與冒險家雲集的十里洋場上海，不但城市規模及人口等更為龐大，社會或市場的競爭較為激烈，亦更為繁華。從某個角度說，何氏家族及何啟一生在香港建立的人脈關係與社會資本極為豐厚，黎玉卿舉家移居上海，是丟掉了那些極為可貴的資本。但是，一如第四章中提及，由於當時殖民地政府堅持「一個中國」政策，抗拒孫中山的南方政府，何啟及其朋友圈卻與孫中山等革命黨人有太多交往，他們自然變成了殖民地政府眼中的「麻煩製造者」，何氏家族或何啟所建立的人脈或社會資本至此通通變成「負資產」了。再加上「人走茶涼」，難以發揮作用了。

相對而言，在上海，伍廷芳和何妙齡在那裏生活多年，擁有突出名望、社會地位及人脈關係，他們擁有的那座名為「觀渡蘆」的大宅，在當地亦甚為出名。就算是何晚貴和曾篤恭，亦曾在上海生活了一段時間，建立了一定人脈。至於伍朝樞自 1912 年開始亦轉往當地，扎根時間雖短，但身為伍廷芳秘書，相信亦有不少人樂意結交。事實上，伍廷芳和伍朝樞父子在當時中國政壇十分活躍，位高權重，所以能成為何家成員的重要依靠和保護，可見黎玉卿於那時舉家離港移居上海，是經過深思細慮，也可說是十分明智而自然之舉。

雖然有關何啟諸子女轉換人生與事業的後續發展狀況實質資料不多，但顯示以踏上生意經營之路的何永乾及何永元兩兄弟表現最為突出。他們先後在香港大學畢業，相信除善用本身工程專科資格營生外，還涉足商界，並在二十年代與朋友分別創立了英商鴻發有限公司（H. Lee & Co. Ltd.）及中華貿易有限公司（China United Import & Export Co. Ltd.）。

資料顯示，何永乾及何永元首先正式註冊公司參與商業運作，應該始於 1924 年註冊的英商鴻發有限公司。此公司於上海英國領事館登記，並採用了「英商」的身份註冊，目的明顯是要取得英國保護。按當時英國政府規定，要成為「英商」，英籍股東的持股量要達六成或以上，公司登記文件顯示何永乾和何永元均為英籍，只有李鴻儒（又名李鴻發）屬華籍，三人持有股份依次為 100 股、20 股及 80 股，所以公司能依英國法例享有「英商」資格（H. Lee & Co. Ltd., 1952）。

當時，何永乾及何永元的地址為仁記路（Jinkee Road，現滇池路）35 號，李鴻儒的地址則在南京路 574 號，三人均報稱商人，公司的登記地址亦在南京路 574 號，主要業務是代理及銷售攝影器材、印刷設備、墨水筆、樂器及運動器材等（H. Lee & Co. Ltd., 1952）。但公司股東與股份在 1936 年起開始發生變化，因李鴻儒的兒子李子培加入了董事局。李子培亦報稱英籍，而自他加入後，何永乾的持股量減少了 20 股，轉入李子培手中。翌年，何永元持有的 20 股亦悉數轉給李子培，並同時宣佈退任董事之職。到了 1938 年，何永乾再轉移多 20 股給李子培，令李鴻儒父子的持股量高達七成（表 1）。

表 1：英商鴻發有限公司 1924 至 1938 年股份轉變狀況

股東	國籍	持股量			
		1924	1936	1937	1938
何永乾	英籍	100	80	80	60
何永元	英籍	20	20	0	0
李鴻儒	華籍	80	80	80	80
李子培	英籍	0	20	40	60
股份總量		200	200	200	200

資料來源：H. Lee & Co. Ltd., 1952

無論從公司中英名稱——鴻發有限公司、H. Lee & Co. Ltd.，以及李鴻儒登記地址與公司相同看來，李鴻儒應該才是生意業務操持人，當然亦應是生意的核心人物與連結點，但他希望公司能獲英國政府的保護，故拉攏了擁有英籍的好友何氏兄弟加入，令公司能以「英商」的身份註冊。至日後同樣擁有英籍的兒子李子培長大後，何永乾和何永元便功成身退，先後把股份轉給李子培，揭示何氏兄弟應只是「代持」股份者而已。

或許何永乾兄弟在經營鴻發公司的過程中對從商產生了興趣，加上有李鴻儒這位熟門熟路的生意人，在鴻發有限公司成立後五年，何永乾再次與家人朋友創立了中華貿易有限公司。根據註冊處的資料顯示，公司於 1929 年在上海英國領事館登記，翌年再在香港註冊，登記股東除了何永乾兩兄弟以及李鴻儒外，還新加入了何永乾的胞姐何寶芳、汪信臣、劉世恭、吳鐵城。汪、劉等人相信是何氏兄弟的朋友，而且均是當時的社會精英。資料顯示，公司的骨幹成員以何永乾、何永元和李鴻儒為主，負責公司的日常運作及管理（China United Import & Export Co. Ltd., 1952）

表 2 是該公司登記股東的簡單資料，從中可見何永乾、何寶芳及何永元持有公司超過六成半的股份，屬於大股東。其他股東中，除汪信臣持股量較多外，其餘的所佔股份數量均相當少。另一點值得注意的，是何永乾與汪信臣報稱地址同位於霞飛路（Avenue Joffre），而且號數相連，應是毗鄰而居。不過，最引人注意的，是報稱職業為「商人」的何寶芳。她當時應已嫁給伍朝樞，也兒女成群，但顯然她在相夫教子之餘也有參與商業經營。她的做法在何家女子中並不是獨有例子，如何妙齡、何晚貴在理財上都相當獨立，且有投資買賣以錢生錢的習慣，並非事事只依託喬木的弱質絲蘿。

表 2：中華貿易有限公司股東登記資料

股東姓名	報稱住址 *	報稱職業	配股數量
何永乾	霞飛路 1231 號 6 弄	商人	150
何寶芳	戈登路 29 號	商人	150
何永元	圓明園路 19 號	商人	10
汪信臣	霞飛路 1231 號 4 弄	商人	100
劉世恭	博物院路 25 號	商人	25
吳鐵城	海格路 464 號	商人	27
李鴻儒	南京路 117 號	商人	10

* 登記地址不同時期略有變動

資料來源：China United Import & Export Co. Ltd., 1952

中華貿易有限公司設於上海博物院路 25 號，而主要業務與鴻發有限公司有重疊之處，都是有代理及銷售攝影器材及現代文具、如相機、鏡頭、膠卷、戲院拍攝器材、繪圖器具、各類文具等，至於代理品牌則包括 Ihagee Kamerawerk、Lumiere & Jougla、Gorlitzer Camera、Leonar Papiere、Johann Faber 等等。由於那些舶來品在當時盛極一時的上海具有巨大市場，相信生意不錯（China United Import & Export Co. Ltd., 1952）。

若結合英商鴻發有限公司與中華貿易有限公司這兩家公司的發展狀況看來，本來開展建築與工程師事務生意的何永乾和何永元兩兄弟，應該是因為李鴻儒之故涉足了銷售與代理攝影器材的生意。不過由於鴻發公司的真正老闆是李鴻儒父子，他們雖對營商有興趣，但為免與好友因財失義，故他們決定另起爐灶，拉攏胞姐及友好投資成立規模更大的新公司。從李鴻儒在新公司也佔有一定股份並負責營運，可見他們的友誼非但未有因此而受損，甚至更見鞏固。

可惜的是，沒有資料記錄兩家公司的盈利，令人無法了解其經營狀況。但從 1931 年何永乾與何永元母親黎玉卿 60 大壽時，諸子女高調為她舉辦大型慶祝活動，除於「新新酒店」（Sun Sun Hotel）大排筵席外，更請來了粵曲的伶人表演助興，此點既反映了家族東南方的文化根源，亦說明壽宴熱鬧隆重與規模之盛大了。由此，可看到何永乾和何永元財力應該相當雄厚，遠非昔日何啟去世時一家生活孤寡貧苦、無以為繼可比了。

黎玉卿的壽宴出席的親友賓客達 400 人，揭示何氏家族在上海已站穩陣腳，並建立起緊密的社會網絡與人脈關係。而且黎玉卿子媳、女及婿，尤其伍朝樞、傅秉常，以及一眾年幼內外孫如伍繼先、何鴻鈞等均有出席（*South China Morning Post,* 14 January 1931），反映家族團結，人丁興旺，而甚至在政治及經濟上都甚具影響力。至於壽宴前，家族另舉辦有只供核心家人聚會的家宴，選址為何永乾霞飛路的大宅，不但反映何永乾身家豐厚，而且肯定了他家族領軍人的地位。

當然，正如前述，何啟子女眾多，不少在移居上海時年紀尚幼，如何永康、何永德、何永謝和何永感等，他們移居上海後即進入當地的學校求學，由於自小已在上海成長，親朋好友又多在當地，香港對他們來說應只成淡淡的記憶，甚至是一個陌生的城市了，而何啟留下的人脈關係等資產，相信亦早已煙消雲散了。可惜的是，當他們完成學業踏出校門，投入社會準備大展拳腳時，卻碰上日軍侵華的連年戰火，事業發展自然未能順風順水，因此較難有突出表現。

順作補充的是，黎玉卿來自一個早年移居美國的家族，不過她娘家不少親屬似乎亦居於上海。如在 1937 年 12 月報章刊出一則喪葬消息，死者相信是黎玉卿的姐妹，名叫 Lucy Knight，[10] Lucy Knight 的丈夫名叫 Candido E. Lopes Ozorio，[11] 他在上海英租界有一定名望。那次喪禮的出席者，除了 Lopes Ozorio、黎玉卿外，還有黎玉卿兄長黎金發，以及黎玉卿子女如何永元、何永乾等（*South China Morning Post,* 8 December 1937），此點揭示何家在上海的人脈及社會關係網

10　Lucy Knight 的「Knight」，據說是「黎」的另一拼音法，背後原因是黎玉卿父親「曾在美國大使館工作」，姓氏或曾用 Knight（黃振威，2018：104），但亦可能因為 Knight 的英文拼音，更近似於英文姓氏之故。

11　他乃香港出生的澳葡人士，年幼時在香港求學，畢業於聖約瑟書院，婚後移居上海，曾先後任職渣打銀行及紐約國家城市銀行（National City Bank of New York）多年，工作之外則積極參與賽馬及木球等體育活動，曾充當葡萄牙文娛體育會（Club Uniao）的財務秘書。Lucy Knight 去世六年後的 1941 年 5 月，Lopes Ozorio 亦去世，享壽 74 歲（*South China Morning Post,* 22 May 1941）。

絡，其實比想像中深廣。

Lucy Knight去世五個月前，抗日戰爭爆發，由於上海租界及香港初期未受戰火波及，對黎玉卿等人的影響不太大，但居安思危，相信他們亦有一些應變計劃。在1938年5月，香港報紙刊出一則法庭新聞，一位名叫「何永謝」（Ho Wing-tse, alias Francis Hall，原文）並報稱「失業」人士，於1938年5月時在香港大學校園內偷去兩名大學生的墨水筆、鉛筆和金手錶等財物，被捉拿後送上法庭。聆訊資料揭示，被告來自大家族，當時「與母親及兄弟住於九龍城」，他本人更屬「一名鴉片煙徒」（an opium smoker），估計想盜竊財物以購買鴉片。由於被告承認偷竊罪，法官念及他初犯又沒案底，加上有良好的家庭背景，同意只處以罰款，不判其入獄，何永謝算是逃過了牢獄之苦。惟報紙則形容他為「顯赫家族的黑羊」（black sheep of respectable family），尤其以副標題「一名鴉片煙徒」突顯其問題（*South China Morning Post,* 9 May 1938）。

這被告名字與何啟十子何永謝相同，而何家於九龍城也有物業投資，如何妙齡生前便一直居於啟德濱1號，加上法庭文件指他來自顯赫大家族，綜合這些資料，這名「鴉片煙徒」甚有可能是何啟之子。至於他為何會淪落成為一名吸毒竊匪？是身為富家的么子故被寵壞、還是剛出生便失去嚴父教導⋯⋯一切已無從稽考。但從他在庭上提及「與母親及兄弟住於九龍城」，可能代表黎玉卿雖已移居上海，仍偶會回香港省親或暫居，故保留了九龍城的物業。至抗日戰爭爆發後，他們可能覺得香港屬於英國殖民地，也較遠離中日戰場，有較好的安全保障，故其母及部分兄弟在那個時期回到香港居住。

然而，出乎意料的是，日軍於 1941 年底擴大戰線，不但揮軍入侵上海租界，亦佔領香港及東南亞不少地方和偷襲美國的珍珠港，掀起了太平洋戰爭。原本被視為「安全孤島」的滬港亦先後淪陷，黎玉卿等相信亦如無數民眾般過着朝不保夕、顛沛流離的生活。惟他們到底有否如何燕芳或何高俊女兒何中中等，走難到較為安全的大後方暫作棲身，由於缺乏資料，所以難以確定。

一個能肯定的事實是，1945 年 10 月 10 日，黎玉卿在上海去世，享年 74 歲（*South China Morning Post,* 25 January 1946），揭示抗日勝利之初，黎玉卿身在上海。但到底當上海淪陷時，年過七十的黎玉卿是否因為年老與健康緣故，沒有逃難而一直留在上海生活？還是在抗戰勝利後才在子孫陪同下重回海？同樣難以確定。不過，她在臨終前顯然明確要求子女將她的遺體運回香港，安葬在何啟墓旁，永久作伴。

有一點值得注意，無論是在黎玉卿去世的消息上，或是有關她遺體運回香港，下葬於香港墳場的報道上，均未見何永貞、何永亨等蹤影，反而何永乾、何永元、何永安、何寶芳，甚至是黎玉卿兄弟黎金發等名字則多次出現（*South China Morning Post,* 25 January 1946）。可能反映何永貞和何永亨早於 1945 年前去世，要不然以他們長及次子的身份，按傳統一定會操持母親喪事，更不可能缺席。不過，他們是死於日軍戰火刀劍下，或是走難時染病而亡，同樣未能找到資料作核實。

戰後時局轉變的重回香港

抗日戰爭勝利與黎玉卿去世，似乎沒有改變家族的發展方向，哪怕黎玉卿選擇死後葬回香港，長伴丈夫左右。但是，和平不久國內再爆內戰，國民黨更出現兵敗如山倒之局，過去何家與國民黨關係緊密，傅秉常、伍繼先等更在國民黨內居一定要職，國民黨敗北，自然影響何永乾等人對前景的看法與綢繆。

綜合各項資料看，在辦完黎玉卿的喪葬事宜後，何永乾決定將中華貿易有限公司和英商鴻發有限公司的註冊地一同於 1946 年 10 月由上海轉到香港，顯示他有意把生意重心轉回香港（H. Lee & Co. Ltd., 1952; China United Import & Export Co. Ltd., 1952）。但是，從日後發展狀況看，這次註冊地的變更，看來既沒真正落實，生意似乎亦出現重大變數。

眾所周知，抗日勝利不久，上海出現一段短時期的繁華，主要是經歷多年抗戰的重建初期，市場對各種物資需求巨大，舶來品價錢節節上揚，中華貿易有限公司和英商鴻發有限公司的貨品相信亦水漲船高，獲利豐厚。然而，這段光景維持了不久，便因國民黨和共產黨矛盾加劇，並在 1947 年再次爆發戰事，迅即扭轉了市場格局，何永乾的生意經營可能出現逆轉及倒退。在 1947 至 1950 年間，兩家公司均未按規定向香港的公司註冊處提交「周年申報」（Annual Return）。為此，該處曾多次致函追問催促，但一直沒得到音信與回應（H. Lee & Co. Ltd., 1952; China United Import & Export Co. Ltd., 1952）。正因如此，港英政府乃根據公司法例規定，於 1952 年初宣佈將之解散，並移除其在政府註冊登記的法律地位（*South China*

Morning Post, 1 March 1952）。

當然，就算經營上並不很差，但當共產黨迅速打敗國民黨，取得中華大地領導權，建立中華人民共和國，實行社會主義後，何永乾家族與其兩家公司的財政與經營，必然亦和無數資本家或是那些與洋人有緊密聯繫者般，走上了困境。面對前所未見的挑戰，尤其在 1951 年新政府推出「公私合營」政策後，香港仍是英國殖民地，得保和平，又仍然實行資本主義，促使屬於英籍身份的何永乾及其家族成員們，再次轉移生活與事業舞台，惟這次他們應是在十分倉促的環境下收拾細軟，重返香港。

相對於大約 30 年前他們由港轉滬時，主要考慮點是上海有那些有助他們生活和發展的優點與機會，香港反而陷於困窘，權衡輕重較為容易。但是，在五十年代初那個十分緊迫的時刻，他們只能評估若然繼續留在上海，將會面對哪種威脅，冒上哪些風險與困難。由於他們本身來自香港，對香港既熟識，又仍有一定的社會資本及基礎，那時選擇重返香港，暫避風頭，自屬十分自然之舉，所以有了關鍵時刻的收拾細軟，帶同一家老少重返香港。

當然，在那個年代或時刻，要何永乾及何永元兩兄弟放棄他們人生黃金歲月時在上海所建立的一切，自然是既艱難又不忍。儘管他們最終決定放棄，離開上海，或許是抱着一絲希望想東山再起、重建基業，惟不可不承認的現實是，那時他們已年近甲子，體力與精神均大不如前，所以只能把希望寄託到他們的下一代身上了。至於何鴻威及伍繼先等日後確實繼承了這方面的事業，在香港延續了那份生意和事業，並曾發出光亮，但這是後話，且在另一章中再作深入討論。

結語

香港和上海可說是中國近代史上一時瑜亮的兩個兄弟城市，不但在鴉片戰爭後率先闢為商埠，走向現代化，亦因招徠四方客發展成為華洋混雜、東西薈萃的大都會，無數華洋家族更曾在這兩個地方建基立業，書寫傳奇。回頭看，伍廷芳和何妙齡在十九世紀八十年代把人生舞台由香港轉到中華大地後，便開始立足上海，之後陸續吸引家族親屬跟隨，如曾篤恭和何晚貴、伍朝樞和何寶芳、何永乾和馬淑德，乃至於黎玉卿和一眾子女等均先後由港轉滬，揭示在某個層面上他們覺得上海更有利他們生活和發展事業，結果其實亦證明他們眼光準確。

可是抗戰勝利後，中華大地政治生態與形勢出現急速轉變，共產黨以小勝大地打敗了國民黨，取得天下，震驚世界。新中國實施社會主義，令上海的發展路向與仍然為英國殖民地且繼續實行資本主義的香港之間有了很大不同，何永乾及不少家族成員被迫放棄經營了近 30 年的上海產業、生意及人脈關係等資本，回到香港這個原點，重過新生活，亦重新思考發展方向。

第十章　女中英豪

何中中的一生奉獻教育

引言

對於偉大人物而言，指點江山、建基立業，或是言古人所不能、創前人所未有，自然乃人生事業的最亮麗名牌。但是，對於一般人而言，人生苦短，能夠在一事一業上做出一點成績，獲得社會認同，實在已十分難能可貴，值得慶幸，更不用說能夠取得成績者乃一直在父權社會被限制於家庭私領域之中，過去甚至連接受教育亦不容許的一介女流。

在之前各章中，儘管曾談及何氏家族的女性——何黎氏、何妙齡、雅麗氏、何晚貴，甚至何寶芳等，但畢竟只屬「配角」，居於幕後，她們的人生亦只能依靠她們丈夫，沒有踏足社會，憑一己之力幹出一番事業。本章聚焦的人物何中中，她一生獻身教育——尤其過去缺乏或不受重視的女子教育，在推動普及教育與提倡男女平等方面貢獻巨大。惟她一生保持單身，讓人覺得她似為事業而放棄了組織自己的家庭，此點明顯揭示了女性要和男性般建立個人事業的巨大犧牲：婚姻家庭與個人事業不能兼得，只能選取其一，何中中選擇了後者，並窮一生之力以證明女性並非只能依靠在男性身旁的弱者，而她畢生奮鬥的成績則深得社會的認同和讚許。

成長與求學曲折經歷

正如第七章中談及，何中中父親是何高俊，母親為馬仲英，她於 1906 年在香港出生，在她之上有兩兄何法中和何建中，在她之下有兩妹何育中和何尾中，[1] 居中的她本來可以兄妹兼得。但不幸兩兄早逝，她變成長姐，有了更大的責任照顧兩妹，甚至要調停父母的紛爭與矛盾。更讓人不解的是，何福堂家族西化程度較時人強，按道理本來應是較接受女子受教育和男女平等的觀念。但有分析指何高俊仍有濃烈的重男輕女思想，令何中中與兩妹在成長過程中吃了不少苦頭（張慕貞，2005），因此相信又磨練了她堅韌不拔的鬥心，不在困難面前屈服。

1910 年，何家長子何法中於七歲時夭折，那年何中中只有四歲。可能在喪子的打擊下令何高俊夫婦無法再相敬如賓，雙方勃谿日增，最終感情與婚姻亮起紅燈，之後分居收場，而何高俊則另納郭頌文為妾，何中中等兄弟姐妹應該是跟隨父親生活，並由郭氏照顧日常起居。不過何中中姐妹似乎與郭氏關係欠佳，童年生活並不愉快。有研究這樣介紹：

> 童年生活其實並不算愉快⋯⋯親眼看見父母的感情不協調，又目睹長兄、二兄的早逝，心靈上缺乏至溫馨貼身的母愛，父親又醫務纏身，在家駐足不多。身為女孩子，雖說是長女，但在家中除了接受繼母的訓誨，幫忙家務，練習針黹女紅，與妹妹為伍之外，她的天地便只有家居或自己的睡牀而已。（張慕貞，2005：22）

1　有說法指何中中還有一名妹妹何慧中，她「為歌劇聲樂手」（張慕貞，2005：21），惟因何慧中的名字沒有出現在何高俊訃聞中，加上缺乏這方面的資料，未能確認，故不包括在內。

及至何中中年紀稍長，到達適學年齡時，她進入了父親有份創立的體育學校讀書（唐仁等，2005）。其兄何建中及兩名胞妹，相信亦在父親安排下，先後進入這所學校讀書。如前章所述，這所學校位於荷李活道，專為「供黨人子弟就讀」的，何中中入讀時剛成立不久，規模有限，設施簡陋，並非一間正式或有名氣的學校。而且，這所學校表面上是一所普通義學，但成立的真正目的是為革命活動作掩護。

當然，相對於當時女童失學情況嚴重，何中中姐妹能進入學校讀書已屬少數的幸運兒。但以何福堂家族的背景，何高俊又算是當時名醫，他絕對有能力安排子女進入更正規及更優良的學校就讀，[2]而他卻將獨子及女兒送入一所專為不識字的貧苦大眾而設的義學，不知他的盤算是希望為體育學校增加收生以便更好掩護他的革命事業，還是單純的求方便或心不在焉，但無論如何，都反映他對子女教育的不甚重視。

但對何中中而言，能夠接受教育畢竟比留在家中接受繼母訓誨或幫忙家務好，而且據她憶述，那家學校的教育水平與學習情況並不太差。她這樣說：「記得當日的教學法仍用舊式講解，學生是要背書的，但沒有夜課，老師講解生動，程度也頗不差」（唐仁等，2005：47）。顯然，何中中應該相當喜歡自己的學校生活，也享受讀書識字、追求知識的過程。可惜，在 1918 年 12 歲的何中中小學畢業

2 可參考伍朝樞諸女兒（伍艷莊、伍礪瓊、伍礪瑜）的教育，她們年齡相若，當年均在著名女校——聖士提反女子學校——求學（見第八章）。

時，本應繼續升讀中學的她卻被迫停學了，原因相信是出生後健康一直欠佳的二兄何建中患病，父母要她留在家中幫忙照料（張慕貞，2005）。

雖然停學在家並要照顧病人，但何中中卻不忘學習，她一有空閒即會閱讀報刊雜誌，以吸取新知識，並緊貼當時社會發展及新生事物的變遷（張慕貞，2005）。可以想像，年紀輕輕的何中中已十分懂事，雖然無法上學，仍清楚地認識到汲取知識的重要性，故自覺主動地學習，不會藉口偷懶。相對今日活在物質充裕社會、教育機會泛濫的同齡孩子，她的自律與毅力自然是極為難得。因此，何中中雖停學在家照料兄長，也不知何時、甚至有沒有機會重返校園，但她並沒停止學習，所以能夠不斷進步，沒有落後太多。

雖說何中中懂事，但這樣的「懂事」始終是被家庭環境催逼出來，在本應無憂無慮的童年承擔着過重的責任，自然地會影響到她與兄妹們的心智和成長。這也解釋了出生於世家大族，既有一個名聲顯赫的曾祖父，親屬更在中國及香港政壇叱吒風雲，父親亦屬名醫，理應該感到驕傲的她卻不喜歡提及自己的家族背景。就算日後她有所成時別人問及，她也不願多說，如某次她在接受自己學生訪問亦多加迴避：「我個人的事也沒有甚麼值得談的，還是談談學校的事吧」（唐仁等，2005：47）。另一方面，她的外甥劉安信曾說：「在我本人的角度看，我親愛姨母的個人生活是十分十分私人的」（Lau Lin, 2005: 32）。背後原因，看來與她童年成長並不愉快，亦甚少獲得家族親屬照料與關懷有關。

到了 1920 年，即何中中年過 14 歲時，情況終有轉變。可能兄長病情在她父親醫治和她本人悉心照料下好轉，或父親察覺不能再將她困在家中空轉、浪費寶貴的學習時間，故同意讓她重返校園，並入讀了英華女校的「師範班」，英華女校的校舍當時仍在般含道，且屬一間寄宿學校。她之所以入讀這所學校的師範班，不清楚是她自己的志願還是父親的安排，但相信她那時已有投身教育想法的雛型，而且寄宿生活讓她與家人不需要朝夕相對，拉遠了一點距離，令她可以在充滿抑壓的家庭環境中喘一口氣。

求學期間，何中中據說是因為該校校長樂慕潔（M. M. Hogben）的一番話，令她深受啟發，而源於不愉快童年生活而產生的負面情緒，亦轉為積極的正能量，她更因此立意要獻身教育。自從有了這個明確的目標，她更加發奮，每天努力學習，期望自己能成為校長口中「更有價值」的人。她這樣說：

> **我從事教育的決心，雖然發軔於小學五年級所寫的一篇〈教育救國論〉的作文，當時只激動童心為國努力的興趣。而加強信念，則在得一位獻身教育的良師贈。她說：「世界沒有別種事工比培養人格，培養靈性更重要，更為有價值」。她就是基督教英華女校的樂慕潔校長，我反覆思想，體驗，真到五十六年後的今天，對這句話仍有絕對同感。（何中中，2005：92）。**

初中畢業後（約 1923 年），她獲校方挽留，到小學部任教。不過，其父不同意，原因又是為了照顧家人。她這樣解釋：「那時哥哥患急症病死，祖母又病，我就停學在家助護哥哥和祖母並做點家務，自己繼續自修」（唐仁等，2005：47）。這裏所說的「哥哥患急症病去世」，相信是指 1924 年何建中「溺斃於寓」一事（張慕貞，

2005：21）。何家再一次失去兒子，自然十分傷痛，何老太太可能更因此打擊而病起來，需要人長期在病榻前侍候，責任再一次落在何中中身上，[3] 所以她只好再次放棄學業留在家中了。但充滿求學意志的她堅持「自己繼續自修」。從何中中兩次被迫放棄學業的遭遇，其實反映其家庭內部的矛盾和困難，以及父親輕忽她的人生或前途。而且，每當家庭出現狀況，便理所當然要她為家人犧牲，顯示其父也抱持女子讀書多寡並不太重要等重男輕女的觀念。

由是觀之，初中畢業後的一段不短時間內，何中中應該一直留在家中照料祖母。直至 1928 年，相信久病的祖母去世後，她才轉到廣州入讀白鶴洞真光學校繼續學業。為何她會突然選擇一間遠在千里之外的學校而不留在香港讀書？對於這個轉折，她在訪問時這樣說：「一九二八年有朋友自廣州來，[4] 談及廣州真光辦得好，那年秋天我就往廣州就讀」（唐仁等，2005：47）。話雖如此，她寧可一個人獨自到廣州生活及求學也不留在香港，相信不多不少是因為她想早點獨立，減少原生家庭對她的影響或控制。

中學求學階段無疑乃不少人最為嚮往懷念的歲月，思想早熟的何中中相信倍加珍惜求學的機會，哪怕一人身處異地，沒有父母在旁督促，她仍用心努力讀書，成績一直名列前茅。1930 年，她高

3　本來照顧何老太的責任應由媳婦馬仲英或妾室郭氏負責，但自 1910 年末夫妻感情生變，兩人雖沒離婚，馬氏應已搬離何家。至於郭氏也置身事外的原因雖不清楚，但這不符常理的做法似反映家中應有不少事端或鬥爭。

4　這位朋友，據說是何高俊的醫生好友爾核雲的太太爾廖勵謙，她是真光校祖那夏理（Harriet Noyes）的學生（張慕貞，2005：24）。

何博士存

香港私立真光中學

獎★狀

查本校附小四年級　班

學生鄭家玉

於一九四九年度第一學期

品學成績進步

特給獎狀以資獎勵

此狀

校長何中中

公元一九五零年一月廿五日

1949 年，私立真光中學校長何中中發給學生鄭家玉（何東外孫女、何艾齡之女）的嘉許證書。

中畢業並考入嶺南大學，入讀她心儀的教育系。順帶一提，在嶺南大學期間，何中中的其中一位老師，竟然是香港首富何東之女何艾齡，二人因此結識，稍後更有緣共事。她很可能亦和何東另一女兒何孝姿成為同學，因為何孝姿當時同樣在嶺南大學就讀。不過據說她那時並不很用功，並因為混血兒的外貌常受歧視和排擠（鄭宏泰、黃紹倫，2010）。

投身教育的不凡遭遇

經歷四年起早摸黑、廢寢忘餐的努力，並在教育界甚有名望的何蔭棠老師指導下，何中中完成了學士學位論文。至 1934 年，何中中大學畢業，那時，何蔭棠轉任真光女子中學校長，由於何中中成績突出又有教育熱情，何蔭棠遂邀請或游說她到真光任教。故她一踏出大學校門，便進入了廣州真光中學的校門，回到母校執起教鞭，如其所願地當起老師來。她誨人不倦，一做便是一生，至死方休，乃徹頭徹尾的獻身教育。

對於投身教育，何中中的確表現了一條心，不但立志堅定，亦始終如一。在真光中學任教約一年後，她獲擢升為教務主任，代表校方甚為欣賞她的表現。但她卻沒因此自滿，覺得自己教學上仍有很多不足之處，故希望能繼續學習進修，豐富自己的學識及提升專業技能。至 1935 年，當她獲位於紐約的哥倫比亞大學師範學院取錄時，她即毅然放下教鞭，動身赴美，進入這家甚有名氣的師範學院攻讀中學教育行政碩士課程。

相對於本科時期，一來已有教學的經驗，對課堂教學有了實質體會，二來那時她已 30 歲，到了而立之年，不再是青春少艾，所以無論在知識吸收與融會貫通，甚至是思考問題時，均會更為全面，亦更有深度，這都有助她學以致用，可以將書本中學習到的知識，更好地運用到教學及管理上（張慕貞，2005）。在那個資源匱乏、教育並不普及的年代，能獲讀書的機會多數人總會特別珍惜。何中中雖已有本科學位，但對於能夠到美國深造，攻讀自己心儀的學科，自然更分外用功，挑燈夜讀、廢寢忘餐基本上已是「平常事」。她之所以如此「拼搏」，相信除了她內心那股對教育的熱情，渴望能多汲取現代知識貢獻在教育外，還應有那一股不想給人看扁的傲氣。

經過近兩年的辛勤學習，何中中在 1937 年完成了深造課程，並在取得碩士學位後立即動身，乘坐輪船返華。當時她自當躊躇滿志，期盼可把所學所長貢獻社會，提升中國的教學質素，讓更多國人可擺脫文盲，有接受教育讀書識字的機會。很可惜，當她重踏國土時，卻碰上日軍侵華，無數家庭流離失所。當人的生命也可在旦夕間失去，自然無暇兼顧子女教育了。

回到中國的何中中，原來應打算重返廣州真光中學任教。但那時的真光中學，卻因應日軍威脅逼近，校長何蔭棠在與校董會商議後，決定將真光遷往香港以避日軍侵擾，繼續辦學，並於 1935 年已率先把小學部由廣州遷到香港。真光遷港初期，校址選在何高俊早年創立的鐵崗「體育學校」之內，這一安排不難讓人覺得與其時已身在美國的何中中有一定關連。當然，這段時間並不維持太長，因為租借「體育學校」無疑屬於過渡期安排而已。到一切安頓下來後，學校決定轉到環境較好的司徒拔道肇輝台校舍。雖有這個意外轉折，但何中中自小在香港成長，對香港並不陌生，當然樂意跟隨何校長由廣州轉到香港，繼續其授業解惑之職。

重回香港的何中中，工作之餘，自然有了更多時間與家人聚首，不再是孤身一人了。如一張應是攝於 1937 年的照片，可見何中中出席家族喜慶活動時與家人親友的合照。按照片說明，出席者除何中中三姐妹，還有何高俊、何高俊太太（看來是郭頌文，不是馬仲英）、爾核雲、爾核雲太太（廖勵謙）、何永元、何淑英、何三姑、劉美恩、何樂中、何祿中、何慎中、何銘中，以及何育中的一眾子女劉心信、劉篤信、劉福信、劉安信等（梁文儀，2005：33）。至於何高俊與爾核雲及其太太廖勵謙的深厚關係，則進一步揭示了彼此與真光中學的淵源。

順帶一提，在何中中往廣州求學不久的 1929 年，只有 22 歲的二妹何育中便下嫁來自商人家族的劉美恩，夫婦婚後誕下十多名子女，何育中亦成了全職家庭主婦，留在家中照顧家人。至於一直跟隨何中中腳步的三妹何尾中，亦曾在廣州真光女子中學唸書，之後以突出成績升讀南京金陵女子大學。可惜，她在大學之時碰到日軍侵華，被迫離開南京返回香港，並曾「在大埔墟從事養鴿種植」（《華僑日報》，1974 年 9 月 13 日）。所以曾經一度各奔前程的姐妹，又在香港聚頭，才有了上述提及的合照，留下美好記憶。

但到了 1941 年 12 月，當日軍把槍口對準香港，揮軍向香港發起猛烈侵略之時。由於英國不堪一擊，香港瞬間陷落，何中中、兩名妹妹，以及二妹的孩子們，乃被迫走難到廣州灣，在四周烽火連天的歲月中渡過一段走難的非常艱苦歲月。據劉全信回憶，香港淪陷後，「中中、尾中兩姨母及她們的兩位好友，為了逃避中日戰爭，便帶了我家八位兄姊，逃難到廣州灣，我爸媽則帶了三哥四哥留在廣州。我們在廣州灣一住就三年半，何中中及她兩位好友，在培才中學教書以幫補生活需要，何尾中就留在家中看顧幾位年紀較輕的弟妹。她們的生命，就放在我家八口身上」（劉全信，2005：30）。

相對於何高俊留港，何家三姐妹卻選擇返回內地以躲避殘暴的日軍。她們兵分兩路，劉美恩與何育中待在廣州、何中中等則逃往

1945 年，何中中與家人合照。（鳴謝：香港真光中學）

廣州灣——即今日的湛江。避難廣州灣期間，何中中與友人曾在當地的私立學校培才中學工作，她們既要教書，亦有負責其他校務，與此同時，兩姐妹還要照料何育中多名年幼子女。在那個兵荒馬亂的年代，三姐妹守望相助、彼此扶持照顧，共同「捱」過那段人生中最苦難的歲月。

重見和平的事業突破

經歷一段黑暗日子後，到了 1945 年 8 月 15 日，最終迎來勝利，日軍宣佈無條件投降。何中中與妹妹以及朋友亦離開廣州灣，於 1946 年初返回香港。能逃過無情戰火，何氏姐妹自然期待在這個百廢待興的地方展開新生活。何中中重回教育專業，將深造所學的教育知識和理論赴諸實踐，推動香港的教育發展。至於何育中回港後繼續在家中撫育子女，何尾中則到了「廣州善後救濟總署」工作，直至 1949 年中國大陸政權再次變易，才重回香港，與胞姐重聚，並在何中中邀請下加入真光中學，成為老師，與胞姐並肩作戰，作育英才（《華僑日報》，1974 年 9 月 13 日）。

回到香港後，何中中重投真光學校的懷抱。初時，她獲聘為位於堅道 75 號真光分校小學部校長，復校之初已收有 411 名學生，教師亦有 22 位，在那個時刻而言，算是相當具規模。由於人口不斷湧入，加上戰時無數孩童失學，光復後對學位需求甚殷，到真光叩門申請入學者絡繹不絕，原先的校舍及設施已不足以應付需求，辦學團體決定投入更多資源辦學，於 1947 年籌辦了中學部，並因需增添更多教學設施進行募捐。事實上，相對學生不斷增加，堅道校舍細小的問題更為突顯，無論如何增撥資源均難以應對慕名而來的叩門者，故擴建校舍成為刻不容緩之事，於是，學校乃向殖民地政府提出撥地興建校舍的申請（《真光百周年紀念特刊》，1972：16）。

據何中中本人憶述，某日她突然收到時任教育司署長毛勤（L. G. Morgan）的電話，與她討論真光校方向政府申請土地在大坑道興建校舍一事，並表示政府原則上同意批出面積達四萬平方英呎的地皮，但想先了解辦學團體是否「吃得下」（會否接受得來）。收到這個令人喜出望外的消息，何中中不假思索，在未諮詢校董會之下一口答應。她的眼光和這個具膽色的舉動，為真光中學日後的發展奠下極重要基礎（唐仁等，2005：48）。

早年政府批地予辦學團體興建學校的政策，很多時都是綿裏藏針，一石二鳥。表達上是無償將地皮交予團體支持辦學，但往往附有條件。例如要求辦學團體自行平整地盤，弄好山坡，然後投入建設。香港島山多平地少，要整理山坡、降低山泥傾瀉的風險是大工程，而政府藉此節省資源，將整理危險山坡工程轉嫁民間。其次投入資本興建校舍，既可促進經濟，亦能帶動就業。[5] 與此同時，還能提升本地教育水平，特別當時社會缺乏的女子教育。即是說，殖民地政府那時的大方慷慨，對真光批出較他們原先要求更多的地皮，實非因特別支持教育，或是欣賞及偏重好何中中，而是本身另有政策計算。

何中中接下來更艱辛的工作與挑戰，自然是在前景和經濟十分低迷的環境下，籌募足夠資金，用於平整地皮，興建校舍、添置教育設施。為此，已經年屆 45 歲且在教育界已闖出名堂的何中中，全力四出奔走向善長仁翁募捐。相信一方面是家族具有雄厚宗教資本，二來不少親屬朋友的財力及影響力雄厚，加上父親何高俊及何中中的名聲與信譽，[6] 籌募經費的行動很快達標，故學校能在獲得地皮後迅速展開各種籌建工作。

對於何中中帶領真光學校開天闢地，創建校舍，推動教育的過程，張慕貞有如下概括介紹：

---

5 受新中國成立後「冷戰」興起所影響，當時香港經濟與人心均十分低迷，不久更爆發韓戰及貿易禁運，殖民地政府需要民間投入資金刺激經濟，帶動就業。

6 何高俊在醫學界名望很高，1949 年底獲大英皇室頒授 OBE（官佐勳章）頭銜，在殖民地政府與社會中自然屬於有名望及有地位的人（詳見第七章）。

> 在排除萬難下，一九五一年於現址大坑道校門旁建第一坪兩層石屋作中學課室，一九五二年加建五間課室及一層平房，一九五三年完成高中各級的擴充工作。一九五四年復獲政府撥送毗連地段七萬八千呎（平方英呎），校長著手擴建中小學校舍的事項，不單組成「建築委員會」，釐訂長期擴建校舍計劃和分期事工，更成立了「擴校籌募委員會」，開始在港內和海外發動捐款。（張慕貞，2005：25）

正如前述，五十年代初實乃香港經濟與社會轉變過程中的嚴峻時期，「貿易禁運」令香港過去高度依賴的轉口貿易戛然而止，當時經濟低迷，失業人數飆升，人浮於事，無數新移民與逃難的資本家開始嘗試在香港進行工業生產，因此開始走向工業化之路。但社會及經濟畢竟必須注入發展動力，才能扭轉當時經濟困局，何中中在那個關鍵時刻投入大量精力於興建校舍，推動女子教育，自然深得殖民地政府欣賞。結果，大英皇室於 1955 年 1 月 1 日宣佈授予何中中 MBE（員佐勳章）頭銜，以示獎勵（《工商日報》，1955 年 1 月 1 日及 10 日）。為此，無論真光中學上下，或是何中中的親屬朋友，均齊聲向她表示祝賀，覺得與有榮焉，更令快速發展中的真光學校一片喜慶。

可惜的是，在何中中獲得 MBE 那年，單身多年且一直在真光任教的妹妹何尾中，卻確診患頑疾腰髓病，自此之後要「臥床十九年」，受盡病魔折磨。雖則如此，何尾中仍堅持追求知識，不斷學習，其頑強鬥志與不屈不撓的求學之心令不少人感動（《華僑日報》，1974 年 9 月 13 日）。對於妹妹在頑疾面前堅強面對，何中中不但時刻給予支持，亦照顧有加，另一方面則殫智竭力地帶領真光中學繼續發展，不斷取得好成績，因此令學校的教育水平、學生表現等持續提升，真光學校成為質素保證，獲得家長和社會稱許。

就以校舍和設施的不斷改善為例，何中中曾領導管理層爭取擴建，其中 1955 年真光第二小學校舍的建成，1957 年又在該校舍增設臨時雨操場，以及重建堅道舊校舍等，則是一些例子。至於 1958 至 1964 年間真光中學增加了包括圖書館、實驗室、學生宿舍、禮堂、語言室、體育館及職業訓練部門等設施，令真光中學有了更好的教育條件，亦有她的努力與汗水（張慕貞，2005：25）。當何中中全心全意投入推動真光中學發展的六十年代，何育中與丈夫劉美恩則帶同 14 名子女舉家移民北美，展開新的生活。三姐妹雖然因此天各一方，日常見面少了，但聯繫則沒有中斷。

細看何中中領導真光中學期間做出亮麗好成績的要點，其實不單是硬件上的不斷更新及增加，她在軟件方面的建樹，其實亦頗為顯著，獲得肯定，其中尤以如下三方面最受社會稱頌和重視：

一、以開明態度管理學校，與師生有商有量有充分溝通。無論是對學生儀表、服飾選取等，她都會採取廣納民意的管理方法，多與師生溝通，尋找或建立共識。

當然，在那個講究尊師重道的年代，溝通的模式畢竟只屬單向的，但還是表現了她開放的胸懷。

二、強調中英並重，增強學生競爭力。雖然真光學校是一所中文中學，重點放在中文教育，但學生生活在英國殖民地的香港社會，畢業後要找好工作需要優秀的英文能力，故掌握英文幾乎被視為謀生的重中之重。何中中認同英文的重要性，這可能亦與她的家族背景有關，所以亦在課程中加入大量英文課，鼓勵學生讀好英文，所以教育出不少中英文俱佳的真光學生。

三、重視學生德育品格，不片面追求學業成績。在重商主義的香港，金錢掛帥成為鐵律，為了「搵快錢」，甚至滋生了不擇手段的歪風。何中中堅守教育原則，以培養學生有正直積極價值觀、建立良好品格為己任，以身作則之餘亦時刻要求師生們緊守正道，令真光中學的學生成為具有良好品格的保證，不但僱主樂於聘用，普羅社會亦給予很高評價。

何中中能在戰後一窮二白十分艱苦的環境中帶領辦學團體不斷取得突破，尤其能充分運用所學的教育理論和知識於辦學教學之中，讓學生既能學習現代知識，亦能培養良好品格，成就獲得教育界及社會的稱頌，所以自五十年代起，她時常會收到其他學校或社會不同團體的邀請，希望她能分享成功經驗和秘訣。在時間及工作許可下，她亦有求必應，大方將個人辦學理念和心得與社會共享。因此，她的知名度不斷提升，成為當時教育界一位極知名人士（《華僑日報》，1956 年 5 月 8 日、7 月 18 日及 11 月 12 日）。

光榮退休仍工作不斷

進入 1974 年，自 1934 年踏出嶺南大學校門，便立即踏進真光學校校門執教的何中中，在教育界服務了 40 年，她本人亦年過 68 歲，已遠超過一般校長教師的退休年齡。事實上，她早已多次向辦學團體請辭，要求退休，只是當時的董事會認為她身體健康，多番作出挽留，所以她才在校長的領導位置上「再坐一會」。但是，到了 1974 年時，她堅決提出辭職，董事亦只好尊重她的決定，故何中中終可於該年 7 月榮休了（《華僑日報》，1974 年 7 月 11 日）。

其實，除了因年紀漸大，體力精神要應付學校繁重的工作日感吃力外，令一直熱愛工作的何中中決意退休，相信與患病卧床多年的妹妹何尾中，在 1974 年初又確診患上乳癌有關。雖然她曾安排妹妹在養和醫院做手術，但似乎未能徹底擊退癌魔。眼見與自己相依為命多年的妹妹身體情況日差，何中中難過之餘，亦強化她決定退休的念頭，因為到了那個人生階段，她對生命的看法或者有了另一層次的深刻體會。

毫無疑問，對於何中中而言，1974 年絕對是一個悲喜交集、令她難忘的一年。一方面她成功申請退休，可以好好策劃如何善用餘下的人生；但另一方面是何尾中患上致命癌症，更於 9 月 11 日不敵癌症離世，享年 65 歲（《華僑日報》，1974 年 9 月 13 日）。兩姐妹由戰亂時期互相扶持，至和平後一齊共事，加上兩人同樣獨身未婚，感情自然格外親厚，故妹妹之死令她傷心不已，久久不能釋懷。

然而，何中中尚未走出喪妹之痛時，卻有一個喜訊傳來：基於她一生為香港教育作出的重大貢獻，香港大學決定頒贈她榮譽博士學位，這是十分崇高的讚美，也比任何勳章更能肯定她一生成就，加上她乃當時少數能夠獲得這一榮譽的婦女，故何中中應感到十分榮幸。而且，她的內心應該很清楚，那份榮譽不只是表揚她個人的

1975 年何中中榮獲港大頒發榮譽博士學位。（鳴謝：香港真光中學）

努力，更代表女子教育在香港取得的突破，並已獲社會的肯定，故她當然十分樂意接受這項殊榮。

就在 1974 年年底，在香港大學典雅莊嚴的陸佑堂內，何中中獲香港大學榮譽博士頭銜，成為何福堂家族首位獲得此榮譽的女性。在典禮中同時獲此榮譽的，還包括著名航運巨商包玉剛、行政及立法兩局議員司徒惠等人（《華僑日報》，1974 年 12 月 24 日；1975 年 3 月 11 日）。何中中更被挑選為獲頒榮譽博士學位者代表，在儀式上致謝辭。她發言時先謙稱自己是受之有愧，不如其他獲授學位者實至名歸，又提及其父何高俊與香港大學的淵源。致辭重點則是她的專長——教育在社會的作用，以及教育在回應當時社會現象時該充當何種角色。至於她心目中的教育，不只是知識傳授、思想啟發，更有品格培養與道德灌輸，此觀點亦獲學界及社會的認同（Ho, 1975）。

自何中中獲得榮譽博士學位後，請她出席演講分享心得的邀約更是紛至沓來。但她畢竟已年屆古稀，顯然希望將精力及時間集中用在她更在意的地方，故大多數邀請都藉詞婉拒了。然後，在 1976 年，她移民到加拿大溫哥華，在異地重新規劃她的新生活。不過，在正式移居溫哥華前，她仍不忘為真光及香港教育界努力，走遍世界角落，與不少真光舊生聚首，爭取她們回饋母校，貢獻香港。

在溫哥華定居下來後，何中中擺脫了繁重的工作擔子，空閒時或許也會蒔花弄草、悠閒閱讀。在一封於 1978 年 11 月 18 日寫給一名校友的信函中，何中中這樣介紹退休後生活的點滴：

> 我自己沒有車，但出入常有親友來接送，我住近巴士站，我自己搭巴士亦方便，車費本 $50，但老人只收 $15，不過費時間多些，我現在有的是時間，絕無問題。鄰居是一位親戚，時相關照。我妹與妹丈常有來往，每日通電話……日常飲食，早餐麵包、咖啡如前，午間仍吃麵包，有些肉和菜或麵食，晚間食飯送兩味，一肉（雞、牛肉或豬肉），一菜，這裏人習慣每天只吃一次飯，人人都忙，要自己煮，簡單便算了。（何中中，2005：137）

不過，雖然何中中的腳步慢了下來，但一直心繫教育的她其實是退而不休，沒有放棄她的志向，只是換了地點、轉了身份而已。於 1978 年，她在當地創立了真光中文學校，並出任校董會主席和校監，顯然她到達溫哥華後不久，便開始東奔西走，為籌備新校而努力，目標自然是希望繼續推動教育，弘揚中國文化。可惜，就在她為興建校舍、添置教學設施和招收學生開展教育工作而忙碌時，卻

1975 年，温哥華真光校友會與何中中合照。（鳴謝：香港真光中學）

1976 年，何中中在温哥華與陳簡卿老師家居生活照。（鳴謝：香港真光中學）

1976 年，何中中在温哥華與四妹何育中合照。（鳴謝：香港真光中學）

何中中文集封面。

在 1979 年 7 月確診患上肺癌。接受治療期間，她不得不放下手頭工作，並在醫生囑咐下改變生活節奏，但為時已晚，不久病情急劇惡化，在 1979 年 9 月 15 日，她於温哥華聖約瑟醫院去世，享年 74 歲（《華僑日報》，1979 年 9 月 18 日；梁文儀，2005）。

對於何中中在温哥華溘然離世，一眾海內外真光學校新舊師生十分悲傷，親屬朋友及社會大眾亦感哀痛。真光學校和她所屬教會，隨後為何中中舉辦了莊嚴而盛大的喪禮與追思會，其遺體葬於加拿大温哥華山景墓園，與妹妹何尾中及好友陳簡卿作伴（華僑日報》，1979 年 9 月 18 日；梁文儀，2005）。

作為對何中中一生在教育事業上貢獻的肯定和稱頌，在她去世大約四分一世紀，也是接近她百歲冥壽之時的 2005 年，真光學校為她出版了《留芳頌》的紀念冊，以及她一生文章的結集——《何中中文集》，以一種與別不同卻有更有意義的方式向她表達敬意與思念，相信能代表後人給予何中中最為崇敬，亦最讓人感動的謝意。

結語

何中中事業取得令人欣羡的成就，卻終身維持單身，沒有組織家庭養兒育女，在華人社會而言，畢竟算是留有遺憾。這讓人想起現時身陷囹圄的南韓前總統朴槿惠，她在競選總統時講過的一句令人難以忘懷的話：「我沒有父母，沒有丈夫，沒有子女（因此被稱「三無女人」），國家是我唯一希望服務的對象。」毫無疑問，朴氏的表白之所以觸動人心，一方面與她家族悲壯非凡的遭遇有關，但另一方面則折射出女性在男性主導社會要登上顛峰，不但要嚐盡甜酸苦辣，所走過的路更較男性曲折坎坷。「三無女人」這稱號的背後，不難讓人感受到女姓為了追求人生理想，往往要作出犧牲婚姻、放棄家庭的抉擇。

毋庸置疑，在傳統中國社會，受「女子三步不出閨門」、「女子無才便是德」或女子須要恪守「三從四德」等封建禮教層層疊疊社會規範的制約，何中中童年時更曾遭遇父母重男輕女，犧牲其教育機會等種種讓她覺得憤憤不平的傷害，相信既是激發她努力讀書、不輸給男兒的鬥志，同時亦是她一生投身女子教育，希望下一代不會如她般再受不公平對待，更要打破有學者指「有史以來，婦女低人一等一直被看作自然事物，是無須解釋的，而男女又同時相信這種觀念，並當作文化一部分代代相傳」的父權社會桎梏（Robertson, 1987: 313-314）。何中中本人做到了，亦協助無數女子藉着獲得教育衝破了樊籬。

第十一章 一心從商

伍繼先與何鴻威等人的操奇計贏

引言

對那些既屬資本家或統治階層，有緊密西方關係與身份，又有西方宗教信仰背景的家族而言，抗日戰爭勝利不久，中華大地再次爆發內戰，國民黨兵敗如山倒，迅速被共產黨打敗，失去江山，被迫逃往台灣，無疑令他們大感意外。在倉促間，他們大多數與國軍一起撤離大陸，部分與國軍一起撤往台灣，而何福堂後代則選擇重回香港，希望在這個家族發跡的小島上重整旗鼓，再起爐灶。

當然，自何啟靠了革命軍那邊站，黎玉卿又在他去世後舉家移居上海，何氏家族在香港的政治聯結與社會關係接近完全斷裂，加上港英政府精英吸納的方式和準則已今非昔比，那時重回香港的何福堂家族成員，基本上已失去了往昔獨一無二的競爭優勢。由是之故，在四十年代末、五十年代初先後自滬返港的何福堂後代們，有些決定在香港長期安頓下來，有些還是覺得香港並非安全之地，隨後再移居他方。但他們都有一個共通點：將精力集中到開拓商業、經營生意操奇計贏，不再染指政治。其中何鴻威與伍繼先合夥創業，以及伍競仁和妻子移居美國，再在那裏經營餐館生意，皆是其中一些重要例子。

伍繼先與何鴻威的成長與經歷

在分析伍朝樞之子伍繼先與何永乾之子何鴻威兩位表兄弟合夥創業共闖商界之前，先簡單交代他們出生與成長的經歷。正如第八章中提及，於 1912 年廣州出生的伍繼先，成長與學習環境和其父親可謂十分相似，均曾在廣州、香港及美國等不同地方生活和接受教育，而且年紀輕輕便已踏遍世界不少地方，對不同文化與制度有一定認識，當然亦精通中英雙語。三十年代，踏出校門的伍繼先開始在上海工作，並加入國民黨成為黨員。初期，他曾任國民黨上海地區中央組織部執行委員，1938 年任該部副主任，後任上海社會福利局局長（*South China Morning Post,* 23 September 1930; 7 March 1938; 7 August 1949）。

單從這個事業起步的前進軌跡看，伍繼先原先的人生規劃應是如祖及父輩般走向政壇，參與政治。但父親伍朝樞於 1934 年突然身故，對他人生和仕途影響極大，儘管姑丈傅秉常等親屬在國民黨內仍有一定地位，但畢竟不會像其父親般為他全心操持照顧。雖然抗日初期伍繼先及其家族沒受甚麼致命影響，因為他們大多居於上海租界及香港，但到 1941 年底，當日軍擴大戰線，入侵上海、香港，甚至東南亞與珍珠島時，他們也因逃避戰亂而各自流離。

抗日勝利後，伍繼先應該與其他家人一樣，雖然主要生活及工作場所仍在上海，但亦經常在滬港兩邊走。國共兩黨再爆內戰後，國軍節節敗退，伍繼先在國民黨內的工作自然大受影響，家族擁有的股票及物業等財富不少也化為烏有。在共產黨正式建國前的 1949 年初，已年屆 37 歲的伍繼先結束單身生活，迎娶一位名叫洪慕潔的女子為妻，總算給家族帶來一點喜氣。兩夫妻日後誕下兩子（Lawrence 及 Christopher）兩女（Jane 及 Audrey），「好」字成雙（Obituary: Kai Sien Wu, 7 February 2009）。

相信在結婚前後，伍繼先帶同家人轉到香港生活。當時他的居所位於港島大坑道 28 號飛龍台 2 樓。四十年代末、五十年代初，香港政局外馳內張，他可能仍然對前景與去留持觀望態度，故一直休養生息未有太大動靜。直至五十年代中，他可能覺得重回政壇的希望不大，或不想再終日無所事事坐吃山空，故決定與表弟何鴻威一起創業。1956 年 12 月底，二人攜手創立了通隆貿易有限公司（H.W. Turning Co. Ltd.），代理及經銷新興現代家庭電器如相機、留聲機、擴音機、雪櫃等。

何鴻威為何永乾之子，正如第九章中提及，他約於 1920 年代在上海出生，中學時期回到香港，與伍繼先一樣在皇仁書院唸書，但大學時他則返回上海，入讀聖約翰大學（Choa, 2000: 34）。不過，連番戰爭不但影響了他的求學，當然亦衝擊其踏出校門後的事業發展。與伍繼先一樣，他應該也是在國共再爆內戰後回到香港。在 1948 年 11 月 12 日，他與一位名叫 Margaret Rita Lee 的女子在香港婚姻註冊署排期登記結婚，同月 27 日，二人正式結為夫婦。[1] 當時有報章曾報道他們結婚的消息，可能是他倆婚禮安排較伍繼先高調，亦反映家族的一舉一動仍受社會關注。婚後，何鴻威夫婦據說育有兩名子女，其中一子名叫 Steward，另一名字不詳。

婚後的何鴻威在一家名叫 The Scientific Service Co. 公司中工作，由於該公司位於中環亞力山大行（Alexandra House），屬甲級寫字樓

1 當時的見證人有 C. C. Kjellin 及 C. Riber，何鴻威的登記地址為九龍塘森麻實道七號，惟沒有報道父母何永乾及馬淑德，以及女方家人有否出席（*South China Morning Post,* 13 and 28 November 1948）。

區，反映公司應有一定實力及規模。到了 1955 年 3 月，《南華早報》刊登了啟示，指何鴻威與 The Scientific Service Co. 不再有任何僱傭關係（*South China Morning Post,* 2 March 1955）。顯然那時的何鴻威應該已下定決心闖蕩商界，走上創業之路。

另一點有趣的資料是，到 1956 年 10 月，伍繼先和何鴻威加入了「國際青年商會」（Junior Chamber of Commerce International），何鴻威更曾前往紐西蘭威靈頓，參加在當地舉行的國際年會（*South China Morning Post,* 28 and 31 October 1956）。由是觀之，二人應該早已為從商修橋鋪路，並建立了一定人脈與商業地位，否則以當時他們的公司尚未成立也不見規模，應該難以加入那個具國際地位的商業組織。兩個初出茅廬的年青人，在香港又沒有從商經驗，能夠快速打進商業圈子，當然依靠他們家族背景的助力了。

合夥搞生意的共闖商界

對於合夥創業，伍繼先與何鴻威似乎頗有分工或經營默契。簡單而言，伍繼先不但較何鴻威年長，在政壇也較有地位與名氣——因為伍廷芳和伍朝樞的政治力量，遠比何啟巨大。所以兩人合夥創業時，主要由伍繼先擔任主席，何鴻威則出任董事總經理之職，負責管理及經營實務。即是說，伍繼先擔當名義上的領導，實質業務發展和開拓則由何鴻威負責。

公司註冊署的資料顯示，通隆貿易有限公司於 1956 年 12 月 27 日向公司註冊署登記註冊，當時公司只有兩位股東，即是伍繼先和何鴻威，登記股份相等，各持一股。登記地址方面，伍繼先仍是大坑道飛龍台，但何鴻威則轉為九龍塘喇沙利道 31 號（H.W. Turning Co. Ltd., 1956）。由於公司聚焦代理及經銷新興現代家庭電器生意，當時在中環畢打街酒店大廈一樓設有展銷點，便利客戶參觀選購，該展銷點日後轉到中環大廈 4 樓，地方較大，貨品種類也增多了（*South China Morning Post,* 19 December 1956; 11 March 1960）。

值得一提的是公司名稱，其中 H 和 W 兩個英文字母，可能是兩人姓氏的縮寫，而代理和經銷這種西方現代家庭用品，似乎是「承襲」了早年上海中華貿易有限公司的營商手法。有趣的是，那家公司的大股東正是伍繼先的母親何寶芳及何鴻威的父親何永乾（見第九章），二人的兒子來到香港後又再合作，並同樣經銷中上檔的電器，而公司的運作和管理，也是由何鴻威負責，年紀較長的伍繼先，就如其母親般，看來只居幕後。

開業後，公司生意應有不錯發展，到了 1958 年，二人再創立另一家公司，取名通隆印刷有限公司（Turning Printing Co. Ltd.），股東增加了兩位，除伍繼先、何鴻威外，還加入了呂立功[2] 以及呂何鴻卿。公司仍由伍繼先擔任主席，惟股份分配則可謂甚有文章。簡單

2　呂立功生於 1924 年 9 月 4 日，1959 年起任職教育署，出任助理教育主任，後擔任摩理臣工業學院（Morrison Technical Institute）署理校長，到葵涌工業學院創立時出任校長，直至 1978 年退休，對香港專業技術教育有很大貢獻（*South China Morning Post,* 23 November 1972; 14 July 1978）。與此同時，他曾協助教會籌創葵涌循道中學，並在該核創立時出任首任校長，日後與妻子何鴻卿舉家移居美國，安享晚年（Obituary: Lincoln Liew, 18 June 2019）。

地說，伍繼先和何鴻威的股份雖略多，各有 78 股，呂立功及呂何鴻卿則略少，各有 72 股（Turning Printing Co. Ltd., 1958 and 1959）。這樣的股份分配狀況，表面上伍繼先及何鴻威同為最大股東，但呂立功及呂何鴻卿為夫婦，他們手上股份加在一起有 144 股，再加上何鴻威與何鴻卿屬同胞兄妹或姐弟，即是這生意明顯掌控在何永乾一房手中。

值得注意的是，何永乾在上海時經營的英商鴻發有限公司，其中一項核心業務便是印刷設備與材料，因攝影器材其實亦包括在印刷設備之內。從這角度看，若然說通隆貿易有限公司「承襲」了中華貿易有限公司，乃其「變體」，那麼說通隆印刷有限公司「承襲」了英商鴻發有限公司，是其生意「延伸」亦無不可。由此可見，上一代家族成員在內地經營生意的經驗及商業網絡，五十年代由他們的子女「承襲」，屬於某個層面上的東山再起。

在創立通隆印刷有限公司的同時，通隆貿易有限公司的業務發展繼續向好，主要相信是受惠於香港邁進工業化道路後，經濟不斷發展，加上人口持續上升，聚焦本地市場的銷費品自然會錄得強勁且持續的增長。在 1958 年，伍繼先和何鴻威將公司股份重新組合，由原來的兩股增加至 2,000 股，伍繼先和何鴻威各得 500 股，而他們的太太洪慕潔和 Margaret Rita 各得 500 股（H.W. Turning Co. Ltd., 1958-1963）。即是說，公司原來只由伍繼先和何鴻威持有，改為他們兩對夫婦共同持有。當然，本質上仍是兩家各佔一半，改變不大，但卻清晰地說明生意發展十分理想，所以不但增加股本，他們的妻子亦吸納進入公司。不過，她們有否實質參與公司管理或工作，則未有確實資料說明。[3]

另一點可以作為通隆貿易有限公司業務發展理想證明的，相信是 1959 年 4 月時，何鴻威以公司董事總經理的身份前往紐約，參加當地舉辦的「世界貿易展銷會」（World Trade Fair）。在離去前接受記者訪問時，何鴻威提及展銷會很重要，乃推廣商品、洽談生意的重要平台，可惜香港沒有以官方身份參與其中，若果政府或香港總商會有興趣參與，他本人願意提供服務或協助（*South China Morning Post,* 8 and 12 April 1959）。此點一來揭示他對世界貿易資訊與形勢有較多掌握，二來則已可走向國際貿易前台，參與國際性展銷會，三來自然是公司有很強實力，有信心能為政府或香港總商會提供協助。

業務蒸蒸日上，身家財富水漲船高的最好說明，在那個年代而言，自然是與家人到歐美日等富裕國家觀光旅行，享受生活。資料顯示，到了 1960 年 9 月，何鴻威與太太往日旅遊，此舉似是作為他們結婚周年慶祝的其中一環。當然，在這次日本旅遊期間，何鴻威應該曾在當地考察業務，洽談生意（*South China Morning Post,* 7 September and 1 October 1960）。

另一個業務不斷取得突破的例子，相信是通隆貿易有限公司於

3　到了 1964 年，公司又將股份由 2,000 股增至 10,000 股，平均分給四位股東，即每人有 2,500 股，然後在翌年增加至 12,000 股，即每人 3,000 股（H. W. Turning Co. Ltd., 1964-1965）。

1962年獲授權為著名企業 Fedders Corporation 的遠東總經銷，所以何鴻威曾在同年5月赴美，在那裏停留長達三個月之久，其間除了考察業務，自然亦連結當地著名商賈，尋求業務發展與合作的可能性（*South China Morning Post,* 6 September 1962）。翌年9月份，何鴻威再次攜同太太一起赴日，同樣是既為渡假，亦不忘業務，因他那時亦有考察當地業務，尋找商機（*South China Morning Post,* 11 September 1963）。

總括而言，伍繼先和何鴻威合作創業，並非由零開始或從無到有，他們既有雄厚資本為後盾，又有商業網絡作支援，當然還有父母輩的經營經驗與人脈關係的「加持」，更加不用說他們的成長環境或自幼所學所見，均已培養了他們一定營商能力，所以無論是創業，或進一步擴張之時，均能輕易應對。若遇外圍因素配合，加上一點運氣，便可取得突出成績，令業務蒸蒸日上。

組成通隆集團的風光一時

無論是通隆貿易有限公司，或是通隆印刷有限公司，生意業務的盈利節節上揚，持續發展，自然激發他們推動業務更上層樓的野心，所以在進入六十年代後，他們有了更多大刀闊斧開拓業務的舉動，企業由一家生兩家，兩家生四家，逐步發展成一家規模不少的商業集團。以生意規模而言，絕對較其上一、二代更為亮麗突出。

在六十年代中，通隆貿易有限公司開始開拓新生意，其中表現最突出的是進軍傢俬家具市場，為配合這一策略，公司開始積極大

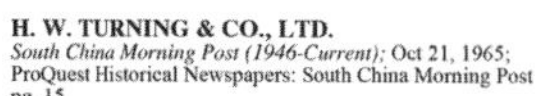
H. W. TURNING & CO., LTD.
South China Morning Post (1946-Current); Oct 21, 1965;
ProQuest Historical Newspapers: South China Morning Post
pg. 15

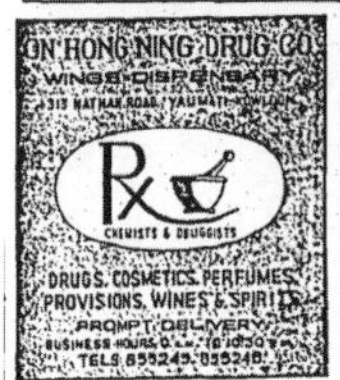

通隆貿易公司的宣傳廣告之一。

做宣傳，包括在本地報章大賣廣告，如在六十年代中，《南華早報》上便經常可看到公司圖文並茂的全版廣告，宣傳賣點是：無論是新屋入伙，搬新居，通隆門店有齊各色各樣的家庭用品——桌椅、沙發、地氈、床上用品等等，款式齊全，顧客可以一次過買齊全屋傢俬，滿足各人的不同需求（*South China Morning Post,* 5 October 1965）。

更為特別一點是，在 1966 年一則看似「饍稿」的全版廣告中，公司打出了何鴻威的「大頭像」，指作為董事總經理的他，曾花了多月時間走遍海外不同地方——主要自然是歐美日等富裕地方——考察業務，精挑細選不同最潮流、最時麾的貨品返港，當中不少是別出心裁的設計，配合不同家居環境和客戶的需求（*South China Morning Post,* 16 March 1966）。由此可見，為搶攻傢俬市場，何鴻威不惜披甲上陣，成為了公司的「宣傳大使」，用今天的話是成為公司或產品的「代言人」。

同年 8 月中，當「六六暴動」漸見平復後，何鴻威再與太太同遊日本，這次更攜同兩名年幼兒子同往，渡假色彩更濃。值得注意的是，出行登上飛機之前，他曾接受記者訪問，談及香港工業發展問題時指多數香港廠家只着眼於出口，忽略了本地消費市場。他認為，其實香港本地市場亦有一定潛力，所以應該挑選一些配合本地需求的貨品在香港出售。通隆貿易有限公司覺得本地市場空間不容低估，所以會在這方面作出努力，積極開拓本地市場（*South China Morning Post,* 13 August 1966）。

在另一則同樣看似「饍稿」的專訪中，何鴻威更為坦率地提及

H. W. TURNING & CO., LTD.
South China Morning Post (1946-Current); Jul 6, 1965;
ProQuest Historical Newspapers: South China Morning Post
pg. 15

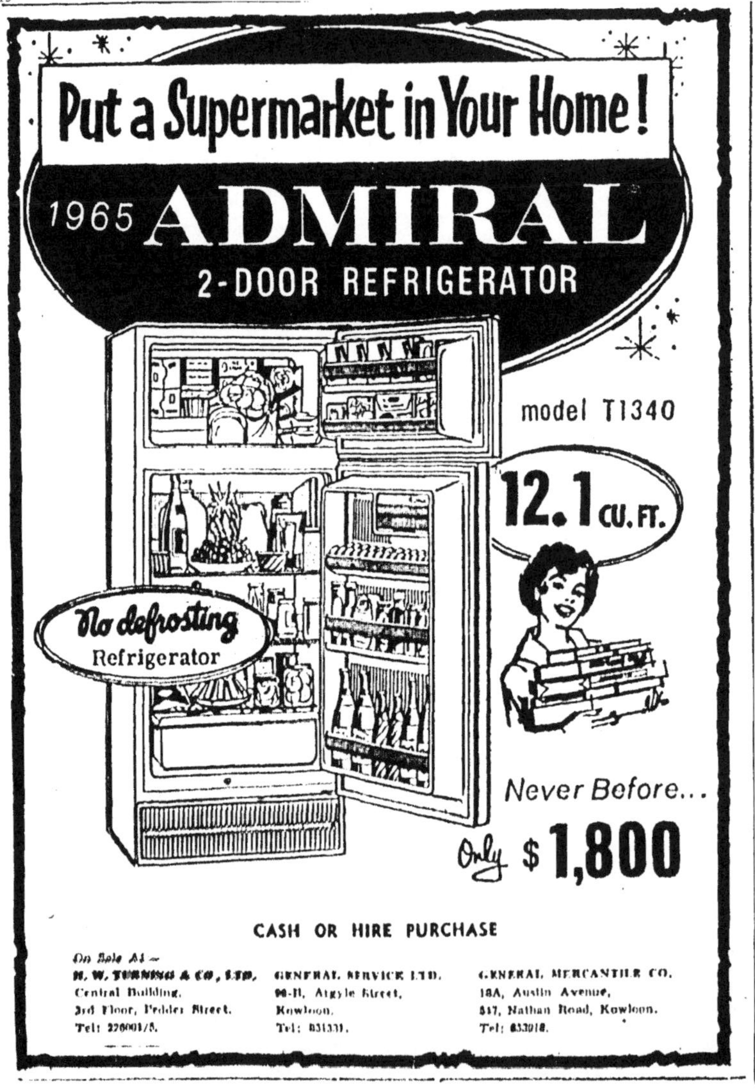

通隆貿易公司的宣傳廣告之二。

他在兩年前（即 1964 年）決心進軍傢俬市場的原因。他提到，那時他自己新居入伙，在外地訂購了不少傢俬，但當兩個月後貨品抵家時，卻發現有不少錯誤，惟製造地點不在香港，自然更換或跟進不易，促使他思考本地生產製造的可行性。他認為本地市場具有相當潛力，而且本地生產令成本降低，售價會較便宜，設計則可引入西方現代與潮流產品。事實上，公司的傢俬生意表現相當理想，盈利節節上揚，說明他生意目光之準確（*South China Morning Post,* 21 September 1966）。

在商業社會，公司生意其門如市不但會引來艷羨目光，亦會引來投資者垂涎，通隆貿易有限公司的情況亦復如是。到了 1966 年 11 月，消息指英資洋行巨企會德豐（Wheelock Marden & Co. Ltd.）有意以每股 11 元的價格，收購通隆貿易六成股權，交易完成後，馬登（J. L. Marden）將出任該公司主席一職，而何鴻威則仍會留任董事總經理之職（*South China Morning Post,* 16 November 1966）。

到了 1967 年，相關消息終於得到確認。通隆貿易有限公司的周年報表上，在股份分配一欄中可以發現，伍繼先和何鴻威兩對夫婦的持股量各為 9,000 股（每人 4,500 股），會德豐則持有 27,000 股，總股量為 45,000 股（H. W. Turning Co. Ltd., 1964-1965）。按會德豐當時出價每股 11 元計算，該集團只支付 297,000 元，便控制了那家他們創立及努力經營的公司，似乎十分划算，而該公司總體的估值其實亦不算大，只是不足 50 萬元而已。在往後的日子，公司仍持續擴張，股份同步增加，惟基本原則是維持會德豐佔六成，伍繼先和何鴻威則各佔兩成的格局（H. W. Turning Co. Ltd., 1966-1976）。

1967年，香港爆發一場較1966年更大規模而且曠日持久的動亂，不但影響經濟就業，亦牽動社會民心，尤其觸動不少人對中國共產黨的猜疑憂慮，不少人之後選擇移民海外，另尋生活環境，曾經滄海且作風低調的伍繼先，有感自己已年過半百，加上部分子女早已到北美升學，於是宣佈退休，舉家離開香港移民加拿大溫哥華，展開新生活（Obituary: Kai Sien Wu, 7 February 2009）。

儘管伍繼先離開了香港，但他和妻子持有的通隆貿易有限公司股權，並沒出售套現，而是繼續持有。顯然，他雖可能對香港前景感疑慮，寧可保險一些離港「走人」，但他相信公司仍有發展空間，亦對何鴻威及會德豐的管理層有信心，所以仍然手握公司股票（H. W. Turning Co. Ltd., 1966-1976）。日後看來，他當時的決定相當明智，因為他們一方面可以在加拿大過着悠遊安逸的生活，而他們持有的股份又錄得不錯發展，為他們帶來可觀的利益回報。不過，正如俗語所謂「力不到不為財」，他們所得的是否仍如自己家族掌握業務時般公平合理，則屬見人見智之事了。

具體地說，伍繼先攜同家人移民加拿大過新生活後的1969年，通隆貿易有限公司進行了連串開拓業務的舉動，並在同年6月24日分別登記註冊成立了通隆電器有限公司（Turning Appliances Co. Ltd.）及通隆傢俬實業有限公司（Turning Furniture Industries Ltd.）兩家公司，目的自然是加大生意拓展力度，將企業投資推上另一台階（Turning Appliances Co. Ltd., 1969; Turning Furniture Industries Ltd., 1969）。

這裏要補充的一些簡單資料是，自會德豐入股後，雖然何鴻威仍為董事總經理，但公司董事局則加入了新成員，其中包括會德豐董事總經理 William John Lees 及 Peter Oswald Scales，另有三名會計師 Arthur Alan Balley、David Richard Metcalf 及梁漢華。至於前文提及在 1969 年新成立的那兩家公司，董事局的組成亦是如此（Turning Appliances Co. Ltd., 1970-1974; Turning Furniture Industries Ltd., 1970-1974）。即是說，自伍繼先移民後，由於只有何鴻威一人留在董事局，他自然變成了少數聲音，在公司決策上，從此變得人微言輕了。

雖則如此，何鴻威仍是十分賣力地為公司發展努力，四出奔走，而整個集團看來亦有不錯發展。如在 1970 年初，公司為擴張業務，曾刊登招聘員工廣告。在該廣告中，公司指出，由於「公司持續擴展，需要增添『營業行政見習』（Sales Executive Trainees）的僱員」，希望有興趣者應聘，惟當中的應聘條件或學歷，則要求要有高中以上學歷，並且必須「中英雙語流暢」（*South China Morning Post,* 11 February 1970）。不過，七十年代初，香港股票市場熾熱，不少華資中、大型企業紛紛上市，但發展勢頭良好，且有會德豐撐腰的通隆貿易有限公司，卻沒上市舉動，此點或者反映其規模與上市尚有一段距離。

無論如何，七十年代初的何鴻威應該是家庭事業兩得意了。家庭方面，在 1972 年，有消息指一直在國際學校就讀的何鴻威兒子 Stewart Augustus Hall，以突出成績考入以人文藝術名揚世界的美國康奈爾大學（Cornell University）Phi Beta Kappa 學院，展開了負笈美國之旅（*South China Morning Post,* 26 October 1972）。對於父母而言，兒子學業成績優異實在屬於千金難求之事。事業方面，從七十年代起的公司登記文件看，那時的何鴻威住所地址已由九龍塘搬到淺水灣的赫蘭路（Headland Road）4 號，揭示他的身家財富已經進一步躍升，躋身到淺水灣的巨富俱樂部了。

到了 1973 年，股票市場更為熾烈，而何鴻威亦作出一個更大的投資舉動。在 3 月，他宣佈已從其他股東——相信是指會德豐——手中購入額外六成通隆貿易有限公司的股份，成為公司最大股東，惟他沒有透露收購價格。當時他雄心滿滿，透露連串發展方向：包括因應集團傢俬業務經營成本日漲，決定將之收縮，並將資金投入方興未艾的冷氣機業務，另成立通隆工程有限公司（Turning Engineers Co. Ltd.）[4]，統合發展資源與策略。何鴻威同時宣佈會在官塘工廠區租賃額外 40,000 平方英呎（四層樓）的樓面面積，作為生產工廠，又有計劃進軍超級市場（*South China Morning Post*, 25 March 1973）。連串舉動無疑顯示他重掌公司後躊躇滿志，對前景充滿信心。

然而，香港股票市場在 3 月份達至高點後泡沫爆破，恒生指數由 1973 年 3 月 9 日的 1,774.96 點，大幅滑落至該年年底的 433.70 點。與此同時，中東的石油危機又觸發世界經濟衰退，香港大受衝擊，令股市進一步尋底，跌勢一直未止，在 1974 年 12 月 10 日更跌至只有 150.11 點，較高峰期大跌九成多，跌幅極為驚人。之後的 1975 年，不但股票市場仍然極為低迷，香港整體經濟亦疲不能興，失業與企業破產紛至沓來（鄭宏泰、黃紹倫，2006）。在那個商業、

4 此公司於 1973 年 11 月 20 日正式登記註冊，由曾在 Gibb Livingston Ltd. 擔任工程師的盛亞江（Paul Zang）主持業務，惟公司發展未如理想，於 1984 年清盤告終（Turning Engineers Co. Ltd., 1973 and 1974-1984）。

經濟和社會面對巨大風浪之時，相信通隆集團的經營和業務必然難以獨善其身，同樣大受衝擊。1973 年 3 月時意氣風發的何鴻威，或許因所受的影響太大，之後欲振乏力，集團自始失卻了發展動力。

公司註冊署的資料顯示，在 1975 年 12 月，原來由會德豐持有的 36,000 股通隆貿易有限公司股份，轉入何鴻威手中，至於何鴻威太太及伍繼先夫婦的持股量則維持不變，每人各有 6,000 股。到了 1979 年，伍繼先夫婦的股份亦轉售與何鴻威，令公司變成由何鴻威夫婦獨資擁有的公司。董事局成員除了何鴻威夫婦，還加入了何鴻威兒子 Stewart Hall、夏佳理（Ronald Joseph Arculli）及關卓然（H. W. Turning Co. Ltd., 1975-1980）。

同年 10 月，何鴻威兒子 Steward Hall 結婚，妻子為洋人 Adela Caridad Calvera，成為繼祖父何啟之後又一位迎娶洋人妻子的家族成員。當然此一時彼一時也，由於香港經過多年發展，華洋融合，政府或白人社群也不會再明刀明槍歧視華人，故 Steward Hall 的異族婚姻已不再受到華洋社會的排擠了。婚禮在清水灣鄉村俱樂部舉行，到賀中外賓客達 300 多人，場面熱鬧，此點又進一步揭示何永乾及何鴻威的身家財富與社會地位的不容低估（*South China Morning Post,* 20 October 1979）。到了 11 月，何鴻威與妻子在假日酒店宴會廳慶祝結婚進入 33 周年，氣氛甜蜜（*South China Morning Post,* 13 November 1979）。可惜，那次慶祝之後不久，何鴻威太太 Margaret 去世，而根據 1980 年 12 月份通隆貿易有限公司的 Annual Return，她手上持有的股份轉入一家名叫 Arrowstright Limited 的公司之中（H. W. Turning Co. Ltd., 1980）。

進入八十年代，中英兩國就有關香港前途問題展開連串談判，並於 1984 年底簽署了聯合聲明，確定了 1997 年 7 月 1 日中國政府恢復對香港行使主權，結束英國管治，曾在 1949 年時失去上海資產和企業的何鴻威，選擇移民美國拉斯維加斯。其實，據何鴻威與兒子 Steward Hall 早年所說，早在七十年代末他們已將部分財產轉到美國加州 San Bernadino，在當地開辦地產公司（*South China Morning Post*, 20 October 1979），到了九十年代當移民成為一時熱潮時，他便順勢離開香港。事實上，那時何鴻威已年近 70，是時候如當年的伍繼先般退休，安享晚年了（H. W. Turning Co. Ltd., 1981-2017）。

2009 年 2 月 7 日，自六十年代末移民加拿大温哥華的伍繼先去世，享年 97 歲。從家人發放的訃聞看，在温哥華定居下來後的伍繼先，一直熱心參與當地的教會工作，當然亦是社交或舞會的常客。到年屆 70 歲時（即 1980 年代），他患上柏金遜病，生活節奏因此逐步慢了下來，直至 2009 年去世（Obituary: Kai Sien Wu, 7 February 2009）。

回首歷史，伍繼先和何鴻威一生於廣州一生於上海，他們大半生在上海及香港求學、工作、組織家庭、打拼事業，五十年代聯手創業，闖蕩商界，算是幹出一番成績。當香港政局出現重大變動時，例如 1967 年暴動與八十年代香港進入回歸過渡期，他們對香港前途的負面看法，促使他們選擇移民美加，在另一個地方渡過餘生，而他們的人生，不但記錄了他們在關鍵時刻的抉擇與遭遇，當然亦折射了家族的經歷和中國近代史的迂迴曲折。

伍競仁夫婦的移民與創業

在何福堂的曾孫輩中，由於沒有人像伍廷芳或何啟等投身政界或商界，亦不活躍於社交場合，所以資料極為缺乏。當中稍有文字記錄的，除了前文提及的伍繼先與何鴻威，便是伍繼先二弟伍競仁及其妻子 Sylvia，原因是 Sylvia 曾在美國經營一家甚為著名的餐館之故（*Los Angeles Times,* 30 April 1990）。接下來將以他們的創業故事，說明家族不同成員人生的不同經歷與遭遇。

從資料上看，伍競仁於 1918 年生於北京，與伍繼先相差六歲，他在北京出生的經歷，反映伍朝樞曾有一段時間在北京生活，其中於 1927 年 10 月 10 日其母何寶芳攜同年幼的他和兄弟姐妹們取道天津乘船返回上海時曾遭軍方扣留（*South China Morning Post,* 13 October 1927），幸好之後有驚無險獲得釋放。到父親擔任駐美大使時，他曾到美國生活一段短時間，求學期間則主要生活在香港，中學時期在英皇書院求學，後畢業於香港大學工程系。

據伍競仁太太 Sylvia 憶述，她於 1915 年生於九江，本人原名鄭鏡宇（Cheng Chue Tchang），來自商人家族，父母在她年幼時離異，她由祖父撫養長大，其祖父在上海擁有一家百貨公司及一家銀行。與祖父一起生活期間，據說經常看着精通廚藝的祖父做菜，她很自然地亦學習其烹調廚藝（Wu, 1974）。抗日戰爭爆發後，她初時逃難到上海，後轉到香港，並在香港認識了宋慶齡及宋美齡。由於宋慶齡在港舉辦籌款抗日運動，她亦有給予協助，並在某次集會上結識了伍競仁（Loper, 1990; Groves, 2014）。

1944 年，Sylvia 到美國，入讀紐約哥倫比亞大學教育學院，[5] 並因此重遇在麻省理工攻讀研究院的伍競仁，二人隨後結婚，決定在紐約生活，不再返回香港或中國大陸。婚後，Sylvia 先後誕下三名子女——Patrick、George 及 Loretta，成為了家庭主婦，伍競仁日後則進入 Hughes Aircraft 公司，成為一名飛機工程師，他們因此舉家由紐約轉到洛杉磯，過新的生活。作為家庭主婦在家相夫教子期間，據說其奶奶（何寶芳）曾派了家族的大廚（personal chef）到她家中，為他們做菜之餘也教導她做菜（Meares, 2015），由於她早有根底，亦有這方面的天分，所以學得很快，也強化了她做菜的信心。到了 1959 年，當孩子們日見長大，不用她常伴在左右時，已經掌握不錯烹調廚藝的 Sylvia，自然躍躍欲試，希望一展所長，並決定創業開設餐館。雖然丈夫伍競仁一開始並不支持妻子拋頭露面，走上營商之路（Loper, 1990; Groves, 2014），但後來看到妻子興致勃勃與人分享美食佳餚，便回心轉意給予大力支持，成為了妻子背後的男人。

Sylvia 憶述當年創業，她投入 9,000 美元，在聖莫尼卡（Santa Monica）開設一家只有 40 個座位名叫 Wu's Garden 的餐館，結果一鳴驚人，餐館成為當地最著名的食店之一，吸引了包括著名影星葛蘭（Cary Grant）、凱利（Grace Kelly）、泰萊（Elizabeth Taylor）、烈福（Robert Redford）、史匹堡（Steven Spielberg）等，連政要名人如美國總統的列根（Ronald Reagan）、空軍將領杜立德（Jimmy Doolittle）、加州州長韋爾遜（Pete Wilson）等也曾親臨光顧，令

5 促使或支持 Sylvia 當年到哥倫比亞大學教育學院求學的因素或關係，不知和何中中是否有關，因為何中中 1935 年同樣曾入讀該學院。

Sylvia 及 Wu's Garden 聲名大燥，創業之心自然大受鼓舞。餐館除了食品味道出色，Sylvia 對侍應的招待和服務態度也要求極高，各方面都做出了超水準，在當時的華人餐館中鶴立雞群。由於客似雲來，原先的地方已不敷應用，故到了 1969 年，她決定擴充營業，在原餐館附近另覓一個更大地方經營。新餐館佔地達 12,000 平方英呎，設 300 座位（Loper, 1990; Groves, 2014; Meares, 2015; Obituary: King Yan Wu, 20 March 2011）。

新餐館特別聘請著名設計師莫爾（Guy Moore）作總體設計，不但氣派非凡，亦有濃厚高貴的中國文化與歷史特質，開業後自然吸引更多食家光顧，令其名聲更響。Sylvia 更深明利用自己家族背景和身份地位作宣傳的竅門，不但廣交社會知名人士，特別是電影明星，更經常奔走於不同媒體之間，接受訪問，介紹中國文化，分享飲食心得，同時又拿起筆桿子，書寫中式食譜，介紹中國美食，並出版了 *Madam Wu's Art of Chinese Cooking* 及 *Cooking with Madam Wu* 等不同名稱的著作，令其食店成為不少老饕口耳相傳的美食勝地，生意自然持續興旺（Loper, 1990; Groves, 2014; Meares, 2015）。

Sylvia 走上創業之路的故事或經歷，無疑是十分特殊的。說實在的，她本人有良好教育背景，丈夫更有不錯事業，加上家財豐厚，基本上不愁衣食。作為育有兩子一女的母親，籌備開設餐館時最大的孩子亦只及初中而已。伍競仁初期不支持她創業，顯然不希望她太辛苦，也想她多留時間照顧家人。但她立志堅決，勇於接受挑戰，毅然踏上了開辦餐館的「熱廚房」。更讓人大感意外的，當然還有她經營上能針對當時海外華人餐館一般環境或衛生條件欠佳、菜色少有變化，以及服務質素不好等問題，作出連串變革與創新，融入不少西方元素，因此能令顧客一新耳目，其中招牌菜如乾燒伊麵、脆皮雲吞、燒雞沙律、蟹肉羹等，更長期受到擁躉支持。

不容忽略的是，Sylvia 很快便在上流社會及媒體打響名聲，固然是她本身活潑好動，具有個人魅力，而且長袖善舞，甚懂交際應酬。不過，身為名人之後，父輩祖輩曾經名揚一時，他們的社會資本相信對她仍有助力，亦會是媒體樂於報道吹捧的故事。當有了名氣後，她和丈夫再廣交名人，特別是紅星藝人，更帶來「明星」效應，給餐館做免費宣傳，生意因此長盛不衰。

雖然 Sylvia 一直充滿拼勁，精力無盡，但到了 1998 年，她已年過 82 歲，經營這間餐館的時間長達 40 年，本應放手讓新一代接棒。不過，她兩名兒子均屬法律界人士，專業工作幹得有聲有色，沒興趣接手餐館生意。由於 Sylvia 不想將餐館出售以免被人「做壞招牌」，也找不到合適的繼承人，只好忍痛結束餐館，令當地少了一個地標及好去處。

退休後，身體仍十分壯健的 Sylvia，多了時間陪伴較早時已退休的丈夫伍競仁到處旅遊，也會接受不同媒體訪問，暢談中國的健康飲食文化及烹調心得。到了 2011 年，伍競仁去世，享年 93 歲（Obituary: King Yan Wu, 20 March 2011），其時已 96 歲的 Sylvia 雖十分傷心，但仍保持積極正面的人生觀，繼續其多彩多姿且充滿活力的生活。到了 2014 年，兩子及親友按中國傳統計算年齡的方法為 Sylvia 舉辦百歲生日會，令她開心不已。能活過百歲，實在極有福氣，亦極不簡單，更不要說她兒孫滿堂，身體又十分壯健，實在令人艷羨不已。

讀書也好、做生意也好，打江山也好，必然是一分耕耘一分收穫。自然界或社會上沒有不勞而獲之事，也沒有「免費午餐」。無論是伍繼先和何鴻威自滬轉港後創業，或是伍競仁夫婦移民美國後的創業，他們在創業與經營時基本上都要親力親為、落手落腳，尤其要在競爭激烈的環境中尋求生存之道、靈活變通，並因能找到市場所需，努力開拓，因此取得一定成績。可惜的是，兩者的企業無論在時代與市場變遷衝擊下，或是家族子孫缺乏興趣之故，最終沒法傳承下去，在創業者年華老去後走上了結業之路。

分散全球的四五代人

相信不少人會很好奇，以何福堂家族的顯赫一時，不同成員在政治、外交、商業、醫學及教育等均表現突出，而且人丁眾多，他們的後人沒可能寂寂無聞，像「人間蒸發」般失去了蹤影。的確，受資料所限，社會對何福堂孫輩的了解不多，筆者要花很大心力，才能拼湊出一個粗略圖像，描繪出一些發展足跡，至於有關何福堂曾玄孫輩——即第四及第五代——的資料，則更為缺乏，其中的核心因素，是他們大多已離開香港及中華大地，散居於世界各地，因此更難讓人對其經歷有所了解，本節則根據手上掌握的零碎簡單資料，作一概括性介紹。

先說伍朝樞和何寶芳的子孫後代們。由於前文重點介紹了何鴻威及伍繼先的合作創業與伍競仁夫婦的經營餐館，這裏不妨先介紹他們的子孫後代。正如前述，伍繼先和妻子洪慕潔育有兩子（Lawrence 及 Christopher）兩女（Jane 及 Audrey），他們在六十年代末舉家移居加拿大温哥華，子女一直在當地成長，兒子 Lawrence 娶妻 Laurie，另一兒子 Christopher 應一直保持單身，而 Jane 嫁予 Peter Lau，這三個家庭都居於温哥華，至於 Audrey 嫁給 William Li 移居至加拿大東岸 Halifax。伍繼先和洪慕潔共有六名內外孫，分別為 Nathan、Reuben、Amanda、Rebecca、Karen、Alison，可謂兒孫滿堂。伍繼先於 2009 年去世，儀式在温哥華 Church of Good Shepherd 舉行，並葬於該地（Obituary: Kai Sien Wu, 7 February 2009）。

正如前文提及，伍競仁和 Sylvia 育有兩子（Patrick 及 George）一女（Loretta）。其中 Loretta 嫁黃姓丈夫，可惜她因乳癌於 1979 年去世，至於 Patrick 及 George 可謂繼承了曾祖父及祖父輩法律專業的衣缽，因為二人均唸法律。原來 Patrick 乃大律師，過去一直在加州政府司法部擔任高級助理官員之職，而最為突出的則是 George（伍浩平），他獲法律專業資格後曾一度執業，後加入司法部，現為美國聯邦政府地方法官，在司法界甚有名望，亦最值得重視。

官方資料顯示，伍浩平 1950 年生於紐約，在 Pomona College 畢業，取得文學士學位，然後在芝加哥大學法律學院取得法學博士，1975 年獲大律師資格，可以執業，所以先後曾在 Latham & Watkins Associate、University of Tennessee College of Law 及 LeBoeuf, Lamb, Leiby & MacRae Associate 等不同機構工作，到 1991 年進入司法部工作，擔任加州中區檢察部的助理檢察官，1993 年升為洛杉磯「市區法官」（Municipal Court Judge），1996 年起更獲任命為「高級法官」（Superior Court Judge），2007 年起再獲時任美國總統布殊（George W. Bush）任命為聯邦法官（Federal Bench），乃美國聯邦法院有史以來第四位華裔法官（George H. Wu: Resume, no year;《新浪網》，2007

年 3 月 9 日）。其中曾因審理著名歌星米高積遜（Michael Jackson）遺產執行人要求取消一套以米高積遜在其「夢幻莊園」（Leaving Neverland）腐敗生活為題紀錄片一案（Patten, 2019），以及前畢馬威合夥人內幕交易案備受注目（孔軍，2014），令伍浩平原來乃伍廷芳曾孫的身份吸引了不少社會目光，尤其華人社會。

伍朝樞三子伍慶培，他曾在香港、上海及美國求學，1947 年娶妻 Paula（陳瓊蕙），原來陳瓊蕙乃國民黨海軍上將軍陳策之長女，她在燕京大學畢業後曾負笈美國密蘇里大學攻讀新聞碩士，畢業後在中央通訊社芝加哥分社工作。返華後與伍慶培結婚，育有二子（Carson 及 Ken）一女（Linda），而她婚後仍有工作，任教於廣州大學，伍慶培則在嶺南大學授課，夫婦都投身教育（胡續發，2011）。國民黨敗走台灣後，伍慶培夫婦應回到香港，後來應該轉到馬來西亞的「北婆亞庇埠」（North Borneo，即現今的沙巴），繼續教書工作，因為《嶺南通訊》（1963：14）中曾提及伍慶培在當地任老師，而伍慶培日後的訃聞亦提及他曾在馬來西亞當教師。

到了六十年代末，他可能與伍繼先夫婦般舉家移民温哥華，因為在 1970 年成立的嶺南大學温哥華同學會中，他出任顧問（《嶺南通訊》，1971：16），而從這個職位看，他可能已退休，因那時他已年過半百了。進一步的資料顯示，伍慶培女兒 Linda 丈夫為 Brian，Carson 娶妻 Felicia，而 Ken 的妻子為 Verna，他們應該同樣在温哥華生活。伍慶培和 Paula 共有五名內外孫和三名曾孫，子孫數目可謂不少。到 2015 年，伍慶培於温哥華去世，享年 96 歲，其喪葬儀式同樣在温哥華 Church of Good Shepherd 舉行，並與兄長伍繼先一樣葬於當地（Obituary: Ching Pei Wu, 27 June 2015）。

除了三子，伍朝樞和何寶芳的多名女兒——伍艷莊、伍礪瓊、伍礪瑛、伍礪瑜及伍礪琨——則資料更缺，現時僅能找到的只有伍礪琨（Mary Margaret Lai Kwan Wu Wen）的訃聞。從該訃聞看，伍礪琨在香港長大，於 1948 年前赴美國，入讀奧勒崗州（Oregon）博德蘭埠（Portland）的 Marylhurst College（即今日的 Marylhurst University），修讀生物學。她於 1952 年畢業，取得科學學士學位，於七十年代嫁丈夫 Victor Wen，並一直在加州 Saratoga 居住，夫婦育有二子一女，其中長子 Gerard 娶妻 Annette、次子 Ignatius 的太太為 Sally，女兒 Marian 嫁夫 Ray。伍礪琨有 9 名男女孫及 3 名曾孫，同樣是兒孫滿堂，她於 2014 年去世，享壽 87 歲（Obituary: Mary Margaret Lai Kwan Wu Wen, 2014.）

至於何家方面，除在何永貞[6]、何永亨、何永乾和何永元有一些紀錄外，其他子女的資料十分缺乏。何永乾一房中，又以何鴻威及何鴻卿二人的配偶及子女略有一點資料，來源主要是公司註冊文件。原因是何鴻威一直掌管着通隆貿易有限公司，而該公司雖然生意大不如前，但應該仍然持有一些固定資產，帶來經常收入，所以經營至今。在那些公司註冊文件中，三項資料——登記地址、董事及股份分配——常有一些變化，這些變化則折射了家人和生意的不同遭遇。

在登記地址方面，七十年代的何鴻威，住宅地址曾在淺水灣的

6 正如第九章中提及，何永貞應有二子（鴻鈞、鴻鑄）一女（名字不詳），惟筆者花了極大心血與努力均沒法找到他們人生經歷的任何資料。

巨富集中地，八十年初仍在布力徑（Black's Link），但到八十年代中則突然改為荃灣荃威花園，八十年代末則轉為西貢井欄樹村。1993年時應該移民美國，初期應居於加州尼古湖（Laguna Niguel），後來（1999年）轉到拉斯維加斯的 Big Spring Court，在那裏居住至今。

在董事方面，七十年代中除了兒子 Stewart，還有關卓然和夏佳理，惟到八十年代中當公司經營看來出現重大變化，夏佳理退任，只留下何鴻威本人、兒子和關卓然。接着的 1994 年，兒子 Stewart 也退任，那時他的登記地址在美國加州的尼古湖，可見他應是移居當地了，反而關卓然則一直維持着董事之職，而他的登記住址也一直沒變。

在股份分配上，正如前文提及，七十年代中，會德豐和伍繼先夫婦把他們手上所有股份全轉售何鴻威，令他持有達 54,000 股，另有 6,000 股由何鴻威太太持有。到太太在 1980 年去世時，則轉由一家 Arrowstright Limited 持有。這安排一直維持到 1995 年，然後再起變化，公司股份擴大至 120,000 股，其中 54,000 股仍由何鴻威持有，6,000 股仍由 Arrowstright Limited 持有，餘下的 60,000 股由 Brenda Hall 持有，而 Brenda Hall 的身份是「家庭主婦」，Brenda 的登記地址與何鴻威及 Stewart 相同，同是加州尼古湖一個居所。到了 1999 年，Arrowstright Limited 持有的 6,000 股一併轉入何鴻威名下，令何鴻威與 Brenda 的持股量相等，直至現在。

正如前述，由於通隆貿易有限公司相信仍持有一些固定資產，可能是物業或專利收入，故哪怕擁有人都已移居美國，仍繼續經營至今，日常簡單而重複的管理則由秘書公司代勞，主要處理一些與政府或法律有關的文件。令人不解的是，1980 年喪妻的何鴻威，與子女間的關係不知是否發生了重大變化，因為一來兒子在 1994 年辭任了公司董事，也不再持有公司的股份，反而 Brenda 則在 Stewart 退任董事後獲分配股份，且達佔總股份一半的水平。Brenda 為「家庭主婦」，而且報稱地址與何鴻威父子相同，即三人均居於加州同一地方，故她可能是何鴻威的女兒或續弦，但憑僅有的資料令人難以判斷。

不過，無論他們是哪種身份或何種關係，他們的相處後來應出現變化。因為在 1999 年，Brenda 的地址為加州尼古湖，何鴻威則搬往拉斯維加斯，那時他已年近 80 了。之後的 2012 年，Brenda 亦搬離尼古湖，轉到尼古湖側的亞里索維耶荷（Aliso Viejo）居住，大家分居各地，可能反映家人關係的複雜與愈見疏離。至於同樣在加州生活的 Stewart，其中文名字以及太太子女們的資料同樣缺乏，沒法在公眾檔案中找到蹤影，顯示他生活低調，亦可能沒甚麼突出表現之故。

至於何永乾女兒何鴻卿，從其丈夫呂立功的訃聞可看到她的近況的一些更新。在那則於 2019 年 6 月發出的訃聞上，得知呂立功於 2019 年 6 月 6 日去世，享年 94 歲，葬於美國 Madison Memory Gardens。他與何鴻卿育有一子（Richard）一女（Karen），並有三名內外孫（Obituary: Lincoln Lieu, 18 June 2019）。由此推斷，呂立功和妻子何鴻卿應是在七十年代末退休後移民美國阿拉巴馬州（Alabama）的享茨維爾（Huntsville），在那裏安享晚年。呂立功去世後，何鴻卿應仍在那裏生活。

同樣可透過互聯網公眾平台搜尋獲得的資料，是傅秉常與何燕芳所生兒子傅仲熊的點滴。[7] 資料顯示，他在英國倫敦英皇學院（King's College）法律學院畢業後一直在英國生活，妻子為 Jeanie，夫婦育有三女傅錡華、傅錡春和傅錡珊。其中於 1952 年出生的傅錡華，在取得哲學博士學位後於林肯大學（Lincoln University）比較政治系任職講師，如何中中般執起教鞭，並曾以傅秉常的日記資料，寫了一本名為 *Chiang Kaishek's Last Ambassador to Moscow: The Wartime Diaries of Fu Bingchang* 的書籍，深入分析傅秉常在戰亂時期的經歷和所思所想，該書於 2011 年出版（黃振威，2018）。

此外，一直在英國生活的傅仲熊，於 2005 年和友人創立一家名叫 Parkview（Hampstead）Limited 的公司，並擔任董事，2008 年退休，傅錡華則於 2007 年起擔任公司秘書，直至現在。在公司註冊文件上，傅仲熊的住所報稱在 St Mary's Place, Stamford, Lincolnshire，傅錡華則在 Elmwood, North End Way, London，可見父女雖同於那家公司工作，但大家各住一方（Parkview（Hampstead）Limited, no year）。至於傅仲熊另外兩女傅錡春和傅錡珊的資料則同樣極為缺乏，只知傅錡珊應居於法國，並在當地擁有物業（Groves, 2014）。

還有一點可作補充的，是何高俊二女何育中一脈，正如第七及第十章中粗略談及，何高俊二子三女中，只有何育中有結婚組織家庭，與丈夫劉美恩生了 14 名子女，何中中和何尾中則曾在孩子

7　傅秉常與妾及情婦所生子女的資料極少，在此略去不述。

成長過程中給予不同程度的照料與協助，尤其動蕩戰亂時期。到了這些孩子長大後，何中中應該在教育上給予了不少建議及支援，例如劉全信赴美留學、劉安信和劉誠信等能負笈英國，便應得力於何中中的幫助。到了八十年代，何育中與丈夫劉美恩舉家移居美國，一家與香港的聯繫已相當淡薄，與祖家南海西樵山更甚少接觸往來了——雖然其子劉全信在三藩市基石堂擔任牧師，傳教的目標主要是海外華人。簡而言之，與何高俊有血脈關係的後代，都已遠離香港或中國內地了。

毫無疑問，受到連番戰亂與政權更迭的巨大衝擊，何福堂四、五代，甚至以後世代的後裔們，大多數自上世紀五十年代後陸續移居海外，留在中華大地、台灣或香港的，佔比已經甚少。他們在社會經歷巨大變遷後失去了過往獨一無二的突出優勢，所以哪怕他們仍擁有一定深厚的社會資本及人脈關係，亦多數因曾接受西方教育而掌握中英雙語，但始終沒法如當年的何福堂、伍廷芳、何啟，甚至伍朝樞及傅秉常般幹出亮麗成績。當然，移居國外不表示他們便不能發光發熱，伍競仁和太太經營餐館及伍浩平擔任美國聯邦法官，便是很好的例子，這也是世家大族走向敗亡或保持活力的極好說明，亦可作為本書的一個重要註腳。

結語

儘管興旺家族、成就事業的因素眾多，既不能排除如才能、資本及個人努力等內在因素，亦無法否定如運氣、巧合及時局有利轉變等外在因素，至於個人信譽、家族背景、社會人脈關係等，則介乎外在因素或內在個人修為之間，所能發揮的在明在暗效果，實在亦不容低估，哪怕在某些時候作用不大，但在不同時期或關鍵時刻的效力更是不容抹殺。

從四十年代末伍繼先與何鴻威先後由滬轉港後共同走上商界，做出成績，乃至於伍競仁與妻子在五十年代移民美國，然後在一段時間後開設餐館，投身商海，獲得回報，以及伍浩平憑專業與才華晉身美國聯邦法官行列，他們的經歷不難讓人發現，雖然他們具有先天才能與突出學歷，但畢竟還是父母輩留下或建立下來的人脈關係與商業網絡，讓他們獲得了另起爐灶的舞台或機會。至於他們努力打拼，而且懂得靈活變通，鞭策自己不斷精益求精，自然讓他們可以如上一代般取得一定成就，活出自我與自信，不致遭到人前人後指責為「阿斗」。

第十二章　變中尋機

家族起落興替與時勢轉變的思考

引言

從家族世代相傳、橫跨不同年代的縱向發展角度看，任何家族必然要面對轉變時局（變局）的問題。具目光、有智慧的家族領導，總是能夠較好地掌握變局帶來的機會，避過產生的衝擊，作出較好的應對，在力求化解不利衝擊的同時，爭取更好的發展機會與空間，讓家族可在較好的條件或較大的舞台中作更有利的發展。綜觀何福堂家族六代人的發展歷程，多少可以看到變局中尋機會、避衝擊，或是作調適的影子。

當然，當時局轉變時如何「華麗轉身」，令原來用於發挖或捕捉機會的各種聯繫和方法，在新時局下不會淪為「負資產」，窒礙家族發展，而是仍能或有助緊抓新機會，則屬另一極為關鍵，而且十分值得關注的問題。作為本書的總結，下文會從世界變局、中國大陸變局、香港變局、全球化變局，以及信仰與忠誠如何牽引變局應對等多個層面，作出一些重點分析。

西盛東衰的變局

在《世界是平的：二十一世紀簡史》（*The World is Flat: A Brief History of the 21st Century*）一書中，Thomas Friedman 把全球化分為三個年代：1492-1800 年的第一個年代，他稱為「全球化 1.0」（globalization 1.0）；1800 至 2000 年的第二個年代，他稱為「全球化 2.0」（globalization 2.0）；至於 2000 至今的第三個年代，他稱為「全球化 3.0」（globalization 3.0）（Friedman, 2010）。細節與準則不論，隨

着航海大發現及科技進步，傳統意義上山川地理、汪洋大海的天然阻隔，明顯不斷縮減，跨地域的人、物、資本及資訊等流通則變得更快更大，天涯若比鄰，人類的生產、生意和生活因此有了翻天覆地、前所未有的轉變，泛稱為西方的歐美國家，則成為這個全球化浪潮的領導者、主導者。

就在「全球化 2.0」年代，工業化的威力可謂銳不可當，在「特拉法加海戰」（Battle of Trafalgar）挫敗法國與西班牙聯軍的英國海軍，躍升成為全球海上霸主，並因此掀起了全國上下走向全球的浪潮，歐洲不但成為主導全球秩序的中心，亦成為輸出工業產品、現代化事物、生活潮浪、宗教思想、文化藝術等等的源頭，實在氣勢如虹。

從歐洲角度看，處於「遠東」的古老傳統帝國——中國，過去一直被視為全球中心，而據歷史學家分析，康熙、雍正、乾隆三朝不斷開疆闢土，令中國疆域與國力日增，成為東方世界中心自不為過（郭廷以，1979）。就算到道光（1820-1852 年）初期，由於國土遼闊，人口眾多，中國的產量（即如今天的本地生產總值，當時絕大部分為農業）約佔世界的 32.9%，遠比整個西方世界（歐洲大陸及北美洲和澳洲分枝）的 25.0%，以及印度的 16.9% 為高（Maddison, 2008: 87），可見中國當時的綜合國力實乃世界之最。

然而，就在這個「全球化 2.0」年代，西方世界因城市貿易中心興起、引入印刷術以加速知識傳播、基督宗教信仰及價值擴散、航海技術猛進，以及民族國家興起和競爭等主要因素帶動下，綜合發展腳步不斷加快，包括中國在內全球其他地方則仍處於一如過去的傳統年代，只是依舊緩慢前進，所以迅即被西方世界超越，之後甚至遠遠拋離（Maddison, 2008）。中英兩國之間爆發的鴉片戰爭，則染有「修昔底德陷阱」（Thucydides trap）所指新崛起大國挑戰守成大國的色彩，戰敗的滿清皇朝從此由世界中心位置墜落成為邊沿位置，割地賠款、開放通商口岸，幾乎淪為了半殖民地，任人魚肉。

就在這個西盛東衰的變局中，何福堂父親冒着可能招來殺身之禍的刑罰，跑到南洋（馬六甲）為傳教士印製中文聖經及傳教單張，之後又把年輕的何福堂送到那裏，而何福堂在接觸基督福音及西方事物後，相信亦觀察到西盛東衰的重大變局，於是既皈依了基督（參考下文討論），又進一步學習西學，尤其盡情吸收西方資訊與發展形勢，讓其可作出更好判斷，奠下日後家族發展方向，那便是憑其西學知識，掌握華洋雙語，能夠成為溝通華洋中西的橋樑。

在那個「全球化 2.0」年代，無論華人社會或洋人社會均極之缺乏能夠直接相互溝通的語言能力，於是只能依賴那些掌握中英雙語的人才作為翻譯或中間人，令何福堂成為了炙手可熱的人物，當中西交往互動不斷增加時尤其變得舉足輕重，家族因此能在那個重大發展變局中從寂寂無聞至迅即崛起，日後甚至可在香港、中華大地，乃至於世界政商舞台上發光發熱。

香港的變局

香港可說是西盛東衰的關鍵指標，因為這個偏南一隅的彈丸之地，儘管細小，但畢竟是中國固有領土，卻竟然要割讓成為新崛起世界霸主的殖民地，這實在是破天荒的前所未見做法，因此可視作西盛東衰的最好說明，同時亦令香港成為華洋中外接觸交往、經貿互動，甚至西學東漸的中介或橋樑，扮演極吃重角色。正是在這個「千年未遇變局」——即在英國殖民統治香港——的背景下，何福堂家族轉移到了香港，其第二代因為同樣看到英人勢盛的大勢所趨，作出更好應變，順勢而行，因此能夠作出多項「開創先河」的舉動或紀錄，令其取得極為突出的成績。

扼要地說，針對當時社會對西方事物了解不多的問題，已經富裕起來的何福堂家族第二代，勇氣可嘉地踏出了負笈海外的步伐，而非如當時無數家族般仍醉心科舉，埋首八股，何啟、伍廷芳、曾篤恭、何渭臣等，便屬中國學生留學英美先進國家的先驅，相信亦可說是當時中國家族中最多人踏出留學步伐的家族。他們的所學所長，日後不但影響了中國大陸的政經及文化發展，亦左右了香港社會的前進腳步，因此亦叱吒一時，備受注視。

如何影響中華大地發展的部分留在下一節中談，單就香港而言，伍廷芳、何啟與何渭臣可說最值得重視，惟後者卻因英年早逝，所學所長未及發揮。有了何福堂的早習西學、打下家族堅實物質基礎，加上又信仰基督的重要關係，伍廷芳、何啟與何渭臣才能踏上留英之路。何啟尤其能夠娶得洋妻而歸，但卻觸碰了種族紅線，錯判形勢，只是洋妻不幸早逝，因此才沒有窒礙何啟事業發展。

具體地說，有了負笈英國的西學背景，當然還因有了何福堂早年皈依基督的關係，伍廷芳能夠在港英殖民地政府思考吸納華人精英進入立法局——一種政治裝飾時，成為雀屏中選的對像，令他可以書寫香港歷史，成為香港歷史上首位華人立法局議員。

日後，當何啟自英學成歸來，亦同樣有意走上政壇時，不但精通中英雙語的能力成為必不可少的條件，父親早年皈依基督所間接揭示的「忠誠」、「一心侍主」等信仰或宗教資本（參考下文討論），同樣成為讓何啟可以掃除信任薄弱的障礙，獲得港英殖民地政府信賴吸納的關鍵所在，因為在那個華洋種族樊籬高不可攀、政治互信極為薄弱的年代，政治忠誠往往成為最難逾越的門檻。

成為立法局議員的何啟，儘管只屬「政治花瓶」，點綴而已，實質能夠影響港英政策的力量有限，但畢竟因為那個年代華人社會極缺像他那樣能夠代其發聲的人物，所以能在華人社會獲得不少支持，有了社會影響力；在殖民地政府眼中，由於何啟能號召或疏導華人關係，因此具有吸納作用，加上他具有較高政治忠誠，能夠讓其放心；可見兩方面條件或形勢均造就了何啟成為華洋通吃、一時無兩的顯赫人物，日後更獲大英皇室頒贈爵士銜頭，乃首名華人能夠獲得此殊榮者，大勢推動下令其可獨領風騷的情況，可謂甚為明顯。

就在那個時刻，中華大地出現新變局（參考下文討論），何啟顯然亦想利用那個大勢作更好發展，惟其舉止卻不小心觸碰了「政治忠誠」的禁區，令其得不償失，結果不但政治生命終結，人生亦走到了盡頭，至於下一代顯然缺乏像何福堂及何啟等人的目光，難以對世界或本地社會大勢有敏銳觀察，所以只能隨波逐流，哪怕憑着家族早年積聚的多方豐厚資本，他們仍居社會上層、走在社會前方，但畢竟已非昔日開風氣之先的尖子，其在香港社會中的名聲和地位，乃迅即被其他能夠捕捉新形勢的社會精英所取代。

中華大地的變局

鴉片戰爭敗北與接連被迫簽訂多個不平等條約後不斷開放通商口岸，洋人、洋貨、洋風大量湧入，自然令不少掌握華洋語言，又有西方教育專業知識的人士，變得炙手可熱，「洋務運動」期間尤甚。至於這種大勢，則吸引了在香港投資失利的伍廷芳，於1880年代初轉投「洋務運動」領軍人李鴻章門下，因為伍廷芳顯然認為，當時中華大地的形勢，更有利於像他這樣具有西學背景、又能掌握中英雙語人才的一展所長。

儘管投靠李鴻章門下亦需經歷一段考驗期，但當克服各種問題，確認了政治效忠，伍廷芳的仕途迅即上揚，其奔走各方、權力日大的身影，明顯遠比香港的何啟突出很多，畢竟中華大地的舞台，遠比彈丸大小的香港巨大，令伍廷芳的平生所學所長，獲得更為淋漓盡致的發揮，其中又以參與《馬關條約》談判、擔任駐美公使、晚清改革中修訂刑律等事，令他的名字可深深地鐫刻在中國歷史之中。

面對辛亥革命推翻滿清的重大變局，本來在清廷為官的伍廷芳，仍能保持其洞悉大勢的靈敏度，因此能夠巧妙地化解「政治忠誠」問題，實現了效忠上的「華麗轉身」，由滿清官員順利過渡為革命領導，於是不但能在中華民國創立時屹立不倒，更上層樓，還能擔任更吃重角色。

有趣的是，在清政府中為官的伍廷芳，據說曾大力配合拘捕革命黨人的行動，但他在革命成功後卻能以革命者姿態在更吃重的位置上奔走，指揮大局。相反，被視為孫中山老師，向其灌輸改革思想的何啟，雖然亦曾想在新政府中謀取一些位置，卻未能成功，甚至招來港英政府「明升實貶」的對待，因此終結了個人，甚至是家族與港英政府的政治關係。導致兩者出現巨大落差的核心原因，實在是政治忠誠如何拿捏的問題。

滿清亡而民國興，令伍廷芳在瞬間轉身，投向另一朝代時不會招來原「老闆」(滿清政府)的清算與批駁，但港英政府則一以貫之，沒有出現政權變易，這便令有意藉與孫中山「師徒關係」攀附新政權的何啟，觸碰了政府忠誠問題，令其給人覺得是「吃兩家茶禮」，當然亦有違港英或英國政府與中華大地政治保持距離的原則，因此便吃了一記「悶棍」，遭遇沉重打擊。若然何啟當初看清形勢，不急於一時三刻爭取中華大地的政治機會，而等到退下港英政府委任議員席位之後，或是事先主動知會港英政府，尋求其意見，謀定而後動，或者不會碰到「地雷」，掉進那個被質疑政治忠誠的困局之中。

中華民國草創之初，政治鬥爭頻仍的格局，顯然又讓伍廷芳深入思考中華大地重大變局問題。哪怕他大半生在滿清政府為官，當時掌握軍政大權者又屬袁世凱，按道理他應和袁世凱較有關係，亦應看到對方較大贏面，但他顯然選擇站到了孫中山一邊，背後原因是否真的如不少人所分析，覺得「革命浪潮滾滾向前，順之者昌、逆之者亡」，抑或只是一種像「賭大細」般的運氣使然？實在不得而知，惟現實情況是，他不只是本人站到了孫中山一邊，也把兒子拉到身邊，而歷史發展最後亦證明他看法準確，印證他確實對時局發展有敏銳洞悉力。

伍廷芳去世後，兒子伍朝樞子承父業。儘管伍朝樞所學所長不下其父，但對大勢之拿捏掌握，則明顯還是「差了一皮」（低一級）。承繼父輩雄厚政治資本的伍朝樞，在外交層面尤其甚有父風，表現突出，但政治上的識見未夠敏銳——當然亦有成長背景與生活圈子等諸多因素糾纏積累的結果，因此令他站到了孫科一邊，無法在蔣介石領導下的政府中取得重大突破，至於他正值壯年溘然長逝，更對家族前進路程帶來巨大衝擊。

雖然何啟另一女婿傅秉常在國民黨內亦官位不低，具有一定影響力，但與伍廷芳和伍朝樞相比，實在又有一定距離。更大問題是，當中華大地上的政治環境再次出現巨大轉變時，長期在國民黨政府中為官，具有一定政治地位和聯繫的何福堂家族後人（包括伍廷芳一脈、何啟一脈及傅秉常一脈等），由於未能察覺大勢早變，及早作好部署與應變，因此在變局淹至時無法獨善其身。

正因如此，當共產黨打敗國民黨，迫使後者敗走台灣，前者則在中華大地成立中華人民共和國時，包括伍廷芳一脈、何啟一脈及傅秉常一脈等何福堂後人，乃紛紛離開中華大地，有些移居香港，有些轉到台灣，有些則選擇遠走歐、美、加、澳等地。沒法如何福堂或伍廷芳般在重大變局之前洞悉轉勢，作好多方應變，尋找新機會，實在是變局淹至後落荒而逃的原因所在。

從某個層面上說，失去了中華大地人生與舞台後，何福堂家族後人能夠創造輝煌的空間與資源，自然大不如前，大幅萎縮，更不要說他們明顯失去了像何福堂、伍廷芳等人洞悉大勢，及早部署的應變能力，所以便只能如普羅社會精英般跟隨時代大勢的起落進退，難以開風氣之先，因此說失去了昔日在云云眾生中令人眼前一亮的奪目耀眼。

全球化的變局

就在「全球化 2.0」年代的最後三年，香港結束殖民統治，回歸祖國懷抱。若果說香港割讓為英國殖民地乃西盛東衰的分水嶺，那麼，中國政府收回香港主權，無疑又可視作中華民族終於走向復興，真正擺脫衰敗弱勢，甚至可說是重新走向世界中心地位的關鍵指標。然而，就在這次的重大歷史變局中，何福堂家族的後代，再沒出現看到大勢轉變，掌握新變局機會，而且能夠作出準確攫取機會，領先潮流的情況，反而如不少當年退出中華大地，並早已移居海外的同輩般，以美籍華人、加籍華人或英籍華人等身份作壁上觀，在他們心目中，中華大地、台灣或香港等地，早已蒙上了不少陌生色彩，更遑論能成為他們生活、謀生或打拼事業的人生舞台。

令人不無感嘆的是，自進入「全球化 3.0」年代（Friedman 指是自 2000 年至今），中國大陸仍能維持自 1978 年推行「改革開放」政策後的持續發展步伐，令其本地生產總值不久便超越德國、日本，於 2015 年成為僅次於美國的全球第二大經濟體，儘管以人均本地生產總值計算仍於遠遠落後於大多數發達國家。

在這個重大發展形勢下，當無數中國人走出國門，到歐美等不同地方留學，修讀包括語言文字、法律醫學，以至工程科技等不同專業，回國後可以更好地因為學貫中西而盡展所長時，早年已經定居海外的何福堂後代們，不少已看不懂中文字，亦不懂說廣東話或普通話，更不要說與中華大地、台灣及香港等地失去了多方互動與聯繫，與何福堂、伍廷芳、何啟、伍朝樞及傅秉常等精通中英雙語，並能維持各種緊密關係的情況，實在已經截然不同了。

誠然，在「全球化 3.0」年代，過去強調的謀生技能與競爭優勢，畢竟已經有了很大轉變，今時不同往日了，但這並不表示若然要在社會中揚名立萬，發展事業時，可以不具備前文提及那種洞悉大勢變局，尤其能夠抓緊當中機遇，並且懂得迴避變局帶來的衝擊，以及與本地社會大眾有深入聯繫的重要性。即是說，若然何福堂家族的後代要重現昔日光輝，除了基本條件如學貫中西的學歷、勇於開拓的魄力、鍥而不捨的努力，更要有變中尋機的目光，以及和本地社會不同層面大眾有深入互動與關係。

就在「全球化 3.0」年代，中國形勢大好地逐步走向民族復興，惟這種勢頭卻招來了當前霸主美國的諸多遏抑，特朗普（Donald Trump）上台，擔任美國總統以來尤其掀起了中美之間的連番爭拗，貿易戰則是其中最備受關注的焦點，令前文提及的「修昔底德陷阱」再次成為不少人經常提及的口頭禪，令新崛起大國與守成大國之間的矛盾變得更為尖銳。

踏入 2020 年，一場席捲全球的新冠肺炎病毒（COVID-19）大流行，可謂突如其來地衝擊了這個「全球化 3.0」年代。這一前所未遇的巨大衝擊，會否因此令世界突然轉入了「全球化 3.5」年代——

一種全球化中夾雜了本地化，或是貿易自由主義中夾雜了地方保護主義的特殊狀態？現時作出判斷雖說言之尚早，但已有不少論者指出，受這次全球大流行疫情的影響後，雖然山川地理阻隔還是會日見縮減，科技保持進步，但全球化浪潮應該會受到窒礙，多邊主義、自由貿易等支持全球化運作的內涵，必然會有重大調整（James, 2020; Gibney, 2020; Oba, 2020），中國的發展步伐亦會受到牽引。儘管有關實質將如何轉變的問題仍難下定論，但相信無數像何福堂家族般大小家族的命運，必然掌握在其成員們能夠洞悉當中轉變帶來的機遇，以及如何能夠抓緊的能力上。

信仰與忠誠的變與不變

事物會變，時局會變，政權會變，因此要作出調整與適應，才能攫取那個轉變中的機遇，迴避由此帶來的衝擊。但不可不察的現實是，某些東西卻不能說變就變，政治忠誠、政治立場，乃至於宗教信仰等，便是其中一些公認不能隨便改變，一時一樣、朝秦暮楚的。原因是這樣的容易轉變，很易招來負面批評，被視為不夠心堅志毅，始終如一，令個人和家族失去了可以信任依靠的基礎，因此無從找到立身之地。

這裏引伸出來的重要問題，其實是前文提及，當時局轉變，尤其是政權更易時，在原來政府為官，或是其支持者與跟隨者，卻要作出變更立場、改變效忠對象，甚至改變宗教信仰時，必然會掉進一個變與不變的兩難困局：若然改變，有可能會招來前後兩張臉或一身侍二主的批評；若然不變，卻又難容於新變局，失去發展機會，如何平衡拿揑乃顯得極不容易。

伍廷芳能在清室覆亡前及早作好改變立場的準備，令自己日後得以「華麗轉身」，實在屬於極有智慧和有先見之明的成功做法；何啟在未有結束與港英殖民地政府官方關係之前便謀求在孫中山領導政府中有位置，則屬太早太急的政治連結轉變，引來「欠缺忠誠」的不利質疑，屬於失敗的例子。其他如伍朝樞、傅秉常等，其實亦有不少新舊政治力量起落興替時如何才能「華麗轉身」，並可避過招致負面效果引致得不償失問題的考慮。

沿着這個角度看，新中國成立時，生活在中華大地的何福堂後代，最後選擇轉到香港及台灣，有些之後再轉到歐美等他們過去曾有緊密接觸和關係的國家定居，並在那裏長期生活，本來居於歐洲的傅秉常則最終回到台灣。連串這些舉動，明顯讓人覺得是考慮了信仰與忠誠的問題。更確實地說，面對那個大勢轉變，尤其新舊政權交替，若然那時決定投向新政權，在沒有「華麗轉身」空間或條件的配合，很容易弄巧成拙，產生更大的負面效果，給個人或家族的長遠發展帶來更大衝擊，在兩害取其輕之下，最終作出了不配合新形勢，而是逆流而行，這種表面看來讓人覺得不太理解的行為，其實有其難言之隱。

說到底，信仰與忠誠是個人或家族安身立命之本，亦是行走江湖、打拼事業的行為標竿，若然這方面出現污點、犯了大錯，很容易招來各種負面標籤或指責，甚至令個人和家族蒙羞，這種負面效應，不只會窒礙個人及家族發展，甚至難以在和平安穩的道路中走下去。正因如此，在某些環境或條件制約下，個人或家族選擇保持信仰與忠誠不變，寧可犧牲變局中爭取發展的機會，背後原因與思考，乃顯得不難理解。

總結

十九世紀洋人東來，揭示了西盛東衰的世界發展大勢轉變。因為與傳教士有接觸的何福堂父親，看到信仰基督、從事西學帶來的重大人生出路與機會，因此要求兒子朝那個方向走，而何福堂依父指示前進，確實讓他日後能站到風口之上，可以乘勢而起，佔盡上風，給家族帶來了巨大發展機遇，並奠下日後進一步壯大的重大基礎。到何福堂子婿一代踏上事業舞台時，同樣因為早染洋風、早着先機而站到了西風東漸的浪尖上，有了很多發展優勢，令其取得了人生事業上極為突出的成績，寫下了家族傳奇。

到世界大勢朝另一方向前進，中國逐步擺脫貧弱，並可踏上民族復興的道路時，本來走在時代前端，帶領潮流的何福堂家族，乃出現了發展動力反而大不如前的情況，當然亦不再如過去般長期成為社會大眾焦點，核心原因是時移世易下，家族因為信仰與忠誠等難以輕易轉變而未能調整過來之故，於是採取了淡出中華大地，移居海外的策略，這種當大勢不就，又有其他不錯選擇時，寧可「躬耕於南陽，苟全性命於亂世，不求聞達於諸侯」的哲學或原則，實在又很值得任何個人或家族參詳玩味。

參考資料

Berg, L., Rostila, M. and Hjern, A. 2016. "Parental death during childhood and depression in young adults: A national cohort study", *Journal of Child Psychology and Psychiatry,* 57(9):1092-8.

Bickley, G. 1997. *The Golden Needle: The Biography of Frederick Stewart, 1836-1887.* Hong Kong: David C. Lam Institute for East West Studies.

Blake, R. 1999. *Jardine Matheson: Trades of the Far East.* London: Weidenfeld & Nicolson.

Blue, G. 2000. "Opium for China: The British Connection", in Brook, T. & B.T. Wakabayashi (eds.) *Opium Regimes: China, Britain, and Japan, 1839-1952,* pp.31-54. Berkeley: University of California Press.

Bowman, M.L. 2016. *James Legge and the Chinese Classics: A Brilliant Scot in the Turmoil of Colonial Hong Kong.* Victoria, BC: Frieser Press.

Char, T.Y. 1976. "In search of the Chinese name for 'Li Sun'", *Journal of the Hong Kong Brach of the Royal Asiatic Society*, 16:107-111.

China United Import & Export Co. Ltd. 1952. Dissolved companies file no. 481/2169. Hong Kong: Companies Registry.

Chiu, L.Y. 1968. *The Life and Thought of Sir Kai Ho Kai,* PhD thesis. Sydney: University of Sydney.

Choa, G.H. 2000. *The Life and Times of Sir Kai Ho Kai: A Prominent Figure in Nineteenth Century Hong Kong*. Hong Kong: Chinese University Press.

Chung, P.Y. 1997. *Chinese Business Groups in Hong Kong and Political Change in South China, 1900-25*. London: MacMillan Press Limited.

Costin, W.C. 1937. *Great Britain and China, 1833-1860*. Oxford: Clarendon Press.

Dalton, G. 1974. *Economic Systems and Society: Capitalism, Communism and the Third World.* Harmondsworth: Penguin Education.

Ellis, W. 1844. *The History of the London Missionary Society,* vol. 1. London: John Snow, Peternoster Row.

Evans, D. 1979. "Rev Ho's aliases were no secret", *South China Morning Post,* 30 March 1979.

Folsom, K.E. 1968. *Friends, Guests, and Colleagues: A Study of the Mu-fu System of the Late Ching Period.* California: University of California

Press.

Foo, Y.W. 2010. *Chiang Kaishek's Last Ambassador to Moscow: The War Time Diaries of Fu Bingchang*. Basingstoke: Palgrave Macmillan.

Friedman, T.L. 2010. *The World is Flat: The Globalized World in the 21st Century*. London: Penguin Books.

George, H. No year. "Wu: Resume" USDOJ: United States Department of Justice Archive. https://www.justice.gov/archive/olp/wuresume.htm

Gibney, J. 2020. "Covid-19 won't kill globalization", *The Japanese Times,* 23 March 2020. https://www.japantimes.co.jp/opinion/2020/03/23/commentary/world-commentary/covid-19-wont-kill-globalization/#.XpZfnsgzaUk

Groves, M. 2014. "When Madame Wu's was the place for supper and celebs", *Los Angeles Times,* 17 November 2014.

H. Lee & Co. Ltd. 1952. *Dissolved companies file no. 481/2167*. Hong Kong: Companies Registry.

H.W. Turning Co. Ltd. 1956. *Memorandum and Article of Association*. Hong Kong: Companies Registry.

H.W. Turning Co. Ltd. 1957-1974. *Annual Return*. Hong Kong: Companies Registry.

Harrison, B. 1979. *Waiting for China: The Anglo-Chinese College at Malacca, 1818-1843, and Early Nineteenth Century Missions*. Hong

Kong: Hong Kong University Press.

Ho, C.C. 1975. 90th Congregation: Ho Chung Chung, Dr of Letters. https://www4.hku.hk/hongrads/speeches/mbe-ma-lhd-jp-chung-chung-ho-ho-chung-chung

Ho, F.C.S. 2017. *Western Medicine for Chinese: How the Hong Kong College of Medicine Achieved a Breakthrough.* Hong Kong: Hong Kong University Press.

Hoeg, B.L., Johansen, C., Christensen, J., Frederiksen, K., Dalton, S.O., Dyregrov, A., Boge, P., Dencker, A., and Bidstrup, P.E. 2018. "Early parental loss and intimate relationships in adulthood: A nationwide study", *Developmental Psychology*, advance online publication, (http://dx.doi.org/10.1037/dev0000483).

Hong Kong Legislative Council. 1954. "Official Report of Proceedings, Meeting of 2nd June 1954". Hong Kong: Government Printer.

Hong Kong Museum of Medical Sciences Society. 2006. *Plague, SARS and the Story of Medicine in Hong Kong.* Hong Kong: Hong Kong University Press.

Huntington, S.P. 2011. *Clashes of Civilizations and the Making of World Order.* New York: Simon & Schuster.

Iannaccone, L.R. 1990. "Religious participation: A human capital approach", *Journal for the Scientific Study of Religion,* Vol. 20, No. 3, pp.297-314.

James, H. 2020. "Could coronavirus bring about the 'waning of globalization'?", *World Economic Forum,* 4 March 2020. https://www.weforum.org/agenda/2020/03/globalization-coronavirus-covid19-epidemic-change-economic-political

Kennedy, P. 1989. *The Rise and Fall of the Great Powers: Economic change and Military Conflict from 1500 to 2000.* London: Fontana Press.

Kotewall, R.H. 1925. *Kotewall Report: The Strike of 1925.* HKPRO: RID-BK-001993.

Lafargue, T.E. 1987. *China's First Hundred: Educational Mission Students in the United States, 1872-1881.* Pullman: Washington State University Press.

Latourette, K.S. 1937-1947. *A History of the Expansion of Christianity.* New York: Harper & Brothers.

Lau Lin, A. 2005. "A letter from her niece", 載梁文儀（編），《留芳頌》，頁 32。香港：香港真光中學。

Lau, Y.W. 2002. *A Hong Kong: History of the Municipal Councils of Hong Kong, 1883-1999.* Hong Kong: Leisure and Cultural Service Department.

Lim, P. 2011. *Forgotten Souls: A Social History of the Hong Kong Cemetery.* Hong Kong: Hong Kong University Press.

Loper, M.L. 1990. "City of Hope to Honors Sylvia Wu", *Los Angeles Times,*

30 April 1990.

Maddison, A. 2008. "The West and the rest in the world economy: 1000-2030 Maddisonian and Malthusian interpretations", *World Economics,* Vol. 9, No. 4, pp. 75-99.

Meares, H. 2015. "The Remarkable Madame Wu", *KCET,* 24 February 2015, https://www.kcet.org/food/the-remarkable-madame-wu

Morrison, E.A. 1839. *Memoirs of The Life and Labours of Robert Morrison, D. D.* vol. 1. London: Longman.

Munn, C. 2001. *Anglo-China: Chinese People and British Rule in Hong Kong 1841-1881*. Richmond: Cruzon.

Neill, S. 1986. *A History of Christian Missions*. London: Penguin Books.

Norton-Kyshe, J.W. 1971. *The History of the Law and Courts of Hong Kong*. Hong Kong: Noronha and Company.

Oba, M. 2020. "Coronavirus and the future of globalization", *The Diplomat,* 18 March 2020. https://thediplomat.com/2020/03/coronavirus-and-the-future-of-globalization/

Parkview (Hampstead) Limited. No year. Company House. https://beta.companieshouse.gov.uk/company/05500475/officers

Patten, D. 2019. "Leaving Neverland lawsuit: Judge rejects Michael Jackson estate's motion for arbitration", *Deadline,* 29 May 2019.

Pomerantz-Zhang, L. 1992. *Wu Tingfang (1842-1922): Reform and*

Modernization in Modern Chinese History. Hong Kong: Hong Kong University Press.

Rhoads, E.J.M. 2005. "In the shadow of Yung Wing: Zeng Laishun and the Chinese educational mission to the United State", *Pacific Historical Review,* 74(1): 19-58.

Rhoads, E.J.M. 2011. *Stepping forth into the World: The Chinese Education Mission to the United States, 1872-1881.* Hong Kong: Hong Kong University Press.

Robertson, I. 1987. *Sociology.* New York: Worth Publishers, Inc.

Schiffrin, H.Z. 1968. *Sun Yat-sen and the Origins of the Chinese Revolution.* Berkeley: University of California Press.

Smith, C. 1977. "A student and teacher who became a team", *South China Morning Post,* 26 October 1977.

Smith, C.T. 2005. *Chinese Christians: Elites, Middlemen and the Church in Hong Kong.* Hong Kong: Hong Kong University Press.

Stokes, G. and Stokes, J. 1987. *Queen's College: Its History, 1862-1987.* Hong Kong: Queen's College.

Stott, C., Drury, J. and Reicher, S. 2016. "On the role of a social identity analysis in articulating structure and collective action: The 2011 riots in Tottenham and Hackney", *The British Journal of Criminology,* 57:964-981.

Toffler, A. 1990. *The Third Wave.* New York: Bantam Books.

Tsai, J.F. 1975. *Comprador Ideologist in Modern China, Ho Kai and Hu Li Yuan*, PhD thesis. Los Angeles: University of California at Los Angeles.

Tsai, J.F. 1981. "The Predicament of the Comprador Ideologies", *Modern China,* Vol. 7, No. 2., pp. 191-225.

Turning Appliances Co. Ltd. 1969. *Memorandum and Article of Association.* Hong Kong: Companies Registry.

Turning Appliances Co. Ltd. 1970-1974. *Annual Return.* Hong Kong: Companies Registry.

Turning Engineers Co. Ltd. 1973. *Memorandum and Article of Association.* Hong Kong: Companies Registry.

Turning Engineers Co. Ltd. 1974-1984. *Annual Return.* Hong Kong: Companies Registry.

Turning Furniture Industries Ltd. 1969. *Memorandum and Article of Association.* Hong Kong: Companies Registry.

Turning Furniture Industries Ltd. 1970-1974. *Annual Return.* Hong Kong: Companies Registry.

Welsh, F. 1993. *A History of Hong Kong.* London: Harper Collins Publisher.

Wesley-Smith, P. 1998. *Unequal Treaty 1898-1997: China, Great Britain and Hong Kong's New Territories.* Hong Kong: Oxford University Press.

Williams, F.W. 1906. "A History of the Class of Seventy-nine Yale College, 1875-1905", *Forgotten Books,* pp. 498-533. Cambridge: The University Press.

Wong, M.K. 1986. *James: A Pioneer at Crossroads of East and West.* Hong Kong: Hong Kong Educational Publishing Co.

Wu, S. 1974. *Madam Wu's Art of Chinese Cooking.* Santa Monica: Dutton Adult.

Wu, T.F. 1914. *America Through the Spectacles of an Oriental Diplomat.* New York: Frederick A. Stokes Company.

BBC News. Various years.

Bubonic Plague. 1896. Hong Kong: Government Printer.

Chicago Tribune historical photo, March 10, 1931. Wu Yim Chong and Wu Lai King, http://galleries.apps.chicagotribune.com/chi-081513-early-lives-of-chicago-chinese-chinatown-history-pictures/

CO 129/169. 1880. *Mr. Ng Choy's Appointment as Acting Police Magistrate.* Hong Kong: Public Records Office.

CO 129/187. 1880. *Sir John Pope Hennessy to Hick-Beach* (19 January 1880, p. 46). Hong Kong: Public Records Office.

CO 129/204. 1880. *Mr. Ng Choy's Re-seat in the Legislative Council.* Hong Kong: Public Records Office.

CO 129/403. 1913. *Sir Kai Ho Kai.* Hong Kong: Public Records Office.

CO 129/413. 1914. *Education of 5 sons of Late Sir Kai Ho Kai*. Hong Kong: Public Records Office.

Directory of the Living Non-graduates of the Yale University—Issue of 1914. 1914. New Haven: Yale University.

Dr. Ho Kai's protest against the Public Health Bill, submitted to the government by the Sanitary Board, 27 May 1887. Hong Kong: Government Printer.

Los Angeles Times. Various years.

North China Herald and Supreme Court & Consular Gazette. Various years.

Obituary: Ching Pei Wu. 2015. https://vancouversunandprovince.remembering.ca/obituary/ching-wu-1065944442

Obituary: Kai Sien Wu. 2009. https://vancouversunandprovince.remembering.ca/obituary/kai-wu-1065944496

Obituary: King Yan Wu. 2011. https://www.findagrave.com/memorial/163358367/king-yan-wu

Obituary: Lincoln Lieu. 2019. https://www.tributearchive.com/obituaries/4488522/Lincoln-Lieu

Obituary: Mary Margaret Lai Kwan Wu Wen. 2014. https://spanglermortuary.com/tribute/details/95/Mary-Lai-Kwan-Wu-Wen/obituary.html

Petition No. 276/1953: In the goods of Ho Ko Tsun, medical practitioner, deceased, 1953, HKRS No. 96/1/5279. Hong Kong: Public Records

Office.

Report of the Alice Memorial, Nethersole and Alice Memorial Maternity Hospital. 1904. Hong Kong: The China Mail.

The Baptist Magazine for 1848, 1848. London: Houlston and Stoneman.

The Chronicle & Directory for China, Japan, Corea...&c. 1898. Hong Kong: The Hong Kong Daily Press.

The Governor's Address on Opening the Legislative Session of 1882, 7 February 1882. Hong Kong: Government Printers.

The Hong Kong Directory and Hong List for the Far East. Various years. Hong Kong: Hong Kong Telegraph.

The Hong Kong Government Gazette. Various years.

丁賢俊、喻作鳳。1993。《伍廷芳集》(上下冊)。北京:中華書局。

丁賢俊、喻作鳳。2005。《伍廷芳評傳》。北京:人民出版社。

孔軍。2014。〈前畢馬威合伙人內幕交易案獲刑 14 個月〉,《騰訊財經》,2014 年 4 月 25 日。

方豪。1969。《方豪六十自定稿》。台北:台灣學生書局。

王曾才。1989。《西洋現代史》。台北:東華書局。

石霓。2000。《觀念與悲劇:晚清留美幼童命運剖析》。上海:上海人民出版社。

伍廷光。1922。《伍廷芳》。上海：上海國民圖書局。

伍廷芳。1915。《美國視察記》，陳政（翻譯）。上海：中華書局。

伍朝樞。1922。《伍廷芳博士哀思錄》，內部印發，非出版物。

任繼愈。1958。《中國近代思想史論文集》。上海：上海人民出版社。

何中中。2005。〈教育與傳道服務〉，載香港真光中學（編），《何中中文集》，頁 90-95。香港：香港真光中學。

沈之奇。2000。《大清律輯註》。北京：法律出版社。

施其樂。1999。〈十九世紀香港具備英語能力的華人精英〉，程美寶（譯），載程美寶、趙雨樂（編），《香港史研究論著選輯》，頁 74-108。香港：香港公開大學出版社。

段懷清。2005。〈對異邦文化的不同態度：理雅各與王韜〉，《二十一世紀雙月刊》，2005 年 10 月號，總第 91 期，頁 58-68。

胡禮垣。1920。《胡翼南先生全集》。香港：香江胡氏書齋。

胡續發。2011。〈國民政府海軍上將陳策家族〉，《中國新聞網》，2011 年 10 月 30 日。

唐仁、若水、林江仙、丙兒。2005。〈與何中中博士談真光〉，載梁文儀（編），《留芳頌》，頁 46-50。香港：香港真光中學。

容閎。1985。〈西學東漸記〉。載鍾叔河（編），《走向世界叢書》，頁 9-182。長沙：嶽麓書社。

陳偉芳。1959。《朝鮮問題與甲午戰爭》。北京：三聯書店。

陳翰笙。1980-1985。《華工出國史料匯編》（1-7 冊）。北京：中華書局。

陶履謙。1935。《伍梯雲博士哀思錄》。沒出版地及出版社。

戚其章。1990。《甲午戰爭史》。北京：人民出版社。

張金超。2014。《伍朝樞與民國外交》。廣州：廣東人民出版社。

張朋園。2008。《中國民主政治的困境：1909-1949》。長春：吉林出版集團。

張富強。2008。《近代法制改革者：伍廷芳》。廣州：廣東人民出版社。

張雲樵。1987。《伍廷芳與清末政治改革》。台北：聯經出版事業公司。

張慕貞。2005。〈何中中校長紀傳〉，載梁文儀（編），《留芳頌》，頁 20。香港：香港真光中學。

張禮恒。2002。《從西方到東方：伍廷芳與中國近代社會的演變》。北京：商務印書館。

張禮恒。2008。《伍廷芳的外交生涯》。北京：團結出版社。

梁文儀（編）。2005。《留芳頌》。香港：香港真光中學。

梁元生。2009。〈文化買辦、邊際人、之間人：鄺富灼與伍連德〉，載香港中文大學中國文化研究所文物館等（編），《買辦與近代中國》，頁 278-294。香港：三聯書店。

梁漱溟。1963。《中國文化要義》。台北：正中書局。

梁嘉彬。1999。《廣東十三行考》。廣州：廣東人民出版社。

莊國土。1995。〈茶葉、白銀和鴉片，1750-1840 年中西貿易結構〉，《中國經濟史研究》，1995 年第 3 期，頁 64-78。

郭少棠。1993。《西方的巨變：1800-1980》。香港：香港教育圖書公司。

郭廷以，1979。《近代中國史綱》（上下冊）。香港：香港中文大學出版社。

彭澤益。1957。〈清代廣東洋行制度的起源〉，《歷史研究》，1957 年第 1 期，頁 1-24。

黃文江。2018。〈理雅各與荷李活道社區〉，載鄭宏泰、周文港（編），《荷李活道：尋覓往日風華》，頁 2-31。香港：中華書局。

黃振威。2018。《傅秉常：從香港大學到莫斯科中國大使館》。香港：中華書局。

黃淼章、鄺桂榮。2011。《浩氣長存：廣州紀念辛亥革命一百周年史料》。廣州：廣東文史資料。

楊鴻烈。1930。《中國法律發達史》。上海：商務印書館。

聖保羅書院同學會。2016。《中國・香港・聖保羅：165 年的人與時代》。香港：商務印書館。

葉深銘。2014。《天道下濟：香港華人自理會道濟會堂傳教事業研究

（1843-1926）》，香港大學博士論文。香港：香港大學。

趙稀方。2012。《翻譯現代化：從晚清到五四的翻譯研究》。台北：秀威資訊科技股份有限公司。

劉全信。2005。〈畢生「為主發光」的姨母〉，載梁文儀（編），《留芳頌》，頁 30-31。香港：香港真光中學。

劉紹麟。2003。《香港華人教會之開基：一八四二至一八六六年的香港基督教會史》。香港：中國神學研究院。

劉智鵬、劉蜀永。2019。《香港史：從遠古到九七》。香港：香港城市大學出版社。

劉詩平。2010。《洋行之王：怡和與它的商業帝國》。香港：三聯書店。

劉粵聲。1941。《香港基督教會史》。香港：香港基督教聯會。

蔡洛、盧權。1980。《省港大罷工》。廣州：廣東人民出版社。

蔡榮芳，1997。《香港人之香港史：1841-1997》。香港：牛津大學（香港）出版社。

鄭宏泰。2020。《永泰家族——亦政亦商亦逍遙的不同選擇》。香港：中華書局。

鄭宏泰、周振威。2006。《香港大老：周壽臣》。香港：三聯書店 。

鄭宏泰、陸觀豪。2017。《點石成金：打造香港金融中心的里程碑》。香港：中華書局。

鄭宏泰、黃紹倫。2006。《香港股史：1841-1997》。香港：三聯書店。

鄭宏泰、黃紹倫。2007。《香港大老：何東》。香港：三聯書店。

鄭宏泰、黃紹倫。2010。《婦女遺囑藏著的秘密》。香港：三聯書店。

鄭宏泰、黃紹倫。2014。《女爭》。香港：三聯書店。

鄭宏泰、鄭心翹。2018。〈暴發速亡的盧亞貴與文武廟〉，載鄭宏泰、周文港（編），《荷李活道：尋覓往日風華》，頁 204-242。香港：中華書局。

鄭宏泰、鄭心翹。2019。〈梟雄與種族主義：高和爾的成王敗寇〉，載鄭宏泰、周文港（編），《半山電梯：扶搖直上青雲路》，頁 126-169。香港：中華書局。

鄭紫燦。1915。《香港中華商業交通人名指南錄》。香港：沒注明出版社。

養和醫院。沒年份。《養和醫院網站》。http://www.hksh-hospital.com/sites/default/files/website-media/pdf/about-hksh/5.pdf

錢鋼、胡勁草。2003。《大清留美幼童記》。香港：中華書局。

瞿同祖。1996。《中國法律與中國社會》。北京：中華書局。

羅香林。1954。《國父之大學時代》。台北：台灣商務印書館。

羅香林。1971。《國父在香港之歷史遺跡》。香港：珠海書院。

羅剛。1988。《中華民國國父實錄》。台北：財團法人羅剛先生三民主義獎學金基金會。

羅婉嫻。2018。《香港西醫發展史：1842-1990》。香港：中華書局。

蘇精。2005。《中國開門：馬禮遜及相關人物研究》。香港：基督教中國宗教文化研究社。

〈約章成案匯覽乙編卷三二上〉。1995。載顏世清（輯），《續修四庫全書》（第 52 卷）。上海：上海古藉出版社。

《天光報》。各年。

《民國日報》。各年。

《申報》。各年。

《真光百周年紀念特刊》。1972。香港：真光中學。（內部發行）

《華僑日報》。各年。

《嶺南通訊》。1963。〈亞庇埠〉，頁 14，1963 年 9 月 17 日，第 36 期。香港：嶺南大學香港同學會有限公司。

《嶺南通訊》。1971。〈温哥華同學會改選〉，頁 16，1971 年 8 月 15 日，第 65 期。香港：嶺南大學香港同學會有限公司。

「世家大族」系列

何福堂家族
——走在時代浪尖的風光與跌宕

鄭宏泰　著

■ 責任編輯　郭子晴
■ 裝幀設計　黃希欣
■ 排　　版　陳先英
■ 印　　務　劉漢舉

■ 出版
中華書局（香港）有限公司
香港北角英皇道 499 號北角工業大廈 1 樓 B
電話：（852）2137 2338
傳真：（852）2713 8202
電子郵件：info@chunghwabook.com.hk
網址：http://www.chunghwabook.com.hk

■ 發行
香港聯合書刊物流有限公司
香港新界荃灣德士古道 220-248 號
荃灣工業中心 16 樓
電話：（852）2150 2100
傳真：（852）2407 3062
電子郵件：info@suplogistics.com.hk

■ 印刷
美雅印刷製本有限公司
香港觀塘榮業街 6 號海濱工業大廈 4 樓 A 室

■ 版次
2021 年 5 月初版

■ 規格
16 開（230mm × 170mm）

■ ISBN
978-988-8758-54-8